어떤 말이 필요할지, 무엇이 위로가 될지 알 수 없을 때,

노먼 라이트 지음 | 이은이 옮김

WHAT TO SAY WHEN YOU
DON'T KNOW WHAT TO SAY

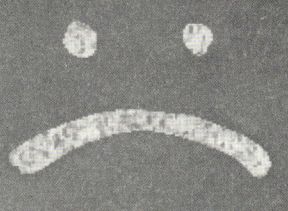

: IN TIMES OF GRIEF,
HEARTACHE, AND CRISIS

어떻게 위로할까?

생명의말씀사

WHAT TO SAY WHEN YOU DON'T KNOW WHAT TO SAY
by H. Norman Wright

Copyright ⓒ 2014 by H. Norman Wright
Published by Harvest House Publishers
Eugene, Oregon 97402
www.harvesthousepublishers.com
All rights reserved.

Korean Edition published by Word of Life Press, Seoul, 2015.
Translated and published by permission.
Printed in Korea.

어떻게 위로할까?

ⓒ 생명의말씀사 2015

2015년 2월 15일 1판 1쇄 발행

펴낸이 | 김재권
펴낸곳 | 생명의말씀사

등록 | 1962. 1. 10. No.300-1962-1
주소 | 서울시 종로구 경희궁1길 5-9(110-062)
전화 | 02)738-6555(본사) · 02)3159-7979(영업)
팩스 | 02)739-3824(본사) · 080-022-8585(영업)

기획편집 | 박영경
디자인 | 조현진, 윤보람
인쇄 | 영진문원
제본 | 정문바인텍

ISBN 978-89-04-09053-2 (03230)

저작권자의 허락없이 이 책의 일부 또는 전체를
무단 복제, 전재, 발췌하면 저작권법에 의해 처벌을 받습니다.

어떻게 위로할까?

목 차

서문   우리는 그를 도울 수 있다   08

1부 위로를 위한 준비

1. 지금 당장 할 수 있는 일을 하라   **016**

위로, 우리가 받은 소명 | 당신이 필요한 때 | 돕기 위한 성경적 지혜

2. 이런 위로는 차라리 하지 마라   **042**

무례한, 그러나 일반적인 주변 반응 | 절대 금지, 잘못된 위로의 예 | 입에 발린 위로의 말 | 잘못된 위로를 사전에 차단하는 방법

3. 함께함에 기적이 있다   **066**

먼저 들어주어라 | 경청이란 무엇인가? | 경청의 장애물 극복하기 | 경청을 위한 기도

4. 그의 상실을 이해하라   **086**

인생은 끝임없는 상실이다 | 가족을 잃는 상실 | 상실 이후의 정상적인 반응들 | 애도의 과정과 단계

5. 공포와 패배감, 위기에 빠진 이들을 이해하라   **114**

그들이 당신에게 바라는 것 | 그들이 보이는 특징 | 위기의 네 가지 단계 | 살아남기, 그리고 성장하기

6. 상실과 트라우마 알기   **135**

상실인가, 트라우마인가? | 트라우마란 어떤 것인가? | 트라우마가 뇌에 미치는 영향 | 트라우마를 일으키는 요소들

7. 트라우마, 그 위험성에 관하여   **148**

트라우마가 던지는 도전장 | 되풀이되는 트라우마 | 회복의 여정

2부 위로의 기술

8. 실제적 도움을 주려면 　　　　　　　　　　　**170**

도움 요청을 받았을 때 | 이야기에 반응해주기 | 돌보는 이로서의 당신의 역할 | 아낌없는 지원

9. 우울증에 빠진 이에게 　　　　　　　　　　　**185**

당신이 첫 번째 고리가 될 수 있다 | 보호해야 할 두 사람 | 11가지 실제적인 지침 | 아무것도 염려하지 말고

10. 자살 충동을 느끼는 이에게 　　　　　　　　**204**

그와 연락하고 관계를 만들기 | 그를 알고, 그의 문제를 알기 | 그를 돌이키게 할 계획을 세우라 | 남은 가족들을 돕기 위하여

11. 글로 표현하는 위로   230

한마디 말보다 하나의 문장으로 | 위로의 편지를 쓰려면 | 하나님의 말씀을 나누라 | 도움이 될 인용구 | 편지의 예시

12. 그를 위하여 기도하기   252

그들에게 절실히 필요한 것 | 그들을 위한 말씀과 기도 | 어떻게 기도할까

13. 해야 할 일, 하지 말아야 할 일   270

하지 말아야 할 네 가지 | 해줄 수 있는 말 | 가장 큰 선물 | 인내, 꼭 필요한 성품 | 최악의 위로 vs 최선의 위로

14. 전문적 도움과 위탁이 필요한 시기   293

꼭 맞는 시기 분간하기 | 전문가 추천을 위하여

주   298

서 문

우리는 그를
도울 수 있다

유럽의 한 조그만 마을에 특별한 동상이 있었다. 이 동상은 주민들의 자랑이자, 기쁨이었다. 그런데 2차 세계대전이 일어나고, 전쟁 통에 폭탄이 떨어져 동상은 산산조각이 나고 말았다. 전쟁이 끝난 후, 주민들은 부서진 조각들을 모두 모아 최선을 다해 동상을 복원하였다. 그들이 예수님의 동상을 모두 복원했을 때, 그중 유일하게 복원하지 못한 조각이 있음을 알게 되었다. 그것은 바로 '손'이었다. 고민하던 그들은 동상 아래에 다음의 문구를 새겨 넣었다.

"이제 예수님이 가지신 유일한 손은 우리입니다."

이것이 바로 이웃을 향한 우리의 소명이 아닐까? 사도 바울이 고린도의 그리스도인들에게 말한 것 같이, 우리는 예수님의 손이다.

> 찬송하리로다 그는 우리 주 예수 그리스도의 하나님이시요 자비의 아버지시요 모든 위로의 하나님이시며 우리의 모든 환난 중에서 우리를 위로하사 우리로 하여금 하나님께 받는 위로로써 모든 환난 중에 있는 자들을 능히 위로하게 하시는 이시로다(고린도후서 1:3-4).

여러 해 전, 내가 청년 담당 교역자로 사역할 때였다. 우리 교회에는 앨런이라는 대학원생이 있었다. 그 역시 목사였기에, 이따금씩 저녁예배시간에 설교를 맡곤 했다. 어느 주일 밤 설교에서 그가 말했다.

"오늘 밤 저는 여러분과 더불어, 사별의 때에 무슨 말을 하고 무슨 말을 하지 말아야 할지, 또 무슨 행동을 해야 하고 무엇을 하지 말아야 할지에 관해 나누고 싶습니다."

평소 우리 교회는 설교를 받아 적는 분위기가 아니었다. 바로 이 순간 이전까지는 말이다. 나는 단상에 앉아 있던 터라, 사람들이 헌금봉투며 기도 요청 카드 등 종이라면 어떤 것이든 눈에 띄는 대로 집어드는 모습을 볼 수 있었다. 나 역시 그날의 메모를 지금도 간직하고 있다. 도움이 필요한 누군가를 도울 방법에 관한 메시지를 들어본 것은 그때가 처음이자 마지막이었다. 그날 예배에 참석한 사람들은 고통받는 이들을 돕는 방법에 대해 커다란 자신감을 갖고 자리를 떴다.

그렇다. 우리 이웃이 고통을 겪을 때, 우리가 무슨 말을 해야 할지를 안다면 그들에게 손을 내밀어 다가가기가 그만큼 더 쉬워질 것이다. 물론, 아파하는 사람을 돕는 것은 겁나는 일일 수 있다. 선뜻 다가가 돕고 싶은 마음이 있어도 망설이게 되는 이유는, 우리가 "무슨 말을 해야 하지?", "무엇을 해야 할까?", "피해야 하는 것은 무엇일까?" 등과 같은 질문들을 붙들고 씨름하기 때문이다.

우리는 제대로 된 행동과 도움이 되는 말을 하고 싶지만, 그 해답을 확신할 수가 없다. 이를 위하여 이 책을 집필하였다. 이 책은 여러분의 가족, 친구, 지인들에게 위로와 지지가 필요한 순간에 자신감을 가지고 능숙하게 그들을 도울 수 있는 가장 적절한 지식과 지혜와 자원들을 제공할 것이다.

슬픔에 빠진 이를 돕는 일에 본격적으로 헌신하기 전에, 먼저 아무도 피해갈 수 없는 이 문제를 인식해야 한다. 이것은 동정 피로증(compassion fatigue), 도우미 휴업(helper shutdown), 도우미 탈진(helper burnout)

등으로 불리는데, 의사, 간호사, 상담자, 구조대원 등 남을 돕는 일에 종사하는 이들에게 흔히 일어나는 일이다. 이것은 정서적 전염의 사례다. 다시 말해, 당신이 돕는 사람의 질환에 결국 당신 자신이 걸리고 마는 것이다. 지나치게 신경을 쓰다가 감정적인 탈진을 경험한다. 이것은 다른 누군가를 돕고 싶은 마음에서 비롯된 스트레스다. 당신의 보살핌을 받고 그는 한결 나아질지 모르나, 정작 당신 자신은 그의 문제에 감정적, 정신적으로 휘말리게 된다.

이런 현상이 벌어지는 것은 여러 이유에서다. 상처 입은 여럿을 동시에 돕는 경우라면 과중한 부담이 문제가 될 수 있다. 타인을 돕고 싶은 마음은 선한 것이나, 모든 사람이 도움을 통해 유익을 누리지는 않는다는 사실과 변하기 위해 필요한 단계를 아무리 알려 주어도 따르지 않는 사람들도 있음을 깨달을 필요가 있다. 어떤 경우, 결국 그 도움은 "실패"로 끝나, "그들을 충분히 돕지 못했다."고 자책하기도 한다. 그러나 다음의 사실을 바르게 인지하는 당신에게는 이런 일이 일어나지 않을 것이다. 변화를 이루시는 분은 주님이시다. 그러므로 당신은 예수님의 돌보시고 보살피시는 손길에 그를 맡겨드려야 한다.

남을 돕는 데 있어서 당신의 가치는 그들을 위해 함께 있어주는 데서 드러난다. 이 책의 유익한 지침들을 잘 따른다면 효과적인 도움을 줄 수도 있겠지만, 당신이 돕는 이의 반응에 근거해 도움에 관한 당신의 성공 여부를 평가하지 않기를 바란다. 오랜 세월 동안 전문 상담자로 일하면서 나는 때로 노력의 결과들이 돕는 사람들의 성장으로 나타나지 못하는 경우들이 있다는 것을 알게 되었다. 너무 과한 감정이입으로 인해 그가 느끼는 감정을 지나칠 정도로 공감할 경우, 그가 진 짐들을 당신 어깨에 대신 지고 다니게 될 것이다. 이것은 당신의 일이 아니다. 당신이 돕는 그 사람이 당신의 손이 아닌, 하나님의 손 안에 있음을 기억하라.

당신의 인생에 해결되지 않은 트라우마가 있다면, 트라우마를 경험한 누군가를 도와줄 때 그것이 작동될 수 있으므로 대비하라. 당신에게 건네는 트라우마의 이야기가 유독 생생하게 느껴질지 모른다. 특별히 당신에게 충격이 되는 상황은 트라우마를 경험한 어린아이들을 도울 때일 것이다. 이 문제는 가장 노련한 전문 상담자들도 예외가 아니다. 그러면 어떻게 해야 할까? 이를 위해서는 삶의 균형을 잘 유지하는 것이 중요하다. 말씀, 건강한 우정, 운동, 오락, 경건 서적 읽기, 웃음 등을 통해 당신 자신을 돌보고 보살피는 데에 충분한 시간을 할애해야 한다. 남들이 당신을 돌봐주는 것을 허용할 필요도 있다.

때때로 슬픔에 빠진 이를 돕는 것이 지나치게 자신이 소진되는 일이라 생각할지 모른다. 매번 그를 만나고 갈 때 공허함을 느낀다. 어쩌면 그에게는 당신이 아닌 다른 누군가의 도움이 필요한 것일 수도 있다. 당신의 생각을 스스로 의식하라. 만일 그가 가진 문제들을 끊임없이 생각하면서 그의 문제들을 주님께 내어드리지 않고 있다면, 도리어 당신이 그 어려움에 빠질 수도 있을 것이다. 당신이 돕는 사람들에게 읽어주고 추천해주면 좋을 만한 책은 내가 쓴 두 권의 책, 『당신의 과거와 화해하라』(《Making Peace with Your Past》, 죠이선교회 역간)』와 『생각 바꾸기(A better way to Think)』이다.

이런 위험이 있지만 사람들을 돕는 것은 하나님이 주신 소명으로, 주변 이들의 삶을 위로하고 부요하게 해줄 많은 기회를 제공한다. 그분과 더불어 이런 일에 적극적으로 동참하게 될 때 당신 또한 놀랄 만한 축복을 누리게 될 것이다.

: IN TIMES OF GRIEF,
HEARTACHE, AND CRISIS

1부 위로를 위한 준비

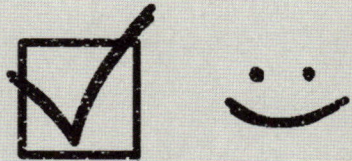

WHAT TO SAY WHEN YOU
DON'T KNOW WHAT TO SAY

☑ 1. 지금 당장 할 수 있는 일을 하라

위로, 우리가 받은 소명

우리의 가족이나 친구가 인생의 힘든 상황이나 비극적인 사건, 심지어 생명을 위협하는 질병에 대해 이야기해올 때, 우리는 진심으로 그를 돕고 싶다. 당장이라도 그에게 손 내밀고 다가가 위로와 지지를 보내고 싶어진다. 그러나 안타깝게도, 어떻게 하면 이 일을 가장 잘 할 수 있을지를 배울 기회는 별로 없다. 게다가 공감을 제공하는 것에 대한 글이나 수업이 있다 하더라도, 그것은 너무 피상적이라서 실제 삶의 상황에 부딪힐 때는 별 도움이 되지 않는 경우가 허다하다.

이웃을 돕는 방법에 대해 고민하는 사람은 당신만이 아니다. 혹여 당신의 말이나 행동이 그 상황에 적절하지 못해서 도움을 받으러 온 이들에게 무심코 상처를 주지 않을까 염려하는 당신의 마음을 나는 잘 안다. 그렇다고 상실이나 위기에 빠진 이들이 스스로 자신에게 진정 필요한 것이 무엇인지 말해주기만을 기대할 수도 없다. 왜냐하면 그들 자신도 그것을 알지 못할 수 있고, 아니면 말할 만큼의 힘조차 없을지도 모른다.

다음과 같은 문제들을 가지고 누군가 다가올 때 우리는 무슨 말이나 행동을 할 수 있을까?

"제가 암에 걸렸다는 선고를 받았어요. 그것도 말기래요."
"좀 전에 전화 한 통을 받았어요. 그 사람이 사고로 죽었다고, 제 남편 말이에요!"
"제 딸이 3년간 성추행을 당해왔다고 털어놨어요."
"식료품점에 갔는데, 거기에 강도가 들었어요. 총이 발사됐고요. 지금 제 머리는 마비되어 버릴 것 같아요."
"남편이 이혼하자고 했어요. 정말 충격이에요. 저는 우리 사이에 문제가 있는지 전혀 몰랐어요."

손녀를 보러 딸애의 집에 가 있을 때였다. 아기에게 우유를 먹이던 중, 딸 셰릴은 한 통의 전화를 받았다.
"어머, 어째! 너무 속상하다. 네가 충격이 크겠구나."
딸애의 말에 내 두 귀가 쫑긋 섰다. 나는 상담가로서 이 대화에 관심이 동해 계속 귀를 기울였다. 그녀의 친구가 뭔가 곤경에 처한 것이 분명했다. 나는 셰릴이 친구에게 귀를 기울이면서 들은 말을 자기의 표현으로 다시 말하는 것을 지켜보았다. 딸애는 "그러니까 네가 증거를 확보했고, 그걸 근거로 그 사람과 맞서게 된 거로구나.", "네 마음이 상하고 실망한 것 같구나." 등의 말을 했다. 이따금, "너희 애들 중에 이 일을 알고 있는 애가 있니?", "그 애의 나이와 상황에서 그 애는 이 일에 어떤 식으로 대처할까?"라는 질문들을 하기도 했다. 또한 이런 질문들도 했다. "이런 가능성에 대해선 생각해봤니?", "이런 문제는 고려해봤니?" 등.

친구가 확신이 없어하거나 망설이는 것처럼 보일 때, 셰릴은 "이 시점에서 그게 정말 네 책임일까, 아님 그의 책임일까?" 하고 물었다. 딸애는 친구가 최선의 대응책을 고려하도록 돕는 동시에, 필요한 조치들을 하도록 격려해주고 있었다.

"너는 그에게 여러 번 기회를 줬고 그의 말을 믿어줬어. 이제 그게 깨져버린 거야. 네 스스로 어떻게 해야 할지 알고 있다고 생각해."

그리고 나서 그 애는 친구가 몇 가지 대안과 더불어 가능한 결과들을 놓고 찾아가도록 도와주었다. 그 애는 친구의 말을 여러 번 명확하게 해주었다. 딸애의 말과 표현들만 듣고서도 나는 그 애의 친구가 절박한 심정에 빠져있음을 알아차릴 수 있었다. 속을 털어놓을 수 있고, 인생을 바꿔놓을 만한 사건을 헤쳐 나가도록 도와줄 믿을 만한 친구가 있다는 것이 참 멋진 일이라는 생각이 들었다.

딸애는 그가 문제를 명확히 정의하도록 돕는 과정에서 어떤 식으로도 판단하는 태도를 보이지 않았다. 그 애의 친구에게 필요한 것은 자기를 지지해주고, 자기 말을 들어주고, 여러 가지 대안을 살펴보는 과정에 도움을 주고, 이 시점에서 자신의 삶을 안정적으로 유지하도록 도와줄 누군가였다. 셰릴이 전화를 끊은 후에 우리는 한동안 그 주제로 대화를 나누었다.

셰릴은 "제가 전문 상담가가 아니라 정말이지 다행이에요. 이 일을 평생 직업으로 삼고 싶은 마음은 없어요."라 말했다. 나는 웃으며, 그저 이렇게 말했다.

"너는 네일 아티스트로 네 일을 하는 동안에도 충분히 이 일을 해왔단다. 앉아서 손톱 손질을 해주면서 너는 어떤 상담가들 못지않게 많은 여성을 도와주었잖니?"

딸애는 웃었다. 실제로 그녀는 전문 상담가나 목회자를 절대 찾아가지 않을 많은 사람을 도와왔다. 셰릴의 고객들이 그 애의 말을 들은 것은 그녀의 경청, 통찰력, 경험, 그리고 그들을 돕고자 하는 진심 때문이었다. 그리고 그 도움이 필요한 사람들에게 당신의 말 또한 큰 도움이 될 것이다.

사십 년 이상 상담가로 일해 온 이후, 내가 확신하게 된 바는 내가 만난 이들 중 삼 분의 일에서 반 정도는 나를 만날 필요가 없는 사람들이었다는 사실이다. 다시 말해, 그들에게 교제할 수 있는 훈련된 목회자나 평신도 조력자, 혹은 지식을 갖춘 친구가 있었다면 나를 찾아올 필요가 없었을 것이다. 필요한 경우에 전문적 상담을 받는 것에 나는 전적으로 동의하지만, 위로하고 돕는 단순한 기술을 배운 친구의 도움만으로도 분명히 많은 문제가 해결될 수 있다. 게다가, 그리스도인인 우리에게 이웃을 돌보는 일은 우리가 받은 소명의 일부가 아닌가! 불행히도, 많은 이가 무엇을 말하고 행해야 하는지 모른다는 이유로 이 일에서 그저 무력하게 뒤로 물러나 있다. 사실 이 일은 너무나 어렵기에 이를 회피하고 싶은 것도 충분히 이해할 만하며, 그래도 그 문제를 해결하려는 마음이 당신에게 있는 것이 기쁘다. 오랜 세월 상담가로 살아왔지만, 나 역시 어떻게 다루어야 할지 확신이 서지 않는 문제를 만날 때가 있다. 그런 때에 나는 도움을 주기 위해 필요한 것이 무엇인지 알아낼 목적으로 연구하고, 사람들과 이야기를 나누기도 한다.

사람들을 도울 때에는, 단순히 이야기하는 것이 편안하다거나, 관련된 주제에 대한 지식이 높은 것 이상의 요건이 필요하다. 당신의 친구, 혹은 당신이 돕는 사람이 어쩌면 평소와는 꽤 다른 상태임을 이해해야 할 것이다. 평소와 다른 모습에다, 생각하는 것도 달라졌으며, 행동까지 불안정할지 모른다. 어쩌면 감정이 정도를 넘어섰을 수도 있다. 그렇다면 그가 정상으로 돌아가도록 어떻게 도울 수 있을까? 주된 요건은 보살핌이다. 헤럴드 스미스는 그 과정을 이렇게 묘사했다.

슬픔을 함께 나누는 자들은 언제나 적극적으로 보살핌을 베풀 기회를 찾는다. 누군가의 슬픔을 결코 '해결'할 수는 없으나, 싱크대에 잔뜩 쌓여 있는 그릇들을 씻어주거나, 이야기를 들어주고, 그 자녀들을 공원에 데려가는 일은 할 수 있다. 누군가의 슬픔을 결코 '해결' 할 수는 없으나, 그 사람과 함께 묘지에 찾아갈 수는 있다.

슬픔을 함께 나누는 일은 해결의 문제가 아니다. 그것은 얼굴을 보아주고, 곁에 와주고, 기꺼이 방해받는 것을 감수하는 것이다. 소중한 이와의 영원한 헤어짐을 겪는 이들과 '함께 어울리는 것' 이다.

슬픔이 통과하는 길은 잠시 잠깐의 단거리가 아니다. 그것은 단거리 경주가 아닌, 마라톤이다.[1]

아픔을 겪는 이에게서 무엇을 예상할 수 있는가? 실제로 우리가 예상할 수 있는 것은 별로 없다. 게다가 그가 경험하는 것이 상실을 넘어, 위기나 트라우마에 더 가까울수록 더욱 그렇다. 때로 그가 정신이 이상해진 듯이 보일 수 있다. 그의 반응이 비이성적으로 보이고, 전혀 딴 사람처럼 느껴진다. 이전과 행동에 차이가 있을 뿐 아니라, 심지어 비정상적이기까지 하다. 다만 기억할 것은 지금 그는 평범하지 않은 사건에 반응하는 중이라는 것이다. 비정상적인 일을 경험했기에, 그가 보이는 그 반응은 사실 아주 일반적이며 정상적이다. 그가 겪은 일이 충격적인 경험이라면, 주의력 결핍 장애 증상까지 보일지도 모른다.

이 같은 것들이 그나마 예상해볼 수 있는 반응이다. 그는 예전처럼 행동하지 않으며, 아마도 한동안은 그럴 것이다. 그리고 그가 이렇게 군다는 이유만으로, 다른 이들에게 회피 대상이 되어서도 안 된다. 이 순간 그에겐 당신이 필요하다. 그를 지지하고 격려해줄 친구들이 필요한 것이다.

당신이 필요한 때

그가 갑작스레 인생의 무너짐을 경험하는 때가 바로 당신이 필요한 때다. 곁에 다가와 줄 당신 혹은 다른 친구들이 없을 경우, 그가 인도와 지지를 받기 위해 이야기를 나눌 유일한 대상은 자기 자신밖에 없다. 그런데 정신 이상 반응을 겪는 누군가로부터 지지를 원하는 사람이 누가 있겠는가? 만일 이 특정한 시기에 그가 자신에게 당신이 필요하다는 사실을 깨닫지 못한다면, 문제가 발생할 수 있다. 이때 당신에게 민감함이 요구된다.

그가 상실에 직면해 아파하고 있는 그때에, 당신 역시 상실에 직면한다. 이제 당신이 이전에 그와 더불어 누렸던 관계는 달라지고 예전과 같지 않을 것이다. 계속해서 당신은 주기만 하고 그는 받기만 하는 것 같은 느낌이 들지 모른다. 관계의 균형이 깨지며, 전에 두 사람이 함께 나누며 누렸던 관계가 바뀌었다. 당신과 그가 사이좋게 주고받는 관계는 사라졌다. 지금 이 순간 당신에게 중요한 것이 그에겐 중요한 것처럼 보이지 않는다. 당신이 살며 경험하는 것들은 현재 그가 겪는 일들 때문에 뒷전으로 밀려나게 된다.

슬픔 중에 있는 이는, 비록 자신은 자기를 그런 식으로 인식하지 않는다 할지라도, 어쩔 수 없이 자기중심적이다. 어쩌면 그가 아픔을 겪는 꽤 오랫동안 당신은 그에게 전인격적인 인간으로 존재하지 못할 수도 있다. 이럴 때 관계에 어려움이 생길 수 있다. 당신이 나름대로의 감정과 문제와 소망을 가진 인간으로 더 이상 인식되지 못하는 것에 지쳐간다. 일방적으로 보이는 관계를 유지하며 상대방만을 위해 곁에 있어주는 것에 지쳐가는 것이다. 하지만 이것만은 분명히 말해 두겠다. 슬픔에 빠져있는 그는 여러 달, 아니 어쩌면 여러 해 동안, 앞으로도 당신에게 일어나는 일들에 대해 공감해줄 수 없을지 모른다고.[21]

그런데 설령 힘들 수 있다 해도 괜찮다. 도움을 베푸는 자로서의 당신의 역할에 기한을 정할 수는 없다. 이 기간은 길어질 수 있다. 그리고 관계가 정상으로 돌아가도, 그것은 "새로운" 정상일 것임을 기억하라. 전과 똑같지는 않을 것이다. 간혹 아픔을 겪은 이가 당신이 자신을 위해 해준 모든 것에 고마워하는 한편, 결국 자신이 당신에게 모두 의존하는 상황이 된 것에 분노를 느끼는 경우도 있다. 그런가 하면 또 언젠가 그가 당신을 위해 똑같이 도움을 줄 날이 올지도 모른다.

때로 그가 말할 수 없을 때도 있지만, 그가 말하고 있지 않을 때조차 당신은 귀를 기울일 수 있다. 당신이 관심을 기울이며 함께 있는 것만으로도 그는 당신이 귀를 기울일 준비가 되어 있음을 알게 된다. 그가 준비가 되면 언제라도 그의 이야기를 들어주고 싶음을 알려주라.

그가 망연자실한 채 마음이 완전히 무너져 있거나 넋이 나가 앉아 있는 상황에서, 그의 기분을 완벽히 나아지게 하거나 그가 처한 상황을 뜯어고쳐줄 힘은 당신에게 없다. 이런 노력을 하는 것은 종종 당신 스스로 쓸모 있다는 느낌을 갖거나, 누가 그런 상태에 있는 것을 지켜보는 불안감을 해소하기 위해서인 경우가 많다. 우리 모두에게는 그런 경향이 있다. 기억하라. 당신은 당신 스스로 원하는 최선의 모습 혹은 그가 당신에게 바라는 최선의 모습이 절대로 될 수 없다.[3]

이밖에 또 무엇을 예상할 수 있을까? 지금 그가 경험하는 세계가 당신의 세계가 되지는 않을 것이다. 종종 그는 자신의 세계 속으로 들어가 당신이 들어오지 못하게 할 것이다. 그가 겪는 상황으로 말미암아, 당신의 일들이 예전만큼 중요하게 보이지 않을 수도 있다. 당신의 기준이나 가치들을 재평가하게 될지도 모른다. 그의 문제로 인해 당신이 변하는 것을 알아챈 가족들이 그와 거리를 두도록 할 수도 있다. 그들이 원하는 것은 당신이 정상적인 삶을 유지하는 것이기 때문이다.

이따금 그를 위해 당신이 베풀거나 해주는 것들이 거절당함으로 마음이 상하기도 할 것이다. 당신이 그와 동일한 상실을 경험해본 적이 없기 때문에, 당신의 도움을 바라고 요구하는 마음이 있으면서도 그는 당신과 함께 있는 것이 불편할 수도 있다. 그때에 그의 정상적이지 못한 행동과 상황을 기억하라. 예전과는 다른 그의 모습을 허용해주라. 당신이 그에게 뭔가 말했는데 기대한 대로 그가 반응하지 않을 때, "내가 뭔가 잘못 말했나? 내 생각이 틀렸나?" 하는 의구심이 들 수 있다.

그에 대한 대답은 '아니오'다. 지금 당신이 상대하는 것은 위기 중에 그가 보이는 예측 불가능한 모습이다. 괜찮다. 당신은 잘하고 있다.

때때로 그를 영적으로 바로잡아 주고 싶은 유혹이 들지 모른다. 그가 "하나님은 신뢰할 수 있다고 생각했는데, 그분마저 나를 실망시켰어요." 혹은 "사랑의 하나님이 어떻게 이런 일이 벌어지도록 내버려두실 수 있는 거지요?"라고 말하는 것을 듣게 될 수도 있다. 심지어 "점점 하나님에 대한 신뢰를 잃어가는 것 같아요. 더 이상 기도조차 할 수 없군요."라는 말을 들을지 모른다.

그때에 성경 구절들을 인용하고, 특정 경건 서적들을 추천해주거나 혹은 그가 어째서 상황을 그런 식으로 해석하는지에 관한 해답을 제시해주고 싶어지더라도 꾹 참으라. 대신, 그가 자신의 영적인 현주소를 나누어준 것에 기뻐하라. "맞아요. 지금의 사태가 정말 말이 안 되는 것 같아요, 그치요? 이해하기 어렵고요. 제가 해답을 알고 있다면 좋을 텐데요."라는 식으로 간단히 지지하는 표현과 반응을 하라. 혹은 그저 들어주고 당신이 들은 말을 이해해주는 것으로 충분하다.

당신이 자신 곁에 있는 것을 원하지 않는 순간들도 있을 것이다. 그럴지도 모른다는 느낌이 들 때, "제가 곁에 있는 것과 얼마간 당신 혼자 있게 해주는 것 중에 어떤 게 더 편안하시겠어요? 전 다 괜찮아요." 하고 물어보라. 당신이 곁에 있는 것을 그가 원하지 않는다고 해서 마음 상하는 일은 없을 거라고 그에게 말해주라. 당신이 함께 있어주는 게 그에게 필요하지 않다면, "당신을 돕기 위해 제가 할 수 있는 일이 있는지 보러 나중에 다시 올게요."라고 부드럽게 말하고, 조용히 자리를 떠라. 그는 당신을 거절하는 게 아니라 최선을 다해 자신이 처한 위기에 대처하는 가운데, 다만 얼마간의 거리가 필요할 따름이다.

또한 마음을 읽을 수 있는 사람은 아무도 없으므로, 그에게 필요한 게 무엇인지 전혀 감이 잡히지 않는 순간들도 있을 것이다. 필요한 게 무엇인지 구체적으로 말해도 괜찮다고 이야기해주라. 설령 그 답이 다시 "모르겠다."라 하더라도.

다음에 나오는 말은 중요하기 때문에 이 책을 읽는 중에 여러 번 마주치게 될 것이다. 당신이 그에게 해줄 수 있는 최고의 지지 표현은 그가 느끼고 경험하는 것이 정상이고 자연스러운 것이라는 확신을 주는 것이다. 그는 미친 것도 아니고, 미치지도 않을 것이다. 이런 확신이 그 무엇보다 커다란 위안을 줄 수 있다. 하지만 그런 확신을 주기 위해서는, 누군가 상실이나 트라우마를 겪을 때 일반적으로 경험하는 것이 무엇인지 먼저 당신이 이해하고 있어야 한다. 트라우마에 대해서는 6, 7장에서 상세히 논의할 것이다.

돕기 위한 성경적 지혜

어떻게 하면 그를 도울 수 있을까? 여기에 관련된 요소들은 여러 가지가 있다. 잠언 3장 5–6절은 우리에게 "마음과 생각을 다해 여호와를 의지하고, 신뢰하고, 그분께 대한 확신을 가지고, 네 자신의 식견이나 명철을 의지하지 말라. 범사에 그를 알고, 인정하고, 시인하라. 그리하면 네 길을 지도하시고, 곧게 하시고, 평탄하게 하시리라(AMP성경 역자 번역)."고 교훈한다. 비슷한 생각이 잠언 15장 28절에도 발견된다.

[타협을 거부하는] 의인들의 마음은 대답할 말을 깊이 생각하여도 악인의 입은 악을 쏟느니라(AMP성경 역자 번역).

그 오랜 세월 동안의 훈련과 경험에도 불구하고, 전문 상담가들도 무슨 말이나 행동을 해야 할지 의아한 일들이 자주 일어난다. 이런 경험은 우리 모두를 도움을 필요로 하는 자리로 되돌아가게 해준다. 당신은 계속 그 자리에 있는 자신을 발견하게 될 것이다. 당신이 만약 스스로의 힘으로 그를 돕는다면, 실수가 이어질 것이다. 우리 모두는 하나님의 능력과 지혜를 의지해야 한다.

이웃을 도와주는 것은 그들을 향한 진정한 관심과 사랑을 경험하는 것을 내포한다. 하나님의 능력을 의지하여 당신은 그와 같은 사랑을 소유할 수 있다. 만일 그 사랑이 없다면, 있는 것처럼 꾸며낼 수 없다. 꾸며내어 흉내내는 거라면 그들도 알아차리고 말 것이다.

기름과 향이 사람의 마음을 즐겁게 하나니 친구의 충성된 권고가 이와 같이 아름다우니라(잠 27:9).

일반적으로 조력자는 피상적인 대답이나 의견을 대강 던져주고 말기가 쉬운데, 그런 것은 도움이 필요한 이를 갈망을 충분히 채워주지 못한다. 더욱이 그런 대답으로는 문제가 해결되지 못하기 때문에 그는 실망하게 될 것이다. "도움이 필요한 그에게 내가 정말로 느끼는 감정은 무엇인가? 나는 진정으로 관심을 가지고 있는가?"라고 자문해보라. 그렇지 않다면, 그 상황과 당신의 태도를 놓고 기도하라. 어쩌면 그에게 도움을 주어야 할 사람이 당신이 아닐 수도 있다. 어떤 사람들에겐 도울 마음이 생기는데, 다른 사람들에 대해선 생기지 않을 수도 있다. 그것은 그들이 가진 문제들이 당신의 능력 밖이거나 당신이 감당할 수 없는 것이라서, 혹은 당신의 삶 속에서 해결되지 않은 문제들을 건드리는 것이기 때문일 수도 있을 것이다.

지혜롭게 말 다스리기

또한 우리가 누군가를 돕기 위해서는, 말해야 할 때와 충분히 할 말을 다 한 때를 분간할 줄 알아야 한다.

말이 많으면 허물을 면하기 어려우나 그 입술을 제어하는 자는 지혜가 있느니라(잠 10:19).

말이 많으면 죄를 짓기 쉬우니 말을 삼가는 사람이 지혜로운 자이다(잠 10:19, 현대인의성경).

지혜 없는 자는 그의 이웃을 멸시하나 명철한 자는 잠잠하느니라(잠 11:12).

말을 아끼는 자는 지식이 있고 성품이 냉철한 자는 명철하니라 미련한 자라도 잠잠하면 지혜로운 자로 여겨지고 그의 입술을 닫으면 슬기로운 자로 여겨지느니라(잠 17:27-28).
네가 말이 조급한 사람을 보느냐 그보다 미련한 자에게 오히려 희망이 있느니라(잠 29:20).

조급함은 그 말이 다른 사람들에게 미칠 영향을 생각하지 않고 생각나는 대로 내뱉는 것을 의미한다. 당신이 외향적인 사람이라면, 아마도 생각을 정리해가는 동시에 말로 표현하는 것이 더 편할 지 모른다. 그러나 이 외향적인 이들은 먼저 말하고 난 다음에서야 자기가 무슨 말을 했는지 깨닫는 경향이 있다. 그러니 마음이 아픈 사람을 돌보는 중에 그가 당신에게 충격적인 어떤 말을 나누었다고 해서, 그 자리에서 곧바로 반응해야 한다는 부담을 느끼지 마라. 이때는 잠시 반응을 보류하고 생각을 정리해야 할 시점일 수 있다.

누군가의 말에 사람들이 "당신이 어떻게 하셨다고요?"라고 반응하는 것을 제법 듣는다. 이런 말은 의사소통을 즉시 중단시키는 지름길이다. 대신에 몇 분 동안 기도로 최선의 대답을 가르쳐주시도록 하나님께 구하라. 그런 다음에 대답할 말을 신중하게 정하도록 하라. "대답할 시간을 좀 주시면 좋겠군요." 혹은 "당신이 한 말을 생각해볼 시간이 약간 필요해요." 하고 말해도 된다. 이렇게 하면 당신과 그의 부담이 덜어지게 된다.

명철의 개념을 보여주는 또 다른 구절은 잠언 25장 20절이다.

마음이 상한 자에게 노래하는 것은 추운 날에 옷을 벗음 같고 소다 위에 식초를 부음 같으니라.

즐거운 모습을 보인다거나, 빈정대는 말을 하거나 농담을 던진다거나, 혹은 "얼른 훌훌 털어버려요."와 같은 말을 하는 것은 가슴 깊이 아파하며 고통받는 누군가에게 부적절한 태도다. 힘든 상황 가운데 감정적인 것은 정상이며, 그런 모습을 보여도 당신이 아무렇지 않을 것임을 그가 알아야 한다. 무슨 말을 해야 할지 모를 때, 취할 수 있는 가장 좋은 방법은 "그 일에 대해 더 자세히 말해주세요." 혹은 "당신은 이 일에 대해 어떻게 생각하나요?" 등 정보를 요청하는 것이다.

의사소통을 고민함에 있어 중요한 또 다른 요소는 타이밍이다.

사람은 그 입의 대답으로 말미암아 기쁨을 얻나니 때에 맞는 말이 얼마나 아름다운고(잠 15:23).

지혜로운 의견이나 대답은 상대방이 듣고 받아들일 수 있는 적절한 순간에 주어져야 한다.

경우에 합당한 말은 아로새긴 은 쟁반에 금 사과니라(잠 25:11).

비밀 보장해주기

비밀을 지키는 것은 사람들을 돕는 일의 기본이다. 그가 당신에게 뭔가를 나누었을 때 당신은 비밀을 지키는 사람인가? 다음의 말씀은 당신을 보는 그에게도 적용되는 말씀이다.

> 두루 다니며 한담하는 자는 남의 비밀을 누설하나니 입술을 벌린 자를 사귀지 말지니라"(잠 20:19).
>
> 두루 다니며 한담하는 자는 남의 비밀을 누설하나 마음이 신실한 자는 그런 것을 숨기느니라(잠 11:13).

분명 우리 중 대부분은 누군가에 대한 흥미 있는 이야깃거리를 다른 사람들과 나누고픈 유혹을 받아본 적이 있을 것이다. 당신에게만 털어놓은 비밀조차 말이다. 게다가 그 내용이 충격적일수록, 더욱더 나누고 싶은 유혹을 많이 받게 된다. 그렇지만 그것은 신뢰와 우정에 위배된다. 그 비밀을 가진 이가 특별히 더 취약한 상태에 있을수록, 그 피해는 엄청나게 커질 수 있다.

> 입과 혀를 지키는 자는 자기의 영혼을 환난에서 보전하느니라(잠 21:23).

따라서 민감한 정보를 듣게 될 경우, 최선의 분별력을 발휘하여 비밀을 보장해주라. 비밀 보장이 필요한 정보를 마음속 깊이 간직하도록 도와달라고 하나님께 간구하거나, 혹은 그것을 하나님께 아뢰고 잊어버려 아예 혀끝에 오르지 않게 해도 좋을 것이다. 당신의 친구는 지금 감정적인 상태이기 때문에 평소처럼 자신이 하는 말을 조심하지 않을지 모른다는 점을 기억하라. 확신이 서지 않을 경우에는 그 내용을 가족이나 다른 이들과 나눠도 괜찮은지 그에게 물어보라.

그러나 일반적인 비밀 보장 원칙에 예외가 되는 사정이나 상황이 있을 수 있다. 만약 그가 자해를 하고, 자살 충동을 느끼거나, 혹은 다른 누군가를 해치겠다고 위협하는 상태에 있다면, 즉각 도움을 구하여 반드시 모든 사람이 안전할 수 있게 하라.

조언을 제시하기

우리 모두에게는 어려움에 처했을 때 그들에게서 조언을 받아본 경험이 많이 있다. 그중 몇몇은 좋았고, 몇몇은 그리 좋지 않았다. 또한 때로는 좋은 조언이었지만 그 순간에 우리에게 필요한 조언이 아니었던 적도 있었을 것이다. 실제로, 5명의 다른 사람들에게 물어서 5개의 다른 의견을 듣게 될 가능성도 있다. 그리고 나면 "이제 어떻게 하지? 누구의 조언을 따라야 할까?" 하는 질문만이 남게 된다.

만일 당신에게 어려움을 겪는 누군가에게 말해주고 싶은 의견들이 있다면, 그들에게 잠정적인 형태로 이야기하여 당사자가 선택하게 하거나, 결정에 도움만 받게 하라. "당신이 ~하면 어떨까요?", "~할 것을 고려해보셨나요?", "어떤 가능성들을 생각해보았나요?" 등의 이야기를 할 수 있다.

조언을 할 경우, 안전장치로 몇 가지의 대안을 제시할 수 있다. "당신이 해야 할 일은 이것입니다."라는 식으로 말하지 마라. 그렇게 한다면 문제의 해결과 결과에 대한 책임을 당신이 지게 될 것이다. 만약 그 제안이 효과가 없을 경우, 나중에 와서 "당신이 해준 조언은 정말이지 어리석은 조언이었어요. 효과가 없었을 뿐 아니라, 사태를 악화시키고 말았어요. 모두 당신 잘못이에요."라고 말할지 모른다.

몇 가지 제안을 잠정적으로 해주는 것은 당신에게도 더 안전할뿐더러, 그가 여러 시나리오를 더 잘 검토해보도록 하는 데 도움이 된다. 사람들 대부분은 자신의 문제를 해결할 능력을 갖고 있는데, 그때 그들에게 필요한 것은 단지 그렇게 할 수 있도록 북돋아주는 격려다.

직면하기(Confrontation)

그를 돕는 방법 중 하나는 그가 잘못된 길로 곤두박질치는 것을 볼 때 부드러운 태도로 함께 직면해주는 것이다. 직면이란 상대방을 공격하는 것이 아니다. 이미 죄책감과 수치심을 느끼고 있을지 모르는 이에게 부드러운 설득이 아닌 판단이나 비난을 경험하게 하는 것은 '거부'와 다를 바 없이 느껴질지 모른다.

다른 사람을 직면하는 일은 그 사람의 문제에 공감했을 때만 검토되어야 한다. "직면"은 은혜의 행위다. 누군가가 의도하는 방향이나 생각 속에 모순이나 왜곡이 있을 경우에 그것들을 드러내주기 위해서 이

같은 직면이 행해진다. 또한 미처 계발되지 못했거나 사용되지 않은 그의 재능들과 자원들을 자극해주고 강화시켜주기 위해서도 필요하다. 그를 직면하는 목적은 그가 자신을 위해 더 나은 결정을 내리고, 인생에서 자신의 현 위치를 더욱 잘 받아들이고, 덜 파괴적이고 보다 건설적인 방향으로 나아가도록 돕는 것이다.

> 친구의 아픈 책망은 충직으로 말미암는 것이나 원수의 잦은 입맞춤은 거짓에서 난 것이니라(잠 27:6).
> 한 마디 말로 총명한 자에게 충고하는 것이 매 백 대로 미련한 자를 때리는 것보다 더욱 깊이 박히느니라(잠 17:10).

모든 사람에게 똑같은 접근법을 사용할 수 없다는 점을 기억하라. 당신은 상대방의 필요와 개성에 민감할 필요가 있다. 각각에 맞게 적응하는 능력이 중요하다.

> 또 형제들아 너희를 권면하노니 게으른 자들을 권계하며 (경고하고 진지하게 충고하고) 마음이 약한 자들을 격려하고 힘이 없는 자들을 붙들어 주며 [항상 화내지 않고] 모든 사람에게 오래 참으라(살전 5:14, AMP성경 역자 번역).

부드럽게 직면하는 것은 어떤 것인가? 분노로나, 판단하는 말로 하지 않는 것을 말한다. 그의 행동이 무책임하고 어리석기까지 하다는 점을 지적해주고 싶을지 모르지만, 그러다 기분을 상하게 하고 심지어는 관계마저 단절되는 일이 벌어질 수 있다. 그가 당신의 목소리 속에 담긴 관심과 염려를 들을 수 있어야 한다. "~하면 어떨지 궁금하네요.", "만약 ~일 수 있을까요?", "~이 가능할까요?", "이게 당신한테 일리 있는 말인 것 같나요?", "이 생각에 대해 당신은 어떻게 대답하실 건가요?" 등과 같은 말들을 사용해서 부드러운 방식으로 행해져야 한다. 질문들을 사용하여, 상대방이 검토해봤으면 하는 방향으로 그를 이끌라. 이 질문들이 남을 돕는 지혜로운 방법으로 편안하게 받아들여질 때까지 큰 소리로 되풀이해서 질문하는 것을 연습하라.

도움과 희망 제시하기

우리가 하나님 말씀 안에서 발견하는 또 다른 원칙은 돕고 덕을 세우는 것이다. 다음 구절 중 몇몇은 당신이 알고 있는 것일지 모른다.

> 너희가 짐을 서로 지라 그리하여 그리스도의 법을 성취하라(갈 6:2).
>
> 그러므로 우리가 화평의 일과 서로 덕을 세우는 일을(발전시키고 성장시키는 일을) 힘쓰나니(롬 14:19, AMP성경 역자 번역).

돕는 것의 일부인 '덕을 세우다(edify)'는 단어는 "그리스도인의 지혜, 은혜, 미덕, 거룩함을 지탱하고 그것들이 자라도록 북돋우는 것"

을 뜻한다. 돕는 일에는 덕을 세우는 것이 포함된다. 돕는다는 것은 "누군가가 자기 자신의 향상을 위해 어떤 일을 하도록 돕는 것"을 의미한다. "내가 저 사람과 나누는 말이 그로 하여금 그리스도 안에서 자라도록 하고, 그가 강건해지도록 하는데 도움이 될 것인가?" 하고 자문해보라. 그가 당신에게 다가와 "당신이 저를 도와주시면 정말 좋겠어요."라고 말한다고 하자. 그가 말하는 '도움'의 의미는 무엇인가? 어쩌면 자신의 관점에 동의해주거나 심지어 자기 편을 들어준다는 의미일지 모른다. 이런 면에서 당신은 어려움에 봉착할 수 있다. 편을 드는 것은 피하고 싶기 때문이다.

다른 이들을 돕는 또 다른 방법은 격려해주는 것이다.

> 근심이 사람의 마음에 있으면 그것으로 번뇌하게 되나 선한 말은 그것을 즐겁게 하느니라(잠 12:25).
>
> 그러므로 피차 권면하고 (격려하고, 훈계하고) 서로 덕을 세우기를 (힘을 주고 세워주기를) 너희가 하는 것 같이 하라(살전 5:11, AMP성경 역자 번역).

〈아메리칸 헤리티지 사전(American Heritage Dictionary)〉에는 더 나은 '격려(encourage)'의 정의가 나와 있다. "가능한 최선의 결과를 기대하는, 혹은 어떤 상황의 가장 희망적인 측면을 생각하는 경향 혹은 성향." 이것이 당신의 태도나 관점일 때, 아픔을 겪는 이들을 진정으로 격려할 수 있을 것이다. 격려란 영감을 주는 것, 선택된 방침대로 계속

해나가도록 하는 것, 용기나 확신을 주는 것이며, 또한 상대방이 가치와 존엄을 지닌 사람임을 인정하는 것이다. 그가 당신에게 자신의 이야기를 나눌 때 그의 말에 주의를 기울여주는 것을 말한다. 자신의 말이 경청되고 있음을 알 수 있을 만큼 그의 말에 귀를 기울이는 것이다.

> 아볼로가 아가야로 건너가고자 함으로 형제들이 그를 격려하며 제자들에게 편지를 써 영접하라 하였더니(행 18:27).

여기서 '격려하다'는 단어는 "권고하다(urge forward) 혹은 설득하다(persuade)"를 뜻한다. 방금 전에 앞서 언급한 데살로니가전서 5장 11절에서는, '격려하다'가 "일상의 평범한 의무들을 행하도록 상대방을 고무하다"라는 의미를 갖고 있다.

우리가 타인과 맺는 실제적 관계 뿐 아니라 여타 다양한 개입의 방식을 묘사하기 위해 성경은 여러 단어를 사용한다. '권하다(urge, 파라칼레오 parakaleo)'는 "간청하다(beseech)" 혹은 "훈계하다(exhort)"라는 의미다. 이 단어는 지시를 듣고 반응해야 한다는 긴박감의 분위기를 조성하기 위한 의도로 사용된다. "그러므로 형제들아 내가 하나님의 모든 자비하심으로 너희를 권하노니 너희 몸을 하나님이 기뻐하시는 산 제물로 드리라 이는 너희가 드릴 영적 예배니라(롬 12:1)"와 "그리스도 예수 안에서 너희에게 주신 하나님의 은혜로 말미암아 내가 너희를 위하여 항상 하나님께 감사하노니(고전 1:4)" 등에서 바울이 사용한 것은 능동형에 가까운 동사다.

'격려하다(encourage, 파라뮈데오마이 paramutheomai)'라는 단어는 "달래다, 위로하다, 기운을 북돋우다" 등을 의미한다. 이 과정에는 이해해주고, 생각의 방향을 재조정해주고, 초점을 부정적인 데서 긍정적인 데로 크게 전환시켜 주는 것 등이 포함된다. 데살로니가전서 5장 11절에서 이 동사가 쓰인 문맥상, 그것은 낙담하여 당장이라도 포기할 것 같은 마음이 약한 사람을 지칭한다. 그 사람 자신의 믿음과 소망이 자라날 때까지 당신이 가진 믿음과 소망을 그에게 꾸어주는 것이라 할 수 있다.

'도와주는(help, 아네코마이 anechomai)' 행위는 주로 "관심을 기울이고, 헌신하고, 도움을 주고, 영적, 감정적으로 붙들어주는 것" 등으로 이루어진다. 적극적인 개입이라기보다는 수동적인 접근법이라 할 수 있다. 누군가의 곁으로 다가가 그를 지지해주는 개념을 담는 것이다. "또 형제들아 너희를 권면하노니 게으른 자들을 권계하며 마음이 약한 자들을 격려하고 힘이 없는 자들을 붙들어주며(help) 모든 사람에게 오래 참으라(데살로니가전서 5:14)"에서는 문맥상, '도와주다(붙들어주다)'란 단어가 스스로를 도울 수 없는 사람들을 지칭하는 것처럼 보인다.

히브리서 3장 13절은 우리에게 "매일 피차 권면하라(encourage)"고 말하고 있다. 앞뒤 맥락상, 여기서 '권면'은 냉담한 마음이 되지 않도록 신자를 보호하는 것과 관련된다. 히브리서 10장 25절은 "오직 권하여(encourage)"라고 말한다. 이번에는 '권하다'는 말이 혼자서는 쓰러지고 말 누군가를 도와 자기 발로 서게 해주는 것을 의미한다. 당신의 권면이 구조물을 지탱해주는 탄탄한 버팀대와 같은 역할을 하는 것이다.

개입과 공감은 남을 돕는 일에 대한 성경적 기초가 되며, 공감은 남을 돕는 데 필요한 가장 중요한 자원 중 하나다. 공감이란 그의 눈으로 상황을 바라보고 그가 느끼는 대로 느끼는 것이다. 짐을 서로 지고, 즐거워하는 자들과 함께 즐거워하고 우는 자들과 함께 울라는 성경의 훈계는 공감을 잘 보여주는 표현이다(갈 6:2, 롬 12:15 참조). 공감은 분별력과 연관되는데, 그것은 상대방이 세상을 어떻게 바라보는지 분간하는 능력이다. 당신은 상대방의 내면에 들어가 그가 처한 세계가 어떠한지 느끼기 위해 그의 관점 혹은 기준점을 통해 세상을 바라보기 원한다. 그가 느끼는 감정들과, 어느 정도까지는 그의 행동 또한 이해했음을 그가 알아차리도록 해주는 방식으로, 당신이 깨달은 이것을 그에게 전달해줄 수 있기를 바란다. 이것은 습득이 필요한 기술이다.

이 능력을 키워나가는 동안 스스로에 대해 인내해주라. 당신은 그가 처한 세계가 어떠한지를 그 그의 눈으로 바라보기를 원한다. 예컨대, 다른 사람의 기쁨을 깨닫고, 그 기쁨 뒤에 감춰진 감정을 이해하며, 이런 깨달음을 그 사람에게 전달하는 능력 말이다. 당신이 이것을 할 수 있을까? 물론이다!

아래의 이야기는 한 사람의 존재가 다른 누군가의 삶에서 얼마나 중요할 수 있는지 보여주는 실제 이야기들 중에 내가 가장 좋아하는 하나다. 어느 의사가 들려주는 이야기다.

바바라는 또 한 차례 항암 약물 치료를 받았지만, 종양은 약물 따윈 아무 효과도 없는 양 반응이 없었다. 그녀의 간과 뼈에서 암 덩어리들이 자라고 있었다. 체중이 줄어들었고 대부분의 시간을 침대에서 보냈다. 마지막 항암 치료를 마친 후에, 그녀는 고열로 병원에 입원해야 했다. 항암제가 초기 박테리아성 염증을 일으킨 것이었다. 바바라가 감염에서 서서히 회복되어 갈 무렵, 나는 그녀의 상태를 호전시킬 가능성이 있는 약은 내가 아는 한 일반용이든 임상용이든, 아무것도 없다는 사실을 나 스스로에게 상기시켰다. 그녀에게 말해줄 때가 온 것이었다.

병원의 왁자지껄함이 가라앉아, 산만하게 방해받을 일이 적은 초저녁에 찾아가기로 마음을 먹었다. 늘 그랬듯, 바바라는 나에게 따뜻하게 인사를 건넸다. 나는 의자를 침대 곁으로 당기고는 그녀의 손을 잡았다. 내 손을 맞잡는 그녀의 손에는 거의 힘이 들어가 있지 않았다. 그날 신문에 실린 몇 가지 기사들에 대해 잠깐 동안 이야기를 나눈 후에, 나는 나쁜 소식을 전해주기 위해 말문을 열었다.

"바바라, 우리가 서로를 안지 1년이 훨씬 지났네요. 모든 과정마다 우리는 서로에게 솔직했지요."

순간, 그녀의 입술이 파르르 떨렸다. 그러나 곧 그녀는 평온을 되찾았다. 그녀의 눈은 내가 하려는 말이 무엇인지 안다고 말해주고 있었다.

"제가 아는 한, 이 시점에서 당신을 돕기 위해 제가 줄 수 있는 약이 아무것도 없습니다."

무거운 침묵 속에 우리는 앉아 있었다. 이윽고 바바라가 고개를 가로저으며 말했다.

"아니에요. 제리, 당신이 줄 수 있는 게 있어요. 당신에겐 우정이라는 약이 있잖아요."[4]

이 순간 하나님의 인도하심에 마음을 열라. 2001년 9월 11일, 세계무역센터에서 다른 이들을 위해 자기 생명을 바친 한 사람의 말이 당신을 인도해주기를.

> 주님, 저를 당신이 원하시는 곳으로 데려 가시고,
> 당신이 원하시는 사람을 만나게 하시고,
> 당신이 원하시는 말을 하게 하시며,
> 제가 당신의 길에 방해가 되지 않게 하소서![5]
> – 마이클 저지 신부

2. 이런 위로는 차라리 하지 마라

무례한, 그러나 일반적인 주변 반응

나를 책망하는 자는 원수가 아니라 원수일진대 내가 참았으리라 나를 대하여 자기를 높이는 자는 나를 미워하는 자가 아니라 미워하는 자일 진대 내가 그를 피하여 숨었으리라 그는 곧 너로다 나의 동료, 나의 친구요 나의 가까운 친우로다 우리가 같이 재미있게 의논하며 무리와 함께 하여 하나님의 집 안에서 다녔도다(시 55:12-14).
내가 신뢰하여 내 떡을 나눠 먹던 나의 가까운 친구도 나를 대적하여 그의 발꿈치를 들었나이다(시 41:9).

고난 속에 빠진 이가 씨름해야 할 고통의 근원이 한 가지 더 있는데, 그것은 바로 위안이 되기는커녕 상처가 되는 말들을 건네고, 위로는커녕 상처를 악화시키고, 고통을 경감하기는커녕 배가시키는 사람들이다. 그들은 "이차적으로 상처주는 사람들"로, 성경을 부적절하게 적용하는 것은 기본이고, 바라지도 않은, 대개는 부정적인 조언을 한다. 이런 이들은 교회를 포함해 어디에나 있으며, 이런 불행한 현상을 경험하는 게 우리가 처음은 아니다. 구약에 나오는 욥을 기억하는가?

욥에게는 그의 기운을 북돋아주고 그의 고통을 설명해보고자 멀리서부터 찾아와 준 네 명의 친구가 있었는데, 그들은 의도는 선하나, 감당하기는 어려운 자들이었다. 그들은 분별력을 가진 누구라도 하나님이 의로우시다는 사실을 안다고 말했다. 또 자기 이름을 쓸 줄 알 만큼 나이 먹은 누구라도 하나님이 의로우시기 때문에, 나쁜 자들에겐 나쁜 일들이, 선한 자들에겐 선한 일들이 일어나게 하신다는 사실을 안다고 말했다. 사실이 그렇기 때문에, 욥에게 나쁜 일들이 일어난 것을 미루어, 결론적으로 욥이 뭔가 잘못했음이 틀림없다는 사실을 알아내는 것은 하버드 학위가 없이도 가능하다고 했다. 하지만 욥은 잘못하지 않았다. 그래서 그는 그렇다고 말했고, 거기서 멈추지 않고 이렇게 덧붙였다. "너희는 다 쓸모 없는 의원이니라. 너희가 참으로 잠잠하면 그것이 너희의 지혜일 것이니라(욥기 13:4-5)." 다시 말해 그들은 다 엉터리 신학자들로, 그들로서 가장 현명하게 구는 방법은 입을 다무는 것이었다. 그러나 그들은 설명해내느라 너무 정신이 팔린 나머지 욥의 말을 들을 수가 없었다.[6]

사람들이 그가 듣지 않는 편이 절대로 나았을 말들을 기어이 하게 되리라는 사실을 예상하라. 그는 현재 슬픔 또는 트라우마의 상태에 있기 때문에, 마음먹은 대로 이런 사람들에게 유하게 반응하는 것이 어려울 수 있을 것이다. 만일 누군가 나서서 "그 말은 사실이 아니고, 도움도 되지 않아요. 도움을 주고 싶으시면, 이렇게 해주시면 감사하겠어요."라고 말해준다면, 그들이 아마도 그런 감수성 떨어지는 말들을 하지 않는 법을 배울지도 모르겠다. 하지만 때로 우리는 이런 사람들이 하는 말을 선한 의도로 한 말이라 여겨 눈감아주는데, 정말 그런지는 의문이다. 많은 경우, 이들은 자기 자신의 불안이나 두려움, 혹은 자신들의 삶에서 이런 문제들을 겪어 보지 않았다는 사실을 그저 드러내고 있을 뿐이다. 이런 말들이 전문가들의 입에서 나온 충고가 아니라는 점을 기억하라. 그들에게는 이런 때에 무슨 말이나 행동을 해야 도움이 되는지 가르쳐준 사람이 어쩌면 아무도 없었는지도 모른다.

아픔에 빠져 있는 이가 자신의 마음을 털어놓은 사람들에게서 받을 수 있는, 예상 가능한 부정적 반응이 적어도 다음의 세 가지가 있다. 이것을 미리 알려주면 좋을 것이다.

안 좋은 소식을 받아들이지 못함

안 좋은 소식을 받아들이지 못하는 데는 여러 이유가 있는데, 그 결과는 동일하다. 그 상황을 감당하지 못하거나 문제를 일으킨 그 사람을 받아들이지 못한다는 사실이다. 종종 말로는 공감과 지지를 표현할 것이나, 그들이 보이는 태도나 행동으로는 거부를 표한다. 이럴 때, 고난을 겪는 이는 어떤 메시지를 믿어야 할지 궁금해질 것이다. 한편으로는 자신에게 손 내밀고 다가오면서, 다른 한편으로는 거리를 두려 한다고 느낄 것이다.

사람들이 거북한 상황에 놓이면 불안을 느낀다는 사실을 그에게 상기시켜 주라. 말이 아닌 다른 반응을 통해 그들은 "가능한 한 빨리 당신이 정상으로 돌아가면 좋겠어요. 아니면 적어도 당신이 그런 것처럼 행동해주길 바래요."라는 말을 하는 것이다. 하지만 그는 한동안 정상적이 될 수도 없고, 되지도 않을 것이며, 다른 아무도 그가 어떻게 반응해야 하는지 결정할 수 없다. 이것은 그 자신이 처한 상황이다. 그는 자신이 당한 불행과 상실에 마음이 상해 있다. 아무도 그가 느끼는 감정과 슬픔을 그에게서 빼앗으려 해서는 안 된다. 전에 죽음을 묘사하는 글을 읽은 적이 있는데, 이것은 다른 상황들에도 적용될 수 있다.

"사람이 태어나면 우리는 축하한다. 그가 결혼하면 우리는 환호한다. 하지만 그가 죽으면 우리는 아무 일도 없었던 듯 행동한다."[7]

그가 겪는 어려움들을 들으면 들을수록, 그들은 거북한 마음이 더 커지게 되며, 마치 그의 불행이 자신들의 삶을 침범하는 것처럼 느껴 그와 거리를 두게 될지 모른다. 마치 그의 어려운 일들이 전염이라도 되는 양 어려움을 당하는 이의 배우자나 부모, 자녀들까지도 더 이상 친구들의 집에 초대받지 못하는 일들을 나는 여러 번 봐왔다. 사람들이 그에게 그런 식으로 반응하면서 자신의 불안을 약간이라도 설명한다면 도움이 될지 모르겠다. 또 만약 마음 아파하는 당사자의 상태가 안정되어 있다면, 자기의 상황을 알게 되어 얼마나 거북할지 이해한다는 말을 먼저 다른 사람들에게 해주는 것도 좋을 것 같다. 그렇다고 해서 그 사람들이 그 상황을 소화하느라 애를 먹고 있다고 솔직하게 인정하리라 기대해서는 안 된다. 그러지 않을 가능성이 더 크다. 그렇더라도 만일 그가 자신의 복잡한 심정과 더불어, 내면의 씨름을 인정한다면, 사람들이 인정하든 안 하든 상관없이, 주변 이들과 함께 있는 것이 조금 더 편안해질 수는 있을 것이다.

부탁하지 않은 충고를 해대는 사람들

신기하게도 이들은 모두가 다 자신이 전문가이거나, 그와 비슷한 사례들을 알고 있는 것 같다. 또 관심이 있는 사람들은 돕고 싶은 마음에, 어떻게 하는 것이 좋겠다며 의견들을 내놓는다. 때때로 그들은 그가 열정적으로 자신들의 충고를 즉시 따르겠다는 마음을 나타내지 않으면 도리어 기분 상해 하기도 한다. 그러나 그들의 제안은 상담가가 제시하는 엄선된 계획이나 조언과 상반되는 경우가 다반사다.

이런 경우, 어려움을 겪는 당사자에게 이런 이들을 대하는 방법에 관해 이렇게 조언하라. 그들의 관심과 조언에 감사하고 그것이 보탬이 되었음을 표현하되, 그 조언을 전적으로 따르는 것은 금물이라고 말이다. 어떤 것을 해도 소용이 없고, 전문가들조차 어떻게 할지 모르는 경우들이 있을 수 있는가 하면, 그가 공황 상태에 빠져 이 충고, 저 충고를 허둥지둥 쫓아다니게 될지 모른다. 그러다 곧 어떤 조언을 따르더라도 결론이 나지 않는다는 사실에 당황하게 될 수도 있다. 충고를 실행에 옮기기 전에 찬찬히 생각해볼 필요가 있다. 여전히 충격이나 혼란이 가시지 않은 상태에 있다면, 몇몇 신뢰할 만한 친구들이 그의 결정을 돕도록 할 필요가 있을지 모른다. 이따금은 그가 싸워야 할 상대가 충고만이 아니라 추궁일 수도 있다. 아마도 이런 질문들이 그렇다.

"이전에도 당신 가정 안에 이런 일이 일어난 적이 있나요?"

"좋은 변호사는 있으신가요?"

과한 도움에 대처하기

또 다른 반응으로, 특별히, 진심으로 마음을 써주는 사람들이 보일 수 있는 행동은 지나친 도움의 손길로 그를 혼란스럽게 만드는 것이다. 친척들과 친구들이 한 가정의 경계선을 침범하고 결정할 수 있는 그의 기회마저 빼앗는 경우들을 나는 지켜봐왔다. 이때에 원하는 도움이 어느 정도인지 결정하고 간섭이 심한 친구들과 친척들과의 경계선을 확립하는 과정에 도움을 줄 사람이 필요하다. 그가 대략이나마 설명해주기 전까지는 대부분이 그가 필요로 하거나 하지 않는 게 무엇인지 전혀 알지 못할 것이다. 그들이 돕고 싶어 하는 마음을 갖는 것은 아무 문제가 없다. 하지만 어떤 종류의 도움이 필요하고 원하는가는 오직 그 당사자만이 결정할 수 있다. 그에게 주도권을 잡고 결정해도 괜찮다고 다시금 말해 주라.

그가 필요로 하는 것들과 궁금한 점들을 적어 목록을 만든 다음, 그가 찾는 외부의 도움이 어떤 것들인지 하나씩 적어보는 것이 좋은 출발점이 될 수 있다. 시간을 들여 생각하고, 기도하고, 대안들과 그 각각의 결과들을 검토해봐도 좋을 것이다. 남들의 강요나 재촉에 의해 뭔가를 할 필요는 전혀 없다.[8]

절대 금지, 잘못된 위로의 예

위로해주려던 이들에게 오히려 상처를 받은 생생한 경험담이다.

엄마의 장례식 후 직장으로 돌아간 첫 날, 한 직장 동료가 "지금 네 감정이 어떤지 잘 알아. 내 고양이도 최근에 죽었어." 하고 말했다. 어떻게 엄마를 고양이한테 비교할 수 있을까? 차라리 "유감이야."라고 한 마디 했다면 더 나았을 것이다.[9]

백혈병에 걸린 우리 어린 딸은 책 읽는 걸 좋아했다. 우리가 새 안경을 사주려고 딸애를 안과 의사에게 데려갔을 때, 그는 "어차피 곧 죽을 거잖아요. 처방을 다시 받느라 돈 낭비하지 마세요." 하고 말했다. 삶이 얼마 남지 않은 아이들에게 하루하루가 얼마나 소중하게 보내야 하는 시간들인지, 그리고 남은 삶을 얼마나 최선을 다해 살아내야 하는지 그는 전혀 이해하지 못했다.[10]

다운 증후군을 앓던 우리 아들이 그가 스무 살 되던 해 세상을 떠났다. 친척 한 명은 "축복이네요. 그 애는 이제 더 행복해졌을 거예요."라고 말했다. 나는 의아했다. 만약 그 친척의 스물두 살 먹은 아들이 죽는다면 그가 "더 행복해지는" 건지, 또 그게 그녀에게 축복이 될지 궁금했다. 지능 지수가 한 인생을 다른 인생보다 더 가치 있게 만드는 기준인 것일까? 지능 지수가 엄마의 슬픔도 바꾸어놓는 것일까? 나는 내 아들이 살아온 그 평생 동안 사랑스럽고 귀한 그 애를 돌봐주었다. 그 애가, 또 매일 그 애가 해준 포옹이 나는 미치도록 그리웠다. 많은 사람이 내가 짐을 덜었다고 생각했다. 나의 상실을 이해해준 사람들은 거의 없었고 나는 슬픔에 잠긴 채 깊은 외로움을 느꼈다.[11]

유산한 직후에 사람들은 "당신에겐 그래도 다른 자녀들이 있잖아요." 혹은 "태아에게 뭔가 문제가 있어서 하나님이 아기를 데려가신 걸 거예요." 혹은 "그래도 건강하시니까 다시 임신할 수 있을 거예요."라고 말해주곤 했다. 또 우리 할머니는 할아버지가 돌아가신 후에 사람들이 "그래도 지난 한 평생을 함께 보냈잖아요."라는 말들을 했다고 말씀해주셨다. '그래도'라고 말하며 누군가의 고통을 과소평가하려고 하지 마라. 그건 슬픔에 빠진 사람들에 대한 모독에 지나지 않는다.[12]

아내가 죽었을 때, 한 지인이 "하나님이 천국에 천사 한 명이, 정원에 꽃 하나가 더 필요하셨나 봐요."라고 말했다. 하나님을, 우리의 소중한 사람을 우리에게서 빼앗아가지 않으면 안 되는 이기적이고 빈궁한 신으로 전락시키는 것은 전혀 위로가 되지 않는다. 그분은 하나님이시다.[13]

나는 몇 날, 아니 몇 주를 기다려서야 우리 아이에 대해 누군가에게 이야기할 용기를 낼 수 있었다. 수치스럽다거나 당혹스럽다거나 하는 그런 마음이 아니라고 생각했는데, 지금 생각해보니 그런 감정들이 있었던 것 같다. 왜 그런 마음이 들었는지는 모르겠지만 어쩌면 존의 반항이 내 잘못이라고 느꼈기 때문일 수도 있을 것 같다. 그게 아니란 걸 알고 있었지만 말이다. 사람들의 반응이 두려웠던 것 같다. 무슨 말을 듣게 될지 모를 일이니까. 나는 사람들의 조언을 바라지 않았다. 어차피 전문가들도 아닐 테고, 우리가 안 좋은 부모라고 말하는 것도 듣고 싶지 않았다.

상처를 주는 말들은 물론, 거리를 두는 등의 반응들도 있을 수 있다. 그는 자기가 전염병이라도 걸렸나하는 의구심이 들지 모른다. 통찰력 있는 어떤 사람의 말이다.

마음속에 심한 고립감이 느껴지죠. 자기들 스스로의 거북한 마음 때문에 그들이 당신을 멀리하는 것인데도 그것은 마치 당신이 잘못했다는 비난처럼 느껴지지요. 그러면 내가 뭔가 잘못한 게 틀림없다고 느껴지기도 하고, 이런 일이 진짜 일어나고 있을 리가 없다는 착각이 들기도 하죠. 반면, 사람들이 옮을까 두려워서 내 옆에 있고 싶어 하지 않는다는 생각마저 들지요. 사람들이 무슨 말을 해야 할지 모른다는 걸 저도 알아요. 그렇지만 저는 사람들이 "음, 무슨 말을 해야 좋을지 모르니까 그냥 물러나 있는 게 나을 거 같군." 하는 생각을 하기보다, 그저 제 옆에 다가와 같이 있어주거나 "누군가 너와 같이 있어 주면 좋겠니?" 하고 물어보는 편이 더 나을 것 같아요.

오랜 세월동안 나는 상처와 슬픔을 악화시키는 부적절한 말들을 너무나 많이 들어왔다. 그중에는 몸서리가 쳐지는 말들도 있었다. 정말이지 때로는, 누군가 그런 말을 내뱉을 수 있다고 믿기조차 어려운 말들을 듣고 화가 나기도 한다. 어쩌면 오랜 시간동안 그런 말들을 들어야했던 사람이 그만이 아니라 당신 자신일 수도 있다. 이번 장에서 보여줄 예들은 하지 말아야 할 말들에 대한 지침으로 제시되는 것이다. 모든 교회에서 이 "해서는 안 되는 말들"의 목록을 성도 모두에게 제시해주었으면 하는 바람이다.

누군가를 위로할 때 하지 말아야 될 말들

"어째서 아직까지 울고 계신지 모르겠군요. 인생은 계속되잖아요."

"이봐요, 당신은 기껏해야 양아버지를 잃었을 뿐이예요. 당신 어머니는 당신보다 훨씬 큰 상실을 겪으셨는데도 곧 기운을 차리셨어요."

"고양이를 잃은 감정치곤 좀 과하군요. 고작 고양이인데요. 게다가 10년이나 키우셨고요. 다른 고양이를 또 찾으실 수 있을 거예요."

"이 일로 가족들이 더 가까워질 거예요. 함께 성장할 기회인 거죠."

"그래도 지금 당신이 누리시는 것에 감사하지 않으시나요?"

"다음번엔 절대 그 의사나 병원을 이용하지 말아야겠군요."

"전에도 새로운 일을 시작하신 적이 있으니, 이번 해고도 그냥 좋은 기회라고 여기세요. 해고당하고 조지가 그랬던 것처럼 말예요."

"용기를 내세요."

"그런 감정을 가져선 안 돼요. 당신에겐 주님이 계시잖아요."

"이제 마음을 가다듬으셔야 해요. 어머니가 당신을 그런 식으로 보는 걸 원하진 않으시겠죠?"

"과거는 이제 잊어버려야 합니다. 하나님과 더불어 나아갑시다."

"적어도 그가 고통은 받지 않았잖아요."

"음, 자녀가 그 애 하나뿐이 아닌 것이라도 다행으로 여기세요."

"이렇게 생각해봐요. 자녀도 없이, 이렇게 젊은 나이에 남편을 잃었기에 감당하기가 차라리 더 수월할지 모른다고 말예요."

"사람은 모두가 언젠가는 죽어요. 그는 그저 좀 일찍일 따름이죠."

"아이들을 위해서라도 당신이 강해져야 해요."

"집에 도난 경보기가 달려 있었더라면, 이런 일이 절대 일어나지 않았을 텐데요."

"이 일은 하나님의 뜻임이 분명합니다."

이런 식의 말들은 도움이나 위로가 되지 않는다. 오히려 상실감과 절망감을 심화시킬 뿐이다. 하지 말아야 될 말들과 함께, 교회에서는 해야 하는 말들도 목록에 포함시켜야 한다. 이 중 일부는 9장에서 다룰 것이다. 도움을 주려는 사람들이 이러한 정보를 안다면, 얼마나 큰 변화를 이루어낼 것인가!

간혹 사람들은 슬픔에 잠긴 그의 아픔을 덜어주기를 바라는 마음에 "더 심각할 수도 있었을 텐데" 식의 접근법을 택하기도 한다. 불행하게도, 이 시점에서는 이것이 통하지 않는다. 베티 와일리는 그의 책에서 다음과 같은 대화를 묘사하고 있다.

> 나에게는 친구가 한 명 있는데, 만날 때마다 그녀는 꼭 어떤 시점에서 지혜로운 듯 머리를 끄덕이며 "죽음보다도 더 끔찍한 일들도 있지."라는 말을 훈계조로 되뇌곤 한다. 그야말로 뼈아픈 진실을 들려주는 시간으로, 병원에서 튜브에 연결되어 목숨만 연명하는 식물인간이나, 내 눈앞에서 고통으로 수척해져가는 해골 같은 모습의 사람이 내 주위에 없다는 사실이 얼마나 행운인지를 그 애는 내가 알기를 바랐다. 나는 남들의 고통과 내 고통을 맞바꾸고 싶은 마음이 없고, 그것은 그들도 아마 마찬가지일 거라고 생각한다. 그런 말을 듣는다고 남편을 잃은 아내가 운이 좋다고 느끼지는 않을뿐더러, 여전히 감사해야 할 것이 있다는 말을 들을 때에는 무척 화가 난다. 그런 이야기들은 점차 스스로 깨달아 가게 될 텐데……. [14]

미셸 맥브라이드는 그녀의 책에서 그녀의 극심한 신체적, 정신적 고통을 가중시킨 사람들의 생각 없는, 때로는 파괴적인 말들에 대한 수많은 이야기를 들려준다.

길에서 낯선 사람이 가던 길을 멈추고 다짜고짜 '어쩌다가 얼굴이 이렇게 됐느냐' 고 물어오는 것은 나와 내 친구들에게 무척이나 당황스러운 일이었다. 이런 일이 있을 때마다 우리 모두는 깜짝 놀랐고 마음이 언짢았으며, 나는 딱히 뭐라고 말해줘야 할지 감이 오지 않았다. 사람들은 노골적이었고 "당신의 병은 전염되나요?"나 "공공장소에 나와 다녀도 되나요?" 따위의 말들을 서슴없이 해댔다. 한번은 누군가가 나에게 길에 나와 사람들을 놀라게 하지 말고 집에나 있으라고 말했다. 나는 이 사람들이 내게 일부러 잔인하게 굴려는 것은 아니라고 믿기 위해 억지로 애쓰고 또 애써야 했다.

또 한번은 친구와 함께 가게에 갔을 땐데, 어떤 남자가 다른 사람에게 내 얼굴의 상처를 보여주려 내 머리에서 멋대로 스카프를 낚아채는 동안, 우리는 꼼짝도 못하고 서서 공포에 떨어야 했다. 그런 갑작스런 공격들을 통해 내가 경험한 상처는 병원에서 온몸의 붕대를 벗기는 동안 참아야했던 그 모든 고통보다도 더 끔찍스러웠다.[15]

두개(頭蓋) 안면 손상을 겪는 자녀를 둔 부모들을 위한 지원 단체인 "Face to Face"의 설립자, 줄리 브루닝거는 잡지에 실린 한 기사를 통해 자신의 경험담 일부를 들려준다. 줄리의 아들 조나단은 두개골의 섬유성 연결 부위의 조기 유합으로 인해 머리와 얼굴 뼈 형성에 장애가 생기는 병인 크루존 증후군을 앓고 있다.

"외적 아름다움에 지나치게 많은 가치를 부여하는 사회에 살고 있기 때문에, 사람들은 도저히 조나단을 용납할 수 없는 것 같았다. 우리가 맥도날드에 가면, 아이들은 그의 얼굴이 왜 이렇게 우습냐고 물어대고 부모들은 고개를 돌려버리곤 했다. 게다가 조나단이 말하는 걸 듣기라도 하면, 다들 놀랍다는 반응들을 보였다. 그들은 으레 그가 정신지체가 있을 것이라고 생각했다."[16]

어째서 사람들은 이런 식으로 반응하는 걸까? 또 우리는 그에게 어떤 식으로 반응하는 것이 옳은가? 다시 말하지만 그 해답은 상황을 가장 잘 아는 사람들, 바로 상실이나 외모 손상을 겪어본 사람들에게서 나온다. 화상 생존자들과 그 가족들에게 자립 지원 서비스를 제공하는 전국적 단체인 "피닉스 소사이어티"에서 출간된 소식지의 한 기사를 통해, 앨런 브레슬로는 이런 해답들을 제시한다.

보통과 다른 어떤 것 혹은 어떤 사람을 보고 놀라는 것은 지극히 정상인데, 그 이유는 그것 혹은 그 사람이 위협이 될지도 모르기 때문이다. 그들은 위협 요소가 있는지 확인하기 위해 그 대상을 조심스럽게 살펴보게 될 것이다. 또 다른 이유는 외모에 흠이 있거나 자신과 다른 사람들을 대하는 법을 아무도 가르쳐주지 않았기 때문이다. 아이가 빤히 쳐다볼 때 엄마가 "그렇게 쳐다보지 마!" 하고 말하면, 잘못된 메시지를 전달하게 된다. 외모의 결함을 못 본 척하는 것은 빤히 쳐다보는 것만큼 나쁜 것이다. 왜냐하면, 그 결함이 눈에 확연히 띄는 것일 경우, 그것을 외면함으로써 오히려 "보기 불편하다"는 메시지를 보내는 것이기 때문이다. 외모의 결함을 가진 사람으로서 나는 내 주변 사람들이 "어떤 사고를 당하신 거죠?" 하고 직접적으로 물어올 때 훨씬 더 편안하다. 현실을 직시함으로써 나는 그들의 호기심을 만족시켜 주고, 마음을 편안하게 해줄 수 있고, 그를 사귈 기회를 혹 얻을 수 있을지도 모른다. 어린아이를 데리고 있는 여인을 만날 경우, 나는 그 아이 엄마에게 "아이가 쳐다봐도 괜찮아요. 제가 다르게 생기긴 했으니까요. 호기심을 갖는 게 정상이죠."라고 대놓고 말한다. 그러고 나서 무슨 일이 있었는지 그들에게 말해준다. 이제 나는 새 친구 두 명이 생긴 거다.[17]

사고나 질병으로 외모에 손상을 입은 사람들을 어떻게 대할지 모두에게 가르쳐 줄 방법이 있다면, 어느 쪽도 불편함을 느끼지 않을 것이다. 아이를 잃은 한 엄마가 자신의 고통스런 경험을 나누어 주었다.

상처를 다시 떠올리게 만드는 말들은 어디에나 흔했다. "아이를 또 가질 수 있으시잖아요." 마치 아기가 대체할 수 있는 것인 듯 말한다. "곧바로 다시 아기를 갖진 마세요. 이 아기를 대신하고 싶진 않으시겠지요." 그러고선 이 말을 덧붙이곤 했다. "그래도 아기를 또 가질 수 있으니 얼마나 다행인가요?"

그런 말들은 상처 입은 사람을 위해서가 아니라 그저 자기 자신을 위로하기 위한 것에 지나지 않는다. 그의 기분을 나아지게 하려고 무슨 말인가 하려고 애쓸 필요는 전혀 없다. 사람들이 해줄 수 있는 말 중에, 상실에 대해 기분 좋게 해줄 말은 단 한 마디도 없으니까.

이 말 속에는 통찰과 지혜가 가득하다. 당신은 그의 고통을 완전히 제해 줄 수 없으며, 다른 사람을 고칠 수도 없다. 그런 일은 사람들이 할 수 없다. 우리는 그 누구도 위대한 치료자이신 예수 그리스도가 아니기 때문이다.

입에 발린 위로의 말

에린 린은 너무 쉽게 남발되는, 듣기에 괴롭고 입에 발린 상투어들을 수집해서 분류해 놓았다.

"강해져라"는 상투어

다 큰 남자는 울지 않는 거야.
어린아이들은 적응력이 강하니까 금방 회복될 거예요.
아이들을 위해서라도 강해져야 해.
정신만 바짝 차리면 해결될 거야.

남들도 다 잘 견뎠어. 그러니 너도 할 수 있어.

기운 내라.

후회해도 소용없는 일이야.

자연의 섭리다.

"얼른 떨쳐버리라"는 상투어

너는 예전의 네가 아니다.

안 보면 마음도 멀어지는 거야.

시간이 약이다.

아직 젊으니까 다시 새 삶을 시작할 수 있을 거야.

네 행동이 이해되지 않아. 인생은 아직 끝난 게 아니잖아?

과거에 매달려봐야 소용없어.

"죄책감"을 불러일으키는 상투어

주위를 둘러보면, 너보다 더 불행한 누군가를 늘 발견할 수 있어.

이것은 사단의 역사다(이 말인즉슨, 당신이 하나님과 더 친밀한 관계를 맺고 있었다면, 사단이 제멋대로 굴지 못했을 것이라는 뜻이다).

내가 너라면, 이렇게 했을 텐데!

네가 받은 복들을 세어 보아라.

착한 사람들만 일찍 죽는 것 같아.

네가 더 나은 그리스도인이었다면, 이런 일이 너에게 일어나지 않았을 거라고 생각해.

　네가 간직한 소중한 추억들을 모두 떠올려 보아라.

　그건 축복이야.

"하나님" 어쩌고 하는 상투어

　너보다 하나님이 그를 더 필요로 하시는 거야.

　하나님과 함께 있으므로 이제 그는 행복할 거야.

　하나님이 이 일을 하신 것은 네 인생 속에서 하나님 자신이 얼마나 전능하신 분인지 보여주시기 위해서야.

　그것은 하나님의 뜻이었어요.

　하나님은 우리가 감당할 수 있는 것 이상의 시련을 주시지 않으셔.

　하나님은 스스로 돕는 자를 도우십니다.

"고통을 깎아내려 무시하는" 상투어

　나는 네가 어떤 기분일지 다 안다.

　내가 해결할 수 있는 일이 있으면 전화해.

　아이는 또 낳을 수 있어.

　아예 사랑 한 번 안 해본 것보다 사랑하다가 잃은 편이 낫지 않겠어?

　내 문제 같은 건 없는 걸 다행으로 여겨라.[18]

잘못된 위로를 사전에 차단하는 방법

성경에 나오는 많은 시편을 기록한 다윗이었다면, 이런 말들에 어떻게 반응했을 것인가? 아픔을 겪는 이들의 고통의 정도가 아마도 다윗의 글 속에 반영되어 있을 것 같다.

여호와여 내가 수척하였사오니 내게 은혜를 베푸소서
여호와여 나의 뼈가 떨리오니 나를 고치소서
나의 영혼도 매우 떨리나이다
여호와여 어느 때까지니이까
여호와여 돌아와 나의 영혼을 건지시며
주의 사랑으로 나를 구원하소서
사망 중에서는 주를 기억하는 일이 없사오니
스올에서 주께 감사할 자 누구리이까
내가 탄식함으로 피곤하여
밤마다 눈물로 내 침상을 띄우며
내 요를 적시나이다
내 눈이 근심으로 말미암아 쇠하며 (시 6:2-7).

당신이라면 다윗에게 무슨 말을 해줬을 것인가? 어떻게 그를 위로해줬을까? 종종 아무 의도 없이 내뱉은 말들이 커다란 해가 되는 이유는 그 대부분이 선한 의도를 가진 지인들의 입에서 나오기 때문이다. 일부러 끔찍한 위로자가 되려고 하는 사람은 없다. 그런 피해를 받은 한 엄마의 이야기다.

"이제 더 이상 고통받지 않게 됐으니까 어쩌면 그 애가 죽은 게 잘된 일인지 모른다고 누군가 저에게 말했습니다. 자녀가 죽은 것이 잘된 일이라고 말했다는 사실이 제 마음을 갈가리 찢어놓았습니다. 자기들은 당해보지 않았으니까요. 또 다른 사람은 말했죠. '나이 들어가면서 온갖 문제들을 겪어야 했을지도 모를 일인데, 어릴 때 죽은 게 어쩌면 다행인지도 모르죠.' 라고……."

이런 말들은 이미 있는 상처에다 기름을 끼얹는 것이나 다름없다. 질병이 있거나 정신지체를 가진 자녀를 둔 부모들이 흔히 듣게 되는 말 중 하나는 이것이다.

"당신은 특별한 분이 틀림없으신가 봐요. 이런 아이를 주신 걸 보니 하나님이 당신을 정말로 사랑하시는 게 분명해요."

그런데 부모가 정말 이렇게 느낄까? 한 엄마의 말이다.

"저는 특별한 사람이 아니에요. 저도 이런 일을 감당하고 싶지 않아요. 사실상 그 사람은 '저는 강한 사람이 아니니까 하나님이 절대 제겐 그런 일을 맡기지 않으실 거예요.' 라고 말한 거나 같아요. 저도 그리 강하지 못해요. 그리고 제가 설령 강한 사람이었다 해도, 제 아이가 건강하고 정상적이기를 바랐을 거예요."

그다음에는 부모가 묻지도 않았는데 아이의 항암 치료에 대해 조언을 해주는 의학 "전문가"들이 있다. 그들은 말한다.

"저라면 그 약은 주지 않을 거예요. 그 약을 먹고 결국 죽은 사람들이 있거든요."

부모들은 힘든 결정들을 내리느라 고군분투하는 중이다. 이것은 힘에 부치는 의무다. 그런데 구체적인 내용이나, 부모가 지금까지 겪어온 바를 전혀 모르는 사람들이 그들에게 그런 식으로 추궁하는 것이다. 그런 상황에 놓인 부모들이 오히려 듣기 원하는 말은, "어떤 계기로 이런 결정을 내리게 되셨나요?" 혹은 "틀림없이 내리기 힘든 결정이었을 거예요." 등이다.

고통에 빠져 있는 이들에게 그들이 자신의 상황과 필요들을 설명할 수 있도록 돕기 위해 내가 추천해주는 최선의 방법들 중 하나는 친척, 친구, 지인, 그 외에도 의견을 제시하거나 사연을 물어오는 누구에게라도 줄 수 있는 편지 하나를 써서 복사해두는 것이다. 있었던 일, 그 일이 본인과 가족들에게 지금, 또 앞으로 미치게 될 영향, 남들이 예상할 수 있는 상황, 관심을 가진 사람들이 당사자들을 위해 해줄 수 있는 일 등의 내용이 편지 안에 담긴다. 이렇게 함으로써, 부적절한 말들을 사전에 차단하고 똑같은 이야기를 반복해서 할 필요가 없어지게 되어 고통이 조금이나마 경감된다. 때로는 되풀이해서 말하는 것이 고통을 심화시키기도 하기 때문이다. 다음은 좋은 편지의 예로, 위기를 만난 한 가정에서 작성한 것이다.

친애하는 지인 여러분,

저희가 큰딸 문제로 어려움을 겪고 있다는 소식을 이미 알고 계시리라 생각합니다. 이 일은 남편과 제게 매우 힘든 일이며, 가끔씩은 눈앞의 상황에 당혹스럽기까지 합니다. 그 애가 마약을 하고, 고등학교를 자퇴해 거리에서 생활하리라고 누가 예상이나 했겠습니까? 이 편지를 쓰는 이유는 친구들과 친척들에게 이 일을 몇 번이고 되풀이해서 설명하는 일이 너무나 고통스럽기 때문입니다. 이 문제가 싹 사라지기라도 하거나 숨기기라도 할 수 있다면 얼마나 좋을까요? 하지만 그렇지 않을 거고, 그럴 수도 없을 뿐더러, 이 일이 어떻게 마무리될 것이며 언제 끝날지 저희는 전혀 알지 못합니다.

그러니 그저 지금처럼 어떻게 지내느냐 물어봐 주시고 저희를 위해 계속해서 기도해주십시오. 저희에게 말을 건네실 때마다 어쩌면 저희가 매번 똑같은 상태가 아닐지도 모릅니다. 언제는 화가 나 있다가 또 다른 때는 우울하고 낙담해 있을 수도 있을 겁니다. 저희가 이야기할 수 있도록 도와주시고 그저 귀 기울여 들어주십시오. 권면을 해주신다면, 그것에 대해 곰곰이 생각해보도록 하겠습니다. 말씀해주신 것 중에 저희에게 도움이 되는 것들이 있겠지요.

여러 가지 복잡한 감정과 함께 많은 의문이 떠오르실 수도 있을 것입니다. 충격과 분노를 함께 느끼는 가운데, 저희 딸을 야단쳐서 정신 차리게 해주고 싶은 마음이 드실지도 모릅니다. 저희가 이미 그랬듯이, 저희가 어떤 점에서 잘못했는지 궁금하실 수도 있겠지요. 저희가 어떻게 다르게 했더라면 이런 일이 일어나지 않았을까요? 누군가 저희를 판단하는 이야기를 듣게 되신다면, 이미 저희 스스로 충분히 그렇게 하고 있다고, 좀 더 이해하며 바라봐 주시도록 말씀해주시길 바랍니다.

제발 저희를 멀리하지 말아주세요. 그 어느 때보다 저희에겐 여러분의 지지가 필요합니다. 저희 딸뿐 아니라 저희를 위해서도 기도해주십시오. 저희는 그 애를 변함없는 마음으로 사랑하고 격려하고 신뢰해주기를 원합니다. 저희가 저희 자신의 상처에만 집중하지 않고 딸애의 필요들에 마음을 쓸 수 있도록 기도해주십시오. 이따금 전화 드려서 이야기하자고 말씀드리거나, 같이 저녁 먹으러 가서 딸애 얘기 말고 다른 얘기를 해도 놀라지 마시길 바랍니다. 저희에게도 휴식이 필요하니까요.

이 일은 저희와 저희의 다른 자녀들에게 상실이며, 고통입니다.

힘이 되어 주셔서 감사드립니다.

고통 속에 있는 당사자가 남들에게 다가가 자신이 필요한 것을 적극적이고 주도적으로 표현할 수 있게 된다면, 자신감과 힘을 얻게 될 것이며 자신이 피해자가 된 듯한 느낌도 줄어들 것이다. 무엇보다도, 그는 자신의 감정과 우려하는 것들에 대해 가족들에게 이야기할 필요가 있다. 그 어떤 문제이건 간에, 그 소식을 가족들에게 감추려고 애쓰지 말도록 권하라. 또 그 가정이 문제가 있는 가정원에게 관심을 집중하느라 나머지 가족들을 소홀히 할 수 있는 위험이 있음을 인지하게끔 도우라.

아픔을 겪는 이가 이야기한 다음의 충고의 말은, 우리가 하지 말아야 될 행동과 하면 좋을 행동을 간결하게 요약해준다.

제발, 이제 극복했느냐고 묻지 마세요. 저는 절대 극복하지 못할 거예요.

제발, 그녀가 더 나은 곳에 갔다고 제게 말하지 마세요. 그녀는 여기에 저와 함께 있지 않으니까요.

제발, 적어도 그녀가 더 이상 고통은 받지 않는다 말하지 마세요. 저는 그녀가 어째서 고통받아야 했는지도 받아들이지 못하고 있으니까요.

제발, 제 마음을 안다고 말하지 마세요. 당신이 아이를 잃어본 적이 없으시다면.

제발, 기분이 나아졌냐고 묻지 마세요. 사랑하는 사람을 잃는다는 건 한 번에 해결되고 끝나는 문제가 아니니까요.

제발, 그래도 오랜 시간 그녀를 데리고 있지 않았느냐고 말하지 마세요. 당신이라면 당신의 아이가 죽을 해를 언제로 선택하실 건가요?

제발, 우리가 감당하지 못하는 시련을 하나님이 허락하지 않으신다 말하지 마세요.

제발, 그저 안타까운 심정이라고만 말해주세요.

제발, 우리 아이가 기억나신다면, 그저 그렇다고만 말해주세요.

제발, 제가 제 아이에 대해 이야기할 수 있게만 해주세요.

제발, 제가 울도록 내버려만 두세요.[19]

3. 함께함에 기적이 있다

먼저 들어주어라

누군가를 돕고 싶은 마음이 있으면, 그를 위해 함께 있어주라. 함께 있어주는 것이 기적을 일구어낸다. 누군가에게 도움이 되고 싶으면, 경청하라. 한 사람이 다른 누군가에게 줄 수 있는 가장 큰 선물 중 하나는 경청의 선물이다. 그냥 듣는 것(hearing)과 경청하는 것(listening)은 다르다. 너무나 많은 사람이 대화를 나눌 때 서로의 말을 그저 듣기만 한다. 정말로 경청하는 사람은 거의 없다. 누군가 말했다. 만일 우리가 세상의 모든 대화를 들을 수 있다면, 대부분의 대화가 귀가 안 들리는 자들이 나누는 대화들임을 발견하게 될 거라고 말이다. 진심으로 경청하는 게 어떤 건지 당신은 아는가? 그냥 듣는 게 아니라, 정말로 귀를 기울이는 것 말이다. 이것은 하나님이 우리들의 말에 귀 기울이시는 모습을 보여주는 다음의 성경 말씀을 통해 도움을 받을 수 있다.

여호와의 눈은 의인을 향하시고 그의 귀는 그들의 부르짖음에 기울이시는도다 여호와의 얼굴은 악을 행하는 자를 향하사 그들의 자취를 땅에서 끊으려 하시는도다 의인이 부르짖으매 여호와께서 들으시고 그들의 모든 환난에서 건지셨도다 여호와는 마음이 상한 자를 가까이 하시고 충심으로 통회하는 자를 구원하시는도다(시 34:15-18).

여호와께서 내 음성과 내 간구를 들으시므로 내가 그를 사랑하는도다 그의 귀를 내게 기울이셨으므로 내가 평생에 기도하리로다(시 116:1-2).

사연을 듣기 전에 대답하는 자는 미련하여 욕을 당하느니라(잠 18:13).

법정에서는 첫 변론자의 말이 언제나 옳은 것 같지만 그 말을 반박하는 사람의 말을 들어보면 반드시 그런 것도 아니다(잠 18:17, 현대인의성경).

거만한 사람이 벌을 받으면 어리석은 자가 지혜를 얻고 지혜로운 사람이 (경청하여) 가르침을 받으면 자신이 지식을 얻는다(잠 21:11, 현대인의성경).

사람마다 듣기는 속히 하고 [기꺼이 경청하는 자가 되고](약 1:19, AMP성경 역자 번역).

사람들을 돕는다는 것은 당신의 귀와 눈이 그들에게 열려 있음을 의미한다. 경청이란 무슨 뜻일까? 그냥 듣는다는 건 어떤 의미일까? 정말 차이점이 있는 것일까? 그냥 듣는 것은 당신 자신의 목적을 위해 내용 혹은 정보를 얻는 것과 관련된다. 이것은 누군가를 돕는 행위가 아니다. 경청하는 것은 이야기하는 이에게 마음을 쓰고 공감해주는 것과 관련된다. 그냥 듣는 것은 대화 도중에 당신 내부에서 일어나는 일에 신경 쓰는 것을 의미한다. 우리가 다 해보았던 것이다. 경청은 상대방의 감정을 이해하기 위해 노력하고 있고 그 사람을 위해 귀를 기울이고 있다는 것을 의미한다. 이것이 바로 도움을 주는 행동이다.

경청이란 무엇인가?

경청이란 상대방의 말이 끝나면 뭐라 말할지를 생각하고 있지 않는 것을 의미한다. 당신이 할 대답을 생각해내느라 정신이 팔려있지 않는 것이다. 그 대신, 상대방이 하는 말에 집중하는 것이다. 아픔을 겪는 사람이 우리의 시간과 공간을 침범해올 경우, 그에게 진심으로 귀를 기울이지 않고 그냥 듣고만 있게 되기 쉽다. 그 사람에게 오롯이 집중하기 위해, 하고 있던 일을 멈출 수 있을까? 그렇다! 그것은 선택이다.

경청이란 그가 하는 말이나 그 말을 하는 방식을 판단하지 않고 말하는 내용을 완전히 받아들여주는 것을 의미한다. 그가 말하는 목소리 톤이 마음에 들지 않거나 그가 하는 행동을 용납할 수 없어서 바로 그 자리에서 반응할 경우, 그가 나누려 하는 말의 의미를 놓치게 되기 십상이다. 혹여 최상의 방식으로 표현되지 않는다 해도, 마음이 상해 있는 그의 말에 귀 기울여주고 그를 용납해주라. 용납해준다는 것은 그가 말하는 내용에 전부 동의하는 것을 뜻하지 않는다. 다만, 그가 말하는 내용이 지금 이 순간 그 자신이 느끼는 감정임을 인정하고 이해해주는 것을 의미할 뿐이다. 이 정도만 해도 남을 돕는 일에 제법 큰 도움이 된다.

경청이란 그가 말한 내용을 되풀이해서 말해줄 수 있고, 그가 당신에게 이야기하는 동안 느꼈을 감정을 표현할 수 있는 것이다. 진정한 경청은 상대방의 감정과 생각에 대해 진심으로 관심을 가지고 그 사람의 관점으로 이해하려고 노력하는 것을 뜻한다. 다른 사람의 말을 경청한다는 것은 그의 관심사, 바람, 필요, 마음을 쏟는 일들을 충분히 숙고해보는 동안에, 당신 자신이 처한 상황에 따른 관심사나 바람, 마음 쓰이는 일들을 내려놓는 것을 의미한다. 말하는 사람이 자신인 경우, 대개는 배우는 입장이 아닌 경우가 많다. 경청할 때 우리는 배우게 된다. 경청하는 동안은 나서서 말하기가 힘들기 때문이다.

진정한 경청은 우리가 더 잘 배울 수 있는 기술이다. 당신의 마음과 귀는 더 민감하게 듣는 법을 배울 수 있고, 당신의 눈은 더 분명하게 보는 법을 배울 수 있다. 그뿐 아니라, 당신은 눈으로 듣고 귀로 보는 법을 습득할 수 있다. 예수님께서 말씀하셨다.

> 그러므로 내가 그들에게 비유로 말하는 것은 그들이 보아도 보지 못하며 들어도 듣지 못하며 깨닫지 못함이니라(마 13:13).

신약에서 '듣다'라는 단어는 단순한 청각적 경험을 지칭하지 않는 경우가 대부분이다. 그 말은 대개 "주의를 기울이다"라는 뜻을 갖는다. 다른 사람의 말에 귀를 기울이는 동안, 당신은 그가 하는 말은 물론, 그가 말하지 않거나 말할 수 없는 내용에도 관심을 기울일 필요가 있다. 이렇게 하기 위해서는 바른 주파수에 맞춰져 있어야 한다.

지능 발달이 늦은 내 아들 매튜는 아는 단어가 많이 없기 때문에, 나는 눈으로 듣는 법을 배웠다. 말이 아닌 그의 몸짓 속에 담긴 메시지들을 읽는 법을 배운 것이다. 이 기술이 내게 상담받는 사람들의 말을 경청하는 방식에까지 영향을 미치게 되어, 나는 그들이 말로 표현할 수 있는 것뿐 아니라 그들이 표현할 수 없는 것까지 듣게 되었다. 메시지 뒤에 감춰진 메시지들, 상처, 고통, 좌절, 희망의 상실, 거절에 대한 두려움, 배신감, 기쁨, 희열, 변화의 가능성 등을 듣는 법을 배우게 되었다. 또한 상대방의 얼굴과 그의 태도, 걸음걸이, 말의 속도 등에서 감지되는 내용을 이해하는 법을 배웠다. 그런 다음 나는 내가 감지한 것을 그와 함께 나누곤 했다. 이것은 그가 생각하고 느끼고 있던 것을 더 자세히 설명할 수 있는 기회를 제공해주었다. 상대방은 내 주파수가 자기에게 맞춰져 있음을 깨달았다.

그가 당신과는 말이 통한다고 느낄 필요가 있다. 그가 말로 표현해내지 못하는 내용을 감지해내기 위해 눈으로 경청하라. 당신 친구가 나누는 모든 메시지는 세 부분으로 나뉘는데, 첫째 실제 내용, 둘째 목소리 톤, 셋째 비언어적 의사소통 등이 그것이다. 똑같은 단어나 표현, 혹은 질문을 사용해서, 목소리 톤이나 신체 움직임만을 바꿈으로써 여러 가지 다양한 메시지를 표현해내는 것이 가능하다. 비언어적 의사소통에는 얼굴 표정, 신체 자세, 몸짓 혹은 행동 등이 포함된다.

성공적인 의사소통은 7퍼센트의 내용, 38퍼센트의 목소리 톤, 55퍼센트의 비언어적 표현으로 이루어진다는 주장이 있다.[20] 대개 우리는 우리가 하는 말의 내용을 인지하는데 비해, 우리의 목소리 톤은 거의 알아채지 못하는 경향이 있다. 우리는 목소리 톤을 바꿈으로써 똑같은 문장에다 수십 개의 다른 의미를 부여하는 능력을 갖고 있다. 당신이 나누는 대화의 일부를 녹음한 다음, 그것을 들어보라. 아마도 깜짝 놀라게 될 것이다.

친구 옆에 나란히 걸으면서 맥 빠진 말투로 "오늘 어떻게 지냈어?" 하고 물을 경우, 그가 당신이 한 말 혹은 비언어적 메시지 중 어느 것에 반응할 것 같은가? 관심이 있다는 말투로 진지하게 "네가 무슨 말을 하려는지 듣고 싶어." 하고 말하고 나서 바로 얼굴을 서류에 파묻거나 시계를 본다면, 당신의 친구는 뭐라고 믿겠는가? 맞다. 보통은 비언어적 신호들이 언어적 신호들을 능가한다.

이따금씩 당신은 그가 왜 당신의 예상과 다르게 반응했는지 궁금할지 모른다. 그것에는 당신의 말투나 당신이 보낸 비언어적 신호들, 혹은 그가 감정적으로 혼란스런 상태라서 인지 기능이 떨어진 것 등이 이유가 될 수 있다.

경청의 장애물 극복하기

어떤 이들은 자신에게 도움이 되는 사실, 정보, 세부 내용을 얻기 위해 듣는다. 다른 이들은 상대방이 안됐다는 마음에 이야기를 들어준다. 또 남의 말을 듣는 사람들 중 일부는 다른 사람들의 삶을 속속들이 엿보고 들춰내야 직성이 풀리는 사람들이다. 이렇게 들어주는 것은 그에게 별 필요가 없다. 간혹, 사람들은 의무감으로, 필요에 의해서, 또는 예의상 듣기도 한다. 만일 당신이 그렇게 한다면 그가 바로 알아챌 것이다. 어떤 이들은 마음을 쓰기 때문에 듣는다. 남들을 돌보며 민감하게 들어주고 경청해주는 것은 마음으로 통하는 길을 걷는 것과 같다. 그러나 우리의 경청 능력을 가로막는 장애물 때문에 경청해줄 수 있는 잠재력이 밭에 감추어 묻힌 보화처럼 우리 내면에 파묻혀 있는 경우가 너무나 많다.

당신은 왜 들어주는가? 그 동기가 무엇인가? 관심을 기울이는 데서 비롯되는 경청은 친밀함을 만들어내고, 사랑을 나타나는 은혜의 행위다. 예수님이 우리에게 요구하시는 경청의 유형은 바로 이것이다. 그가 하는 말을 우리 자신의 표현으로 그에게 다시 풀어서 말해준다면, 당신이 관심을 가지고 귀 기울이고 있음을 그가 알게 되어 자기 이야기를 더 많이 풀어놓게 될 것이다. 또 그가 하는 말을 수용하고 있음을 말로 표현해준다면(그렇다고 반드시 그가 하는 말에 모두 동의한다는 뜻은 아니다), 아마 훨씬 더 많은 것을 나누어줄 것이다.

사람들이 남의 말에 귀를 기울이는 이유는 무엇일까? 우리가 그렇게 해야 한다고 배워왔기 때문이기도 한데, 기본적으로 우리가 다른 사람의 말에 귀를 기울이는 데에는 네 가지 이유가 존재한다.

- 누군가를 이해하기 위해서(마음이 상한 사람에게 필요한 것이다).
- 상대방과의 관계를 누리기 위해서(비록 이 순간은 그의 존재가 즐겁지 않을지라도).
- 말하는 사람으로부터 뭔가를 배우기 위해서(그렇게 될 테고, 그 사실이 놀랍게 느껴질 수 있다).
- 상대방에게 도움, 지원, 위로를 주기 위해서(이것이 주된 이유다).

세상은 진정한 친구인 체하는 유사 경청자들로 가득 차 있다. 그런데 이 네 가지 이유로 경청하지 않는 사람은 남들이 하는 말을 그냥 듣는 것일 뿐이다. 마음을 쏟는 경청이 지속적으로 가능하려면, 경청 능력을 방해하는 일반적인 걸림돌들이 무엇인지 인식함으로써 그것들을 방지할 필요가 있다.

방어적인 마음

그가 하는 말에 대한 반박이나 변명할 말이나, 반대할 내용을 생각해내느라 정신이 팔려있다가는 메시지의 일부분을 놓치게 되는 법이다. 방어적 반응에는 여러 가지가 있다.

첫번째로는 섣부른 결론에 도달하게 되는 일이다.

"그렇구나. 네가 무슨 말을 하려는지 알겠어."

조바심이 고개를 치켜든다. 위기에 처한 사람들은 한 문장을 말하고, 잠깐 쉬고 다시 한 문장을 말하고 나서 또 다시 입을 다문다. 생각을 완성하는 데 얼마간의 시간이 걸릴 수 있다. 조바심 갖지 마라. 기다려주면서 그의 침묵을 존중해주라. 말이 더디게 나오는 이유는 그의 마음 상태 때문일 수도 있고, 아니면 그가 내향적인 사람이기 때문일 수도 있다. 내향적인 사람들에게는 종종 말하기 전에 생각할 시간이 필요하며, 질문에 답하기 전에 일반적으로 7초 정도의 시간이 걸린다.

다른 방어적 태도와 더불어 대답할 말을 미리 준비하는 것은, 성경이 경청자에게 요구하는 태도가 아니다. 앞서의 말씀을 기억하는가?

사연을 듣기 전에 대답하는 자는 미련하여 욕을 당하느니라(잠 18:13).

대답할 말과 행동을 머릿속으로 생각하고 있다는 말은 건성으로 듣고 있거나 심지어 더 이상 듣고 있지 않다는 말이다. 또 그가 내뱉는 격정적 혹은 자극적인 말들이 당신 안에 내적인 감정의 분출을 일으키기도 한다. 그리하여 당신은 그의 말에 반응을 보일 뿐 아니라, 의식적으로든 무의식적으로든 그를 자극할 말을 골라 그와 똑같이 반응하려 들 수 있다. 그러나 그럴수록 그와 소통하는 일은 더 힘들어진다.

마음이 상한 상태에 있는 사람들은 대단히 예민하다. 마음이 상한 사람에게 다가갈 때, 마음에 들지 않고, 인정이나 동의가 되지 않는 생각들과 단어나 표현들을 듣게 될 것을 예상하라. 만약에 당신이 화, 분노, 쓰라린 감정을 들어주기가 힘든 사람이라면, 그런 말을 듣게 될 가능성이 다분한 상황이니 조심하라. 당신에게 그가 자기 마음을 나누도록 놔두라. 판단하지 말고, 정정하려 하지 말고, 당신의 견해를 전하려고 하지도 마라. 그저 귀 기울여 들어주라.

방어적인 마음이 전부 다 겉으로 표출되는 것은 아니다. 겉으로는 동의하는 것처럼 하면서, 속으로는 정반대의 말을 하고 있을 수 있다. 마음이 상해 있는 그 사람도 똑같을 수 있다. 당신이 나눈 이야기에 동의하지 않을 수 있는 기회를 주라. 당신이 믿는 뭔가를 그에게 납득시키는 것이 목적은 아니니까.

편견

특정한 목소리 톤으로 말하거나, 특정 인종 집단에 속하거나, 성별이 다르거나, 과거의 누군가를 떠오르게 하거나 하는 등등의 사람들에 대해 당신은 치우친 태도를 보일 수 있다. 우리 모두는 어느 정도 편견과 씨름한다. 편견은 당신으로 하여금 상대방이 하고자 하는 말을 진심으로 들어주기도 전에 그 사람이나 그 사람이 지닌 개성을 거부하게 만들 수 있다. 실제로 이것은 "나는 이러이러한 특성을 가진 사람들을 좋아하지 않는다. 당신이 만일 이렇게 행동한다면, 당신의 말을 들을 필요가 없다."고 말하는 것과 다름없다. 이런 상황은 언제고 만나게 되어 있다. 미리 예상하고 그에 대비하라. 이런 마음은 숨길 수 없음을 인식하라. 대부분의 경우, 신체 언어를 통해 당신의 마음이 고스란히 드러나게 된다. 지인이 도움을 구할 때 이를 경험할 수도 있고, 전에는 한 번도 본 적 없던 그의 일면에 충격을 받는 일이 있을지도 모른다.

개인적 편견은 경청의 능력에 영향을 미친다. 어쩌면 당신에게는 냉소적인 사람보다는 차라리 화난 사람의 말을 듣는 편이 더 쉬울 수 있다. 특정한 목소리의 억양이 듣기 좋은가 하면, 또 어떤 것은 귀에 거슬릴 수 있다. 누군가 되풀이해서 사용하는 어구가 영 불편하게 느껴질 수도 있고, 말할 때 손을 사용하거나 팔을 흔드는 등의 과한 몸동작들을 지나치게 거북하다고 느낄 수 있다. 어쩌면 말하는 사람의 성별 때문에 경청하는 데 지장을 받을지도 모른다. 평소 남자나 여자가 나누거나 나누지 않아야 적절하다고 생각하던 대화 내용이 당신에게 영향을 줄 수 있다.

이런 식으로 산만하게 만드는 상황들을 경험해본 적이 있는가? 당신이 사람들에게 부여하는 고정관념들이 그들의 말에 귀를 기울이는 방식에 영향을 미친다. 우리 모두는 자신이 부정적인 편견으로부터 자유롭다고 믿고 싶겠지만, 그런 사람은 아무도 없다.

각기 다른 경청의 방법

어떤 이들은 낙관적인 마음을 가지고 듣는가 하면, 다른 이들은 비관적인 마음을 가지고 듣는다. 안 좋은 소식에 솔깃한 사람이 있는가

하면, 좋은 소식에 솔깃한 사람들이 있다. 당신의 친구가 좌절되고 힘든 상황을 나눌 때, 그 상황이 사소하고 별일 아닌 것처럼 여겨져서 더 이상 귀를 기울이지 않을 수 있다. 아니면 그가 자기 이야기를 나누는 것이 당신에 대한 신뢰의 행위로 느껴지기 때문에 더 주의 깊게 듣게 될 수도 있다. 당신은 어느 쪽에서 살고 있는가? 대체로 낙관적인 편인가 아니면 대체로 비관적인 편인가?

 이야기를 듣고 대화하는 방식에 있어서 남녀의 차이를 이해하지 못할 때에도 문제가 발생한다. 여자들은 말하는 사람을 격려하기 위해 더 많은 언어적 반응을 사용하는 경향이 있다. 귀를 기울이고 있다는 사실을 보여주기 위해 소리나 말을 사용하는 경우가 남자들보다 더 많은 것 같다. 반면 보편적으로 남자들은 상대방이 하는 말에 동의할 때만 소리나 말을 사용한다. 결과가 어떨지 예상되는가? 남자는 여자가 들으면서 보이는 반응들을 자기 말에 동의한다는 표시로 해석하는데, 그러다가 나중에서야 그녀가 전혀 자기 말에 동의한 게 아니라는 사실을 알게 된다. 단지 그녀는 대화를 지속시킬 목적으로 그의 말에 관심을 보여준 것임이었음을 그는 알지 못했던 것이다. 한편, 여자는 남자가 들으면서 자신이 그에게 해준 것과 똑같은 반응들을 하지 않는다는 사실 때문에 무시당했다는 마음과 실망감을 느끼게 될 수 있다. 그가 자신에게 언어적 신호들을 보이지 않은 것에 주목하고는 그 침묵을 경청하지 않은 것 혹은 관심이 없는 것으로 해석하는 것이다.

감정적 개입

상대방과 자기 자신을 분리할 수 없는 지점에까지 감정 개입이 깊어질 경우에도 경청이 어려워진다. 이런 일은 다른 사람을 도와주려 애쓰는 사람이라면 누구나 겪을 수 있는 어려움이다. 공감이 지나쳐 상대방의 짐을 자기 자신이 떠안게 되는 것이다. 가령, 그의 말이 당신 내면을 건드려 위협받는 느낌을 떠올리게 하거나, 당신 자신의 과거 상처들을 되살리는 경우들이 있을 수 있다. 이런 일들이 당신의 경청 능력을 방해할 수 있다. 다른 사람의 이야기를 듣다가 너무나도 강렬한 감정에 휩싸인 나머지, 더 이상 상대방이 하는 이야기를 들을 수 없었던 적이 머릿속에 떠오르는가? 그때 어떻게 했는가? 어떤 식으로 그를 계속 도울 수 있었는가?

또한 상대방이 당신에 대해서 당신 자신이 감히 채워줄 수 없을 것 같거나 혹은 채워주고 싶지 않은 기대들을 가지고 있기 때문에 경청에 어려움을 겪을 수 있다. 물리적 영향도 무시하기 어렵다. 너무 큰 소리나, 반대로 너무 소곤거리는 소리로 이야기할 경우, 계속 경청하는 것이 어려워진다.

경청을 방해하는 이상과 같은 상황들은 당신이 다른 사람들을 도와주려고 다가갈 때나 그들이 도움을 받기 위해 당신에게 다가올 때 벌어질 수 있고 또 벌어질 일들이다. 그런 상황들과 그것이 일어날 수 있다는 가능성을 인식하는 것이 좋은 출발점이 된다. 집중을 방해하는 요소들을 당신은 어떻게 대처할 것인가? 다음은 이 방해 요소들에 대응하여 계속 집중하기 위한 몇 가지 방안들이다.

- 끼어들기

상대방이 본론을 꺼내는데 좀 시간이 걸린다는 느낌이 들 때, 듣다 보면 나오게 될 정보를 성급하게 질문하게 될지 모른다. "잠깐만요! 당신이 한 말 때문에 요리에 대한 아이디어가 많이 떠올랐어요. 몇 가지 제안을 해드릴게요." 하고 당신도 모르게 말해본 적이 있는가? 사람들은 말하는 것보다 5배 빠른 속도로 생각하기 때문에 딴 생각에 빠지기가 쉽다. 누군가가 1분에 100단어로 말하고 당신은 분당 500단어의 속도로 듣고 있다면, 그 남는 시간동안 어떻게 하겠는가? 설사 말로 표현될 수 있는 것보다 더 빠른 속도로 정보를 처리한다 해도, 말하는 사람과 보조를 맞추기로 하거나 아니면 생각이 정처 없이 떠도는 대로 내버려두기로 하거나 둘 중 하나다. 만일 당신이 외향적 성향의 사람이라면, 정보가 언급되기까지 시간이 걸릴 경우에 경청에 어려움이 있을 것이다. 외향적인 사람들은 대화 도중 침묵이 흐르는 순간에 끼어들거나 말을 가로채지 않도록 노력해야 한다.

- 정신적 과부하 상태

당신이 돕는 사람이 너무 많은 정보로 당신을 정신 못 차리게 만들 수 있다. 세부적인 내용들의 홍수에 허우적대는 한편, 그 내용들을 소화할 시간은 충분하지가 않다. 당신의 생각은 너무 많은 것을 던져야 하는 곡예사 같은 느낌이 든다. 그러다보니 어떤 것도 듣기가 어려워진다. 편안한 마음으로 사태의 핵심들만 파악해도 괜찮다. 필요하다고 느껴질 경우, 세부적인 내용들은 나중에 다시 생각해도 된다.

- 안 좋은 타이밍

상대방은 이야기하고 싶어 하는데 당신은 아닌 경우에 어떻게 하겠는가? "지금은 좀 곤란하네요." 혹은 "잠깐만 기다려주세요. 이 일을 먼저 마쳐야겠어요." 혹은 "듣고 싶지만, 이미 약속 시간에 늦어서요." 등의 말을 해본 적이 있는가? 의사소통 과정에서는 경청에 적합한 시간을 고르는 것이 중요할 수 있다. 마음이 상한 상태에 있는 사람들은 종종 좋지 않은 시간대나 사전의 통보 없이 다가오기도 한다. 그럴 때 곧장 태도를 바꾸어 경청 모드로 들어갈 수만 있다면, 아무런 문제가 없을 것이다. 그러나 그것이 언제나 가능하지는 않은 것이 사실이다. 당신도 혹시 그렇게 할 수 없다면, 그와 이후에 만날 시간을 따로 정해놓는 것이 좋다.

- 신체적 탈진

정신적, 신체적 피로는 경청을 힘들게 만드는 요인이다. 때로는 바로 당장은 곤란하다는 것을 그에게 알려줄 필요가 있는 경우들이 있다. 그가 하려는 말을 진심으로 들어주고 싶다는 것을 그에게 반드시 말해준 다음, 생기를 되찾아 정신이 초롱초롱해졌을 때 이야기를 나눌 수 있도록 시간을 마련하라.

● 선별적 주의 집중

이 장애물을 다른 이름으로 말하면 "걸러서 듣기"다. 나눠지는 정보를 걸러내는 것을 말한다. 당신에게 비관적인 성향이 있다면, 긍정적인 메시지들을 무시하거나 왜곡하고, 아니면 거부할지 모른다. 종종 사람들은 자신들이 듣고 싶은 것 또는 자기들의 사고방식에 들어맞는 것을 듣는다. 선별적 경청을 하는 사람의 경우, 기억도 선별적으로 하고 있을 가능성이 있다. 그 말은, 언급된 말이나 상황들 중에 몇 가지만 기억하게 될 거라는 것이다.

이 장애물에 맞서기 위해, 당신이 듣고 있는 말을 주기적으로 상대방에게 다시 표현하라. 정신을 바짝 차리고 있기 위해 가끔씩 심호흡을 하라. 주의 깊게 경청하고 있음에도 불구하고, 내가 놓치는 내용은 무엇인가? 당신이 경청하지 못하도록 막는 방해물들이 무엇인지 알고 있는지 점검하라.

온몸으로 경청하려면 상대방과 메시지에 집중해야 한다. 한눈팔지 않고 그를 향해 온통 주의를 집중하라. 그가 이야기를 나누기 위해 전화를 걸었을 때 TV를 꺼라. 하던 일을 제쳐두고 주의 깊게 경청하라. 마음으로 들어줄 때 진정으로 도움이 될 수 있다. 목사인 친구 한 명이 갓 아내를 잃은 남자의 집을 방문했던 일을 나에게 들려주었다.

내가 집 안에 들어서자 그가 울면서 나를 껴안았다. 남편 되는 사람이 자리에 앉았고, 나도 그가 앉은 옆 소파에 앉으며 그가 먼저 말을 꺼내도록 기다려줘야겠다고 결심했다. 침묵의 소리를 들으며 한 시간을 기다렸다. 또 다시 고요함에 귀를 기울이며 또 다른 한 시간을 기다렸다. 그가 한숨을 내쉬었다. 조심스레 내가 침묵을 깼다.

"배고프신가요? 제가 가서 피자를 사올까요?"

"아, 그래요. 그러면 좋겠네요."라고 그가 말했다. 그래서 그렇게 했다. 피자를 사가지고 와서 함께 먹었다. 서로 몇 마디씩 말을 했다. 내가 짧게 기도하고 슬픔에 잠겨있는 남편의 어깨를 다독여준 다음, 돌아갔다. 몇 주가 지난 후에 이 남자가 목사님이 찾아와서 그저 함께 시간을 보내준 것만으로도 도움이 되었다고 많은 사람에게 이야기했다는 말을 전해 들었을 때, 나는 정말 깜짝 놀랐다.

당신이라면 내 친구와 같이 할 수 있었을까? 물론이다! 당신이 시간을 내어 함께 있어주는 것이 바로 지금 그에게 필요한 전부일지 모른다. 함께 있어주라. 헤럴드 쿠쉬너는 그의 책에서 이런 형태의 돌봄을 묘사하고 있다.

내 인생에서 가장 어두웠던 몇몇 순간에, 내가 친구로 여기던 어떤 이들이 나를 저버렸다. 몇몇은 나를 염려하는 마음에 내가 고통받는 것을 보는 게 마음 아파서, 또 다른 몇몇은 나를 보면서 그들 자신의 연약함이 떠오르는 것이 감당하기 버거워서 그랬다. 하지만 진정한 친구들은 그들의 거북한 감정을 극복하고 다가와 나와 함께 앉아 있어 주었다. 내 기분이 나아지게 해줄 말이 딱히 없을 경우에는 아무 말 없이 그저 앉아 있었는데 ("너라면 극복할거야." 혹은 "그리 안 좋은 상황은 아니야. 다른 사람들은 더 한 일도 겪잖아."하고 말하는 것 보다 이것이 차라리 훨씬 낫다), 그렇게 해주는 그들이 나는 정말 좋았다.[21]

경청을 위한 기도

기억하라. 사랑하는 이를 잃은 사람들이 필요로 하는 것은 그들의 말에 귀 기울여 주는 것이지, 해답을 제공해주는 게 아니다. 마음 깊은 곳에서부터 이미 그들은 알고 있다. 그들이 그들 자신에게 던지는 가장 중요한 질문들에 대해 설명해줄 수 있는 말이 없다는 사실을. 게다가 그들이 자신들을 위로해주는 이들로부터 참으로 기대하는 것은 해답이 아니다. 깊은 애도는 철저히 겪어내야만 되는 것이지, 지적인 대답들로 해결될 수 있는 게 아니다. 용납해주고 마음을 써주며 함께 있어주고 또한 잘 들어주는 것은 한 사람이 슬픔에 잠긴 다른 사람에게 줄 수 있는 가장 큰 선물 중 하나다.[22]

다음은 나로 하여금 하나님이 원하시는 경청자가 되도록 하는데 도움을 준 기도다.

하나님, 저희는 인생의 상당히 많은 시간을 남들의 말을 들어주는 데 사용하고 있습니다. 그때에 저희가 늘 올바로 들을 수 있도록 도와주세요. 저희가 집중해서 경청하고, 딴 생각들에 빠져들지 않고, 듣는 말에 집중하도록 도와주시어 그것이 진정 마음에 새겨지도록, 한 귀로 들어가 한 귀로 나오지 않도록 해주십시오. 우리가 잘 듣고 이해하도록 도와주십시오. 그것이 참으로 무슨 뜻인지 발견할 때까지, 생각하고 질문하고 연구하는 것을 포기하지 않도록 도와주십시오. 우리가 잘 듣고 이해하도록 도와주십시오. 우리가 듣고 가서, 들은 것을 전부 잊어버리지 않도록 도움을 주십시오. 관심을 쏟을 줄 아는 마음을 우리에게 허락해주세요. 그때야 비로소 우리의 기억들이 지속될 수 있습니다. 우리가 잘 듣고 행하도록 도와주십시오. 일상의 일을 통해, 또한 믿음의 가르침을 따라 우리가 배운 바를 실천에 옮기도록 해주십시오. 행동이 따르지 않는 말은 초라할 뿐이며, 행함이 없는 믿음은 죽은 것임을 언제나 기억하도록 우리를 이끌어주십시오. 그리하여 듣고, 이해하고, 기억하고, 행하는 것이 언제나 함께 이루어지게 하시기를 기도 드립니다.[23]

기억하라

우리가 귀로만 아니라 눈으로 들어줄 때

기적이 일어난다.

슬픔에 빠진 사람의 말을 기다려줄 때

기적이 일어난다.

우리의 관심을 토닥여주듯 표현해줄 때

기적이 일어난다.

조금은 불편해도 약속을 지킬 때

기적이 일어난다.

슬퍼하는 이의 의문에

값싼 해답을 주기보다 관심을 기울여줄 때

기적이 일어난다.

마음들이 서로 만날 때

기적이 일어난다.

"두세 사람이 모인 곳에 나도 그들과 거기에 있으리라."는

예수님의 약속을 기억할 때

기적이 일어난다.

돌보는 자가 슬픔을 함께 나누는 자가 되는 순간

기적이 일어난다.[24]

– 헤럴드 이반 스미스

☑ 4. 그의 상실을 이해하라

인생은 끊임없는 상실이다

인생은 상실들로 가득하다. 사실, 인생이란 잃고 얻고, 빼앗기고 손에 쥐고의 연속이다. 인생의 의미에 대한 우리의 이해를 파괴하는 사건은 모두 상실로 느껴진다. 우리가 가진 신념과 기대들이 공격당한다는 느낌이 드는 것이다. 차를 도난당하고 집에 강도가 들거나, 죽음이나 이혼을 통해 사랑하는 사람을 잃는 것 등 명백하게 드러나는 상실이 있을 수 있다. 반면에 그렇게 분명해보이지 않는 상실도 있을 수 있다. 직장을 옮기고, 어떤 과목에서 A학점 대신에 B학점을 받고, 월급이 기대보다 조금 오르고, 집을 옮기고, 질병에 걸리고, 건강을 잃고, 학기 중간에 선생님이 바뀌고, 창문이 있던 사무실에서 창문이 하나도 없는 사무실로 옮기고, 성공해서 목표를 달성했지만 더이상 도전해야 할 목표가 사라져 허무해지고, 직장 동료들과의 불화가 이어지는 것 등등. 이상이나 꿈, 평생의 목표가 사라져 허무해지는 것 또한 상실이다. 이런 상실을 알아차리는 것은 쉽지 않을 수 있기 때문에 보통은 상실이라고 생각하지 않는다. 누군가는 "그런 상실들을 위로해주기 위해 음식을 바리바리 가져다주는 경우는 없다."고 말했다. 그래서인지, 대부분은 이런 상실에 대처할 시간과 에너지를 거의 사용하지 않는다.

인생에서 경험하는 많은 상실이 나이가 들어가는 것과 관련이 있다. 나이가 들어갈수록 어린 시절의 꿈과 믿음이 허물어지고 바뀌어 간다. 일터에서도 많은 상실을 경험한다. 내가 아닌 다른 누군가가 월급 인상 혹은 승진의 혜택을 누리고, 계약이 성사되지 않고, 소송에서 지고, 사업이 실패하고, 경제가 악화되고, "전망이 없어 보이는" 직장에 매여 이러지도 저러지도 못한다.

그다음에 우리는 신체적 상실들을 만난다. 주된 것 중 하나는 몸무게가 늘어나고 허리 둘레가 점점 늘어나는 것이다. 우리는 젊음, 아름다움, 매끈한 피부, 탱탱한 근육, 몸매, 모발, 시력, 청력 등을 잃어가고, 성적 능력과 욕구가 감소되는 것을 경험한다.

또 자녀들이 집을 떠나 자신들의 가족을 이루게 됨으로써 자녀들을 떠나보내게 될 때 그것이 복잡한 문제로 이어질 수 있다. 어떤 이들에게 이 문제는 부모로서의 정체성이 상실되고, 자녀들에 대해 더 이상 영향력을 행사할 수 없게 되며, 자녀가 잘 되지 않았을 경우에 꿈이 깨어지고 성취감이 사라지며, 부부를 한데 묶어주는 존재가 자녀였다면 결혼생활의 상실로까지 이어지게 된다.

늘그막에 배우자를 잃는 경우 역시 많은 어려움이 따르게 되는데, 여성들에게는 훨씬 더 힘들다. 나이 오십이 넘어 남편을 잃은 여성들 대부분은 재혼을 하지 않는다. 반면 젊은 시절에 이혼하거나 배우자와 사별한 경우에는, 또 다른 짝을 찾기가 비교적 수월하다고 한다.[25]

'상실'이란 단어에서는 죽음과 이혼이 떠오른다. 그런데 부정적인 질병을 진단받았을 때의 충격은 어떠한가?

"의사가 암(혹은 다발성 경화증, 파킨슨 병, 알츠하이머병 등)이라고 했어."

아니면 사고로 인해 신체의 기능이 영구적으로 상실될 수도 있다. 이런 경우는 만성적 슬픔을 일으킨다. 평생 장애를 안고 살아야 하는 슬픔을 위한 의식이나 도움이 우리 문화 속에는 존재하지 않는다.

가장 대처하기 힘든 상실 중 하나는 바로 "상실의 위협"에 관한 것이다. 뭔가를 잃을 가능성이 항상 존재하지만, 우리가 거기에 대해 할 수 있는 일이 거의 없다. 스스로 삶을 통제할 수 있다는 생각이 무너진다. 한 회사에서 수년 동안 일해 왔다. 20년을 채우면 모든 퇴직 수당이 확보될 것이다. 하지만 그 무렵 더딘 경기 회복과 계약 파기 등으로 인해 회사 근로자 40퍼센트가 이번 달 말까지 해고될 거라는 통보를 받게 된다. 게다가 근속 년수는 평가 기준이 아니라고 한다. 내가 그 40퍼센트 중 한 명이 되지는 않을까? 그 외에도 상실의 위협을 주는 다른 상황들이 아래와 같이 많이 있다.

- 조직 검사 결과를 기다리는 것
- "당신과 이혼할까 생각 중이야."라는 배우자의 말
- 성공 가능성이 불투명한 사업 투자
- 분노한 피고용인 혹은 고객으로부터 고소를 당한 상황
- 외국 체류 중에 받은 모든 외국인의 인질 억류 위협
- 당신의 아들이 마약을 복용해온 게 아닌지 의심이 간다는 그의 말

이러한 잠재적 상실들은 일어날 가능성이 있는 일들이며, 우리가 그 가능성들을 두려워하거나 예상하게 될 때 곧바로 상실로 느껴지게 된다. 또한 이때에 무기력함을 함께 경험한다.

우리가 경험하는 상실들은 다양한 방식으로 분류될 수 는데, 그중 하나는 '물질적 상실' 이다. 이것은 사람이 중요하게 애착을 갖는 물리적 대상이나 심지어 친숙한 환경을 상실하는 것이다.

'관계적 상실' 은 다른 사람과 관계 맺을 기회가 끝나는 것이다. 더 이상 이야기하고, 경험을 나누고, 만지고, 논의하고, 토론하고, 감정적, 신체적으로 그와 함께 있을 수 없는 상황이다. 이러한 상실은 이사, 이혼, 죽음, 성장과정, 혹은 갈등 등으로부터 비롯될 수 있다.

'심리 내적 상실' 은 그의 인식이나, 그가 자기 자신을 바라보는 방식이 변화를 겪게 될 때 일어나는 상실이다. 그는 감정적으로 중요한 자기 자신에 대한 이미지와 더불어 그 가능성들조차 상실한다.

또한 신체의 근육 혹은 신경의 기능에 탈이 나는 것과 같은, '기능적

상실'이 있다. 이것은 나이가 들어감에 따라 생기는 것이나, 평생에 걸쳐 다양한 원인들에 의해 생길 수도 있다. 예로 노인들이 많이 겪는 '기억 상실'은 실로 치명적이다.

'역할의 상실'은 우리 모두에게 영향을 미친다. 이것은 사회적 역할의 상실 혹은 사회적 연결망 내부에서 익숙했던 지위를 상실할 때 경험된다. 그 중요성은 그 사람의 정체성이 얼마만큼 특정 역할에 묶여 있느냐에 달려 있다. 승진, 강등, 배우자 상실, 경력 변화, 졸업 혹은 중퇴, 은퇴 등이 여기에 속한다.

상실을 경험하는 동안, 이면에서는 질문들이 켜켜이 쌓여간다. 어떤 시점에선가 이것들이 다루어져야 한다. 당신의 친구가 상실을 겪었다면, 당신은 다음과 같은 말들을 듣게 될지 모른다.

"이 상실로부터 나는 회복될 것인가? 과연 살아남을 수 있을까?"

"무엇 혹은 누구 없이 삶을 지속해도 괜찮을까?"

"그 사람이 진짜 없어지고 이제 내 삶이 달라지리란 걸 알면서도 행복하고 충실한 삶을 살아갈 수 있을까?"

가족을 잃는 상실

우리 인생에서 중요한 사람들을 잃는 것은 피할 수 없는 일이다. 이런 유형의 상실은 종종 갑작스럽고 충격적으로 닥치기도 하지만, 어떨 때는 예상된 상태로 찾아오기도 한다. 어느 쪽이든 간에, 이것은 엄청난 위기일 수 있고 그에게 중요한 정체성의 상실을 일으킬지도 모른다. 그가 잃은 사람이 당신이 아는 사람일 경우, 당신 또한 상실감을 느낄 것이다. 그를 도와주기 위해서는 잠시 동안이라도 당신 자신의 슬픔에 집중하는 것이 어느 정도 보류되어야 가능하다. 모든 사람이 상실을 경험하며, 결국엔 모두가 죽음에 직면해야 한다. 가령, 지난 24년간 나는 네 명의 사촌, 두 명의 삼촌, 형수, 어머니, 장모님, 아들, 아내, 절친한 친구의 아들, 내가 아끼던 골든리트리버 두 마리를 잃었다.

상실의 대상이 그의 인생에서 매우 중요한 사람일 때 그는 고통을 느끼게 된다. 아무것도, 그 누구도 그 고통에 대비해 누군가의 마음을 준비시킬 수 없다. 그런 문제에 대해, 부모나 형제자매, 자녀, 또는 친구를 잃었을 때 겪게 될 수 있는 상황을 그나 당신에게 말해준 사람이 있었는가? 그랬을 것 같지 않다. 이런 일은 언젠간 모두가 겪게 될 일이고, 이처럼 타격이 큰 상실이 닥칠 때 깊은 슬픔에 빠지게 되는 법이지만, 우리가 입에 올리는 일은 좀처럼 드문 문제이기 때문이다. 애도의 과정 자체가 수고이기 때문에 상담자들은 이 과정을 "애도 작업"이라 부른다.

중요한 누군가를 잃었을 때, 그는 자신이 잃은 그 사람을 두고 슬퍼하기 시작할 뿐 아니라, 그 사람과 그 사람과의 관계에 대해 그가 가졌던 바람, 욕구, 희망, 꿈, 기대들을 두고 슬퍼하게 된다. 이런 것들이 당신이 그가 인식하도록 도울 수 있는 슬픔의 중요한 양상들이다. 단지 지금 당장의 상실만이 아니라 그가 빼앗긴 미래의 어떤 것에 대해서도 애도하고 있는 것이다. 어쩌면 그가 그 사람과의 관계 속에서 한 번도 누려보지 못한 뭔가가 있었을 수 있는데, 이제는 결코 그것을 누릴 수 없게 되었다는 사실을 깨닫게 된다. 오랜 세월동안 나는 아버지와 좋은 관계를 맺지 못한 수많은 여성을 상담해왔다. 아버지가 돌아가시는 순간, 그 딸들의 아버지와의 화해에 관한 희망의 문도 함께 닫히게 된다.

예상치 못한 갑작스런 죽음으로 인해 중요한 사람을 잃게 되는 경우, 복합적 패턴의 애도 과정을 거치게 될 위험이 커진다. 2001년의 9.11사건과 같은 테러, 공공장소에서 발생한 총기 난사 사건, 자동차 사고나 비행기 추락 등의 충격적 사건으로 사랑하는 사람들을 잃은 이들이 이런 경우에 해당된다. 그러한 상황에서 살아남은 생존자들 역시 슬픔에 직면한다. 때로 이런 유형의 슬픔은 외상 후 스트레스 장애(Post Traumatic Stress Disorder, PTSD)로 발전하게 된다. 간혹 이 슬픔이 더 고조되는 것처럼 보이는데, 그 이유는 무엇일까? 테레즈 란도가 그녀의 책에서 언급하고 있는 다음의 요인들을 만나보자.

- 통제, 예측 가능성, 안전에 대한 기존의 생각들이 허물어진다.
- 당신이 당한 상실이 도무지 이해되지 않는다.
- 상실을 인정하기가 힘들다.
- 심지어 작별인사도 할 수 없고 미완성된 일을 마무리할 수도 없다.
- 자연사가 발생한 경우보다 훨씬 더 감정적 반응이 격렬하다.

- 슬픔과 충격이 지속되어, 의기소침한 상태에 빠지게 된다.
- 평소보다 더 당신 자신의 책임으로 떠안는 경향이 늘어난다.
- 당신이 처한 세계에 대한 안정감과 확신에 심각한 손상을 경험하게 된다. 실상, 당신은 충격에서 헤어나지 못한 상태다.
- 고인과의 관계에 있어 균형 잡힌 시각으로 보기보다는 부정적인 면들에 집중하기 쉽다.
- 뜻밖에 찾아온 상실로 인해 중대한 부차적 상실들을 갑작스레 겪게 된다.[26]

'이런 상황 속에서 이토록 많은 문제에 직면하고 있는 이를 돕는다는 건 불가능해.'란 생각이 들지 모른다. 아니다. 당신은 할 수 있다. 슬픔을 더 많이 알고 이해하게 되면 될수록, 더 많은 도움이 될 수 있다. 많은 경우에 당신은 그 순간 누군가에게 주어진 유일한 도움의 손길일지 모른다.

중대한 위기 혹은 상실로부터 그가 회복되는 과정에서, 때로 슬픔이 그에게 복병처럼 달려드는(더불어 당신까지 강타하는) 경우들이 있을 수 있다. 이것을 묘사하는 더 나은 방법은 없다. 어떤 사람들은 이런 경우를 "슬픔의 발작"이라 부르지만, 이것은 그야말로 전혀 예상하지 않는 순간에 누군가를 덮치는 갑작스런 슬픔의 습격이다. 목이 메고 눈물이 앞을 가리고, 가슴이 조여드는 것 같고, 쉬지 않고 밀려드는 슬픔의 물결이 그를 뒤덮는다. 이런 감정들에 강타당하는 것이 정상적인 반응이 아닌 것 같이 느껴지더라도 실상은 지극히 정상적이다. 이런 일이 벌어질 때, 다른 모든 일을 멈추고 감정을 추스르는 일에 집중하도록 그에게 조언하라. 그렇게 하지 않으면 그런 감정들이 지속될 뿐 아니라, 어쩌면 더 격렬해질지 모른다.[27]

그가 슬픔에 직면하도록 돕는 목적은 그가 자기에게 중요한 사람을 잃은 상황을 건강한 방식으로 수용하고 견딜 수 있는 자리로까지 나아가도록 하는 것이다. "얼마만큼의 시간이 필요할지"에 대한 의문이 생길 것이다. 하지만 고려해야 할 요소들이 많기 때문에 정확한 대답을 해주기는 어렵다. 그럼에도 당신이 그에게 격려가 되도록 이야기해줄 수 있는 일반적인 패턴 몇 가지는 있다.

슬픔을 겪는 가운데 해야 할 일들 중 한 가지는 그 사람 없이도 살아가는 법을 배우는 것이다. 그 사람과의 사이에서 있었던 상호 작용과 인정을 그는 이제 누리지 못하게 될 것이다. 상실의 측면을 이야기하는 것이 도움이 될 수 있다. 그의 인생에서 함께 해준 그 사람의 존재가 사라진다는 것은 그의 필요, 희망, 꿈, 기대, 감정, 생각 등이 변화를 겪게 되리란 것을 의미한다. 서서히 그 사람과 떨어진 현실이 충분히 그의 내면에 이해되기 시작하면서, 그는 "이제부터 나는 내 인생의 일부였던 이 사람 없이 살아가는 거야. 나는 그렇게 할 수 있어."라고 깨닫게 될 것이다. 이것이 결국에 도달해야 할 중요한 지점이다.

삶에 중요한 부분을 차지했던 존재가 자기 인생에 미쳤던 영향들을 전부 확인하기까지 시간이 걸린다는 사실을 그는 발견하게 될 것이다.

그것은 차츰차츰 밟아가야 하는 과정이다. 함께 누리던 교제와 지지와 의견과 조언이 사라져버린 상황, 이러한 각각의 낯선 상실들이 한데 모여 중대한 상실의 경험이 되는 것이다.

더 이상 그 자리에 없는 그 사람이 마치 옆에 있는 양 반응하려는 행동이 나올 때마다, 그 사람이 떠나버렸다는 사실을 새삼스레 발견하며 고통을 느끼게 될 것이다. 그뿐 아니라 그에 대한 기억들을 고통스레 떠올리게 하는 대상들도 많이 있을 것이다. 그가 당신에게 이런 이야기를 해줄지 모른다.

"평소 그가 나를 위해 맡아주었던 일을 처리해달라고 나도 모르게 그를 찾다가, 문득 그가 없다는 사실을 깨달았지요."

한 사람의 인생에서 누군가 빠져나가버릴 때마다, 남은 사람의 역할과 역량들이 그 사람이 없이도 해나갈 수 있을 만큼 넓어져야 한다. 그는 자신이 잃어버린 것을 만회하는 법을 배워야 할 것이다. 그가 하는 일 중 일부를 변경하고, 새로운 의무들을 떠안아야 할 것이며, 함께 관계를 맺고 도움을 받을 다른 사람들을 찾아야 할지 모른다. 또한 더 이상 하지 않게 되는 일들도 있을 수 있다. 적응을 위해서는 그 사람이 자기 세계의 일부였을 때 하던 것과 똑같은 방식으로 행동하지 않아야 한다(이런 상황은 직장을 잃거나 퇴학당하거나 집이 압류당하는 등의 이유로 중요한 활동을 하지 못하게 된 경우에도 해당된다).

이러한 상실을 경험하면, 우리는 슬픔 속으로 빠져들게 된다. 우리가 살고 있는 문화 속에서는 대부분이 애도의 과정을 한 번도 배운 적이 없기 때문에, 자신에게 뭔가 문제가 생겼고, 스스로 정신이 이상해져가고 있다고 생각하는 지경에 이르고 만다. 누군가의 인생 속에서 슬픔은 일상의 붕괴, 구멍, 혼란 등 다양한 측면들을 갖고 있다. 그것은 일상의 계획 또한 엉망진창으로 만들어놓는다.

게다가 잇따른 슬픔은 그 사람의 한 부분에만 영향을 미치는 게 아니다. 그것은 내면에서부터 올라와, 인생의 한 구석도 놓치지 않고 속속들이 영향을 미친다. 그야말로 모두 사로잡는다. 신체에 변화가 일어나고, 음식 맛이 예전 같지 않고, 좋아하던 꽃마저 예전만큼 강렬한 향기가 느껴지지 않는다. 마르지 않는 눈물이 시도 때도 없이, 불쑥불쑥 시야를 가린다. 어떤 사람들은 위장이 팽팽해지고, 숨이 가빠지고, 맥박이 빨라지는 현상을 경험한다. 먹고 자는 패턴도 예전 같지가 않다. 어떤 사람들은 자고 또 자는가 하면, 다른 사람들은 쉽게 잠이 들지 못한다. 이상한 꿈이나 악몽들이 이어진다. 이러한 일상의 붕괴들은 시간이 지나면서 줄어들게 될 터이나, 그렇다고 회복이 일직선으로 뻗은 평평한 길인 것은 아니다. 오히려 앞으로 갔다 뒤로 갔다를 반복하는 춤에 가깝다.

사랑하는 사람의 죽음으로 인해 슬픔이 발생한 경우, 남은 사람의 인생은 이제 그 사건의 이전과 이후의 삶, 두 부분으로 나뉜다. 이러한 변화는 한 사람의 내면에서 최악과 최선을 동시에 끄집어낼 수 있다. 슬픔의 문제에 직면한 많은 사람이 그와 씨름하며 던지는 질문은 "나한테 무슨 문제가 있는 걸까?"이다. 꼬리에 꼬리를 문 생각들이 이어지고, 집중력은 아예 온데간데없고, 기억력 감퇴는 일상이 된다.

사랑하는 사람의 죽음 이전에, 그들의 삶은 잘 확립된 방향으로 흘러가고 있었다. 이제는 바뀌었다. 그 이전에는 확고한 정체성이 존재했다. 관련된 사람들은 자신들이 누구인지 말할 수 있었다. 이 역시 바뀌었다. 그들은 예전의 자신과 같지 않다. 고인이 된 그 사람은 그들의 정체성을 구성하는 일부였다. 그는 누군가의 아버지, 삼촌, 남편, 형, 친구였다. 그들의 마음과 기억 속에서 그 사람은 언제까지나 그 사람으로 남아있을 테지만, 사랑하는 사람이 머물렀던 자리에는 텅 빈 공간만이 남아있다. 이 사람을 잃음으로써 그들의 정체성의 일부가 빠져 나간 것이다. 그러나 결국에는 그들도 예전의 정체성을 벗고 새로운 정체성으로 차츰차츰 나아간다.[28] 지금 당장은 이것을 이해하기 힘들지라도, 언젠가는 이해할 날이 온다.

어떤 사람들은 "군중 속 얼굴(face in the crowd)" 증후군을 겪기도 한다. 그들은 자신들이 잃은 그 사람을 봤다고, 그의 목소리를 들었다고, 그의 향수 냄새를 맡았다고 생각한다. 이런 현상은 집에서건, 공공장소에서건 일어날 수 있다. 한밤중에 깨어서 방 안에 고인이 와 있는 것을 느꼈다고, 혹은 그가 자기 이름을 부르는 것을 들었다고 장담할지도 모른다. 그들은 스스로 정신이 이상해져가고 있다고 생각한 나머지, 사람들의 비판이 두려워 자기가 경험한 것을 남들에게 털어놓기를 주저한다. 그러나 이런 현상은 대부분이 생각하는 것 이상으로 흔히 있는 일로, 장장 18개월에 이르는 시간 동안 지속적으로 일어날 수 있다.

상실 이후의 정상적인 반응들

그러면 어떻게 도움을 줄 수 있을까? 당신이 할 수 있는 한 가지 일은 아래의 "슬플 때 느끼는 말도 안 되는 감정들" 목록을 그와 함께 나누는 것이다. 이렇게 하면 그에게 그 감정들이 정상임을 깨닫게 하는 데 도움이 된다. 많은 사람이 자기가 이상하다거나 제정신이 아니라고 믿고 있는데, 이 목록을 읽음으로써 그들이 경험하고 있는 것들이 "정상의 범주에 들어가는 것"임을 깨닫게 된다. 이 목록을 읽어본 사람들에게 이 중에 어떤 것들을 경험해봤냐고 물어보면, 많은 경우에 나를 쳐다보면서 "전부 다죠!"라고 대답한다.

또 다른 방법은 내가 쓴 『마음껏 슬퍼하라(Experencing Grief, 노란숲 역간)』를 한 권 주는 것이다. 그들이 겪고 있는 일을 이해하도록 하는 데 이 책이 도움이 될 것이다. 슬플 때 느끼게 되는 "말도 안 되는" 감정이 실제로는 상실에 대한 건전한 반응들이다. 다음의 예들은 모두 정상적인 슬픔의 증상들이다.

슬플 때 느끼는 말도 안 되는 감정

- 왜곡된 사고 패턴, 정신이 이상한 것 같은, 혹은 비합리적인 생각들, 끔찍한 생각
- 절망과 낙담
- 통제되지 않거나 마비된 감정

- 감각 인지의 변화(시각, 미각, 후각, 촉각, 청각)
- 짜증이 급격히 증가함
- 말을 많이 하고 싶거나 아예 하고 싶지 않은 마음
- 기억력 감퇴와 정신적 단락 반응
- 집중력 저하
- 떠나간 사랑하는 사람에 대한 강박적 집착
- 시간 개념의 상실
- 식욕 혹은 성욕의 증가/감퇴
- 잠이 들거나 계속 잠들어 있는 게 어려워짐
- 고인이 꿈속에 나타나는 현상
- 죽음을 주제로 되풀이되는 악몽
- 독감, 두통, 혹은 다른 질병 등의 신체적 아픔
- 인생과 세상, 심지어 하나님을 향한 믿음이 깨짐

슬픔은 대부분이 생각하는 것보다 더 오래 지속되며, 세 달 간격으로, 그리고 특별한 날짜나 추도일에 더욱 증대된다.[29] 많이들 잠드는 것이나 깨지 않고 자는 데 어려움을 겪으므로, 매일 밤 불 끄기 전에 다음의 말씀을 읽고 마이클 루닝의 기도문을 소리 내어 고백하도록 권한다면 도움이 될 것이다. 많은 이가 실제로 이에 큰 도움을 받았다.

네가 누울 때에 두려워하지 아니하겠으며 네가 누운즉 네 잠이 달리로다 너는 갑작스러운 두려움도 악인에게 닥치는 멸망도 두려워하지 말라 [너는 무죄할 터이니], 대저 여호와는 네가 의지할 이시니라 네 발을 지켜 [덫에도 그 어떤 숨겨진 위험에도] 걸리지 않게 하시리라(잠 3:24-26, AMP성경 역자 번역).

내가 잘 자고 다시 깨었으니 밤새도록 여호와께서 지켜주셨음이라(시 3:5, 현대인의성경).

내가 나의 침상에서 주를 기억하며 새벽에 주의 말씀을 작은 소리로 읊조릴 때 하오리니(시 63:6, 메시지성경).

내 속에 근심이 많을 때에 주의 위안이 내 영혼을 즐겁게 하시나이다(시 94:19).

내가 평안히 눕고 자기도 하리니 나를 안전하게 살게 하시는 이는 오직 여호와이시니이다(시 4:8).

사람이 침상에서 졸며 깊이 잠들 때에나 꿈에나 밤에 환상을 볼 때에 그가 사람의 귀를 여시고 경고로써 두렵게 하시니(욥 33:15-16).

사랑하는 하나님,
꿈의 세계로 인도하는 밤의 어두움을 주심을 감사드립니다.
저희를 꿈으로 더 가까이 인도하시어 우리 마음이 그 꿈으로 인해 더욱 풍요로워지도록 해주세요. 선명한 꿈들과 그 기억을 저희에게 허락하시고 그 꿈들이 읊어주는 시(詩)와 신비를 마음에 품고 일상 속으로 달려가게 해주십시오. 깊고 평온한 잠을 허락하시고 저희가 깰 때에 힘들고 지친 세상을 활기차게 할 새 힘으로 충만하게 해주세요.

별들이 주는 영감과, 달이 내뿜는 위엄과, 귀뚜라미와 개구리들이 불러주는 자장노래를 주심에 감사합니다.

저희가 밤을 되찾아 평화의 성소로 되돌리게 하시어, 그 안에서 침묵이 저희 마음에 들려지는 음악이 되게 하시고 그 속에서 어두움이 우리 영혼에 빛을 비추도록 해주시길 기도합니다.

안녕히 주무세요. 좋은 꿈 꾸세요. 아멘.[30]

애도의 과정과 단계

중대한 상실을 경험한 이후 삶을 이어나가는 데는 몇 가지 단계들이 수반되는데, 그중 몇몇은 그와 당신이 예전에 이런 일을 경험해본 적이 없었다면 아마도 놀라움으로 다가올지 모른다. 크나큰 상실을 경험하기 전에 이 단계들을 아는 사람은 거의 없다. 어떤 사람들의 경우, 이 단계들을 거부하기도 하고 애도 속에 갇혀 옴짝달싹못하게 되기도 한다. 함께 있어주는 당신의 존재가 이런 일이 그에게 벌어지지 않게 하는 데 도움이 될 수 있다. 때로 사람들은 이러한 과정들을 다 겪은 후에야 차분히 앉아 자신들이 겪어온 일들을 돌아볼 수 있는 시간을 가질 수 있게 된다. 하지만 지금 그 일을 헤쳐 나가고 있는 가운데 그 과정을 자각하고 있다면 그의 인생에 얼마나 큰 차이를 이루어낼 수 있겠는가! 그러한 자각은 반드시 그 고통을 줄여주지는 못하더라도, 따라야 할 지도를 제시해주고 우리가 올바로 가고 있음을 깨우쳐준다.

또한 이 단계들은 보다 심각한 종류의 상실들에도 적용된다.

그가 해야 할 첫 번째 일은 그가 잃은 그 사람과의 관계를 새롭게 정립하는 일이다. 그는 그 사람과 자신을 연결하던 매듭을 풀어야 한다. 추억들을 통해 건강하고 적절한 방식으로 마음속에 사랑하던 사람을 생생히 간직하는 일도 그런 변화에 포함된다. 당신은 그와 이 부분에 대해 이야기하는 것을 편안하게 느끼는가? 이런 일을 당신도 겪은 적이 있는가? 그의 생각이 여기까지 미치지 못하고 있다면, 당신이 그렇게 하도록 제안할 필요가 있을지 모른다. 상대방이 곁에 없어진 상태에서 새로운 정체성을 형성하는 일은 그가 회복 과정에서 거쳐야하는 또 다른 단계이다. "제 인생의 그 부분은 이제 역사가 되었어요. 저는 다시는 그때 그 모습, 그때 그 사람이 되지 못할 거예요." 하고 누군가 말했듯이.

배우자와의 사별

결혼생활을 시작하는 부부들은 대부분 함께 나이 들어갈 것을 꿈꾼다. 그러다 사별이 찾아오게 되면 그것은 그 꿈의 상실을 넘어, 온갖 이차적 상실들로 이어진다. 배우자를 향해 품었던 소망, 바람, 환상, 감정, 기대, 욕구들이 사라져 버린다. 배우자의 죽음과 함께 앞으로 겪게 될 또 다른 상실이 기다리고 있다. 이제는 결혼한 사람이 아닌 독신, 즉 과부 혹은 홀아비가 자신의 정체성이 된다. 이는 작지 않은 변화이다. 배우자를 잃는다는 것은 은퇴, 생일들, 잠자리, 교회 봉사, 자녀들과 손자들, 여러 결혼식을 함께 보고 나누었을 누군가를 잃는다는 말이다. 배우자라는 자리에서 충족시켜주는 모든 역할과 함께했던 사람이 죽음으로써 상실되는 것들을 생각해보라.

공과금을 내주는 사람	가계 관리자	믿을 만한 친구
동업자	반려자	요리해주는 사람
상담자	빨래해주는 사람	보호자
부부가 함께 듣는 강의	연인	공급자
격려자	기술자	영감과 통찰력을 주는 사람
심부름 해주는 사람	멘토	함께 운동하는 사람
친구	동기부여자	세금 관리자
정원사	계획 세우는 사람	선생님
집 안팎을 돌보는 사람	부모	

그가 이 단계들을 밟아가며 애도 작업을 해나가는 가운데, 전에는 배우자에게 쏟았던 감정적 에너지를 이제는 다른 사람들, 활동들, 그리고 소망들에 새로이 쏟아부을 수 있는 자유를 갖게 됨으로써 결국 새로운 감정적 충족을 얻게 된다.

죽음이 사랑하는 사람의 생명은 끝냈을지언정, 그가 떠난 그 사람과 가졌던 관계는 끝내지 못한다. 어떻게 하면 그가 잃은 그 사람과의 관계를 새롭게 이루어낼 수 있을까? 이것은 병적이거나 이상한 과정이 아니라, 정상적이고 꼭 필요한 과정이다. 그럼에도 불구하고 당신은 그런 식으로 관계를 변화시키는 일에 대해 의논하는 것을 들어본 적이 있는가? 아마 없을 거다. 만약 사람들이 그에게 그가 당한 상실에 대처하는 가장 좋은 방법이 그 사람을 잊는 거라고 말해준다면, 솔직히 말하건대 그들의 생각은 틀렸다. 그는 잊지 않을 것이다. 언젠가, 많은 시간이 흐른 후에, 감정적 기억들이 역사적 기억들로 변화할 뿐이다.

사람들은 자기들이 사랑했던 사람이 어떤 사람이었는지, 그들이 이룬 일들과 주변 사람들과 사회에 미친 영향들이 무엇이었는지 곰곰이 되새기는 과정을 통해 그 사람을 자기 가슴 속에 언제까지고 생생히 간직하게 된다. 당신은 사람들이 이렇게 말하는 것을 들어본 적이 분명 있을 것이다. 나도 이런 말들을 아주 많이 들어보았다.

"지금 그가 살아있다면 어떻게 생각할지 궁금해요."

"그녀가 이 상황들을 봤다면 놀라지 않았을까요?"

자신과 똑같은 유형의 상실을 경험해본 다른 사람들과 함께한다면 그에게 큰 도움이 될 것이다. 그가 자신의 새로운 정체성에 적응하는 과정에서 그들이 도움을 줄 수 있기 때문이다. 당신이 그런 사람들 중 한 명이 될 수 있다.

애도 기간

애도의 과정이 마무리되기까지 얼마의 시간이 걸릴까? 대부분이 생각하는 것보다 훨씬 더 오래 걸린다. 그 시간의 양은 여러 가지 요인에 따라 달라진다. 평균적 애도 기간은 자연사의 경우 대략 2년가량이다. 말기 환자의 경우에는 임종 전에 슬퍼하는 시간이 어느 정도 주어지므로 후에 그 시간이 줄어들 수 있다.

사고로 인한 죽음이 갖는 예측 불가능성은 애도 반응이 수년간 지속되게 하는 주된 요인이 될 수 있다. 한 연구결과에 따르면, 자동차 사고로 배우자나 자녀를 잃는 경험을 한 이들 대다수가 4년에서 7년이 지난 후에까지도 여전히 생각과 기억과 감정을 통해 그 죽음과 씨름하고 있다고 한다.[31] 만일 그가 그 사고를 같이 당한 경우에는 그 시간이 더 길어질 수 있다. 게다가 충격적 사건으로 야기된 죽음인 경우, 애도의 시간이 얼마나 더 길게 이어질지 예측할 도리가 없다. 자녀를 잃은 많은 사람의 경우, 그들이 안정을 되찾기까지 6년에서 10년의 세월이 걸릴 수도 있다.

당신은 그에게 그가 겪고 있는 슬픔이 얼마나 오래 지속될지 말해줄 수 없다. 단, 그 슬픔이 영원히 계속될 것 같은 마음에 그가 그런 질문을 던지리라는 것만은 알고 있어야 한다. 알다시피, 슬픔에는 시작과 중간과 끝이 있다. 그러나 많은 사람이 그 중간 부분에 갇혀 있을 뿐 아니라, 대부분이 슬픔의 역동성과 시간들을 이해하지 못한다. 그로 인해 적응이 한층 더 힘들어진다.

죽음을 통한 이별과 연관된 감정적 격변에는 많은 공통 요소가 내포되어 있다. 그리워하며 찾아 헤매는 마음, 자극에 예민해지는 증상, 분노의 감정, 죄책감, 혼돈, 조바심, 불안감, 현실이 무엇인지 시험하고

픈 강렬한 욕구 등. 다음에 나오는 도표를 통해 알 수 있듯이, 이러한 감정들은 고조되다가 사라져간다.[32]

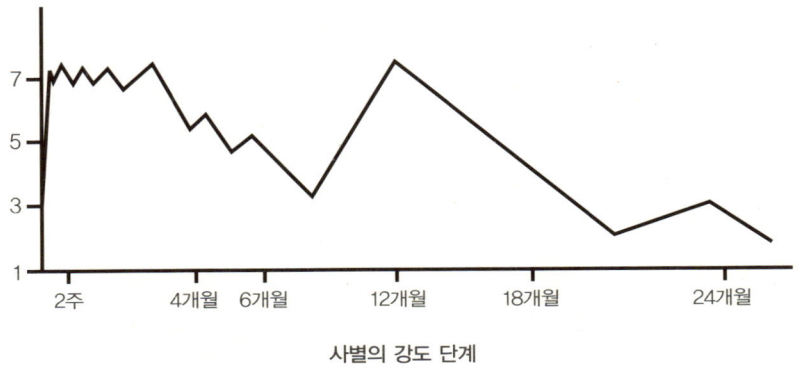

사별의 강도 단계

선이 들쭉날쭉하다는 점에 주목하라. 고통과 슬픔은 실제로 3개월째 되는 무렵에 심해졌다가 서서히 가라앉는데, 점차 줄어드는 대신에 올라갔다 내려갔다 한다. 대부분은 사랑하는 사람을 잃고 그 일 년째에 초반에 느꼈던 감정에 필적하는 슬픔과 고통의 파도를 경험한다. 그 시기를 지나고 있는 순간에 누군가 그에게 "지금쯤은 극복했어야지." 또는 "지금쯤 나아질 때가 됐지."라는 말을 한다면, 크게 화가 날 수 있는데, 이는 충분히 이해할 수 있는 반응이다. 또 자기가 겪어보지 못했을 경우에 이 과정을 이해 못한다는 것 역시 납득할 만하다.[33]

내가 이 도표를 보여줄 때마다 사람들이 다가와 이런 말을 했다.

"왜 아무도 제게 3개월된 시점과 일주년 추모일을 경고하지 않은 거죠? 그랬더라면 감당하기가 훨씬 수월했을 텐데요. 저는 제가 미쳐가는 줄 알았어요!"

또 다른 문제는 3개월 정도 슬퍼했으면 괜찮아질 때도 됐다고 느끼는 사람들이 거의 대부분이라는 사실이다. 그래서 슬픔을 겪는 그 사람에게 어느 때보다 지지가 절실할 때에 지지의 손길을 거두고 만다.

앞에서 언급했듯이, 그가 경험하게 될지 모르겠지만, 만약 겪는다면 당신 혹은 다른 누구에게도 이야기하고 싶지 않은 현상도 존재한다. 바로 "군중 속의 얼굴" 증후군이다. 길을 가다가 사람들 틈에서 분명 사랑하던 이를 보고 그의 목소리를 듣는다. 혹은 기념일에 방에 들어갔다가 그의 향수 냄새를 맡았다. 이상하게 들릴지 모르지만, 이런 반응은 정상이다. 슬픔 중에 있는 당사자는 자기가 이상해졌거나, 비정상 또는 제정신이 아니라는 생각을 하게 된다. 그렇지 않다. 이런 식의 경험들이 이별 이후 약 18개월가량 계속될 수 있다.

부모를 여읜 상실

언젠가는 부모님을 여의게 되리라는 것을 우리 모두가 알고 있음에도 불구하고, 그렇다고 해서 막상 실제로 그렇게 되었을 때 충격이 줄어드는 것은 아니다. 내가 가족 안에서 맨 처음 경험한 죽음은 스물두 살 되던 해에 찾아왔다. 아버지는 직장에서 귀가하시던 도중에 자동차 사고로 숨지셨다. 그때 연세가 일흔두 살이셨다. 지금 기억나는 것은 그 엄청난 소식을 듣고 충격에 빠졌던 일이다. 어머니가 1993년, 93세의 연세로 돌아가셨을 때, 그것은 가슴 아픈 상실이었으나 충격은 아니었다. 어머니는 서서히 악화되는 질병 중에 계셨었고, 천국에 가서 주님과 함께 있을 것을 이미 수년 동안 바래오시던 터였다.

사고가 나던 그 주는 아내와 내가 우리가 부모가 될 거라는 사실을 알게 된 때였다. 그래서 아버지의 죽음은 앞으로 다가올 그 일들을 함께하지 못하리라는 더 깊은 고통과 안타까움을 남겼다. 부모 중 한 분을 먼저 잃는 것은 그 상실의 여파가 남은 부모에게 계속적으로 미치는 것을 지켜볼 수밖에 없기에 오랫동안 지워지지 않는 고통으로 남을 수 있다. 그뿐 아니라, 남은 한 분을 새롭게 도와드려야 한다는 책임감으로 우리가 느끼는 부담이 한층 더 커질 수 있다.

부모를 여의었을 때 그는 오랜 세월 인생에 가장 큰 영향을 준 사람을 잃은 것이다. 우리 대부분에게 부모를 잃는다는 것은 다른 누구도 해주지 않았고, 해줄 수도 없는 방식으로 우리를 사랑하고 보살펴준 누군가를 잃는 것을 의미한다. 더 이상 부모님의 인정과 칭찬과 허락을 얻을 수 없게 된 것이다. 부모님과의 사이에서 느끼는 애착은 독특한 것인데, 이제 그분들 중 한 분과의 연결 고리가 끊어졌다.

그의 부모님 중 한 분이 돌아가시고 나면, 그는 과거와는 물론이고, 자신조차 잊고 있었는지 모르는 자기 자신의 일부와의 직접적인 연결 고리를 상실한다. 그뿐 아니라, 자기 자신도 언젠가는 죽게 되리라는 사실을 한층 더 강하게 의식한다. 그가 그런 감정을 표현하는 일들이 있을 것이다. 그럴 때 그가 굳이 듣지 않아도 되는 말은 이런 말이다.

"무슨 말이에요? 돌아가신 부모님 나이가 되려면 아직 한참 멀었는데요. 말도 안 되는 소리죠."

인생의 굴곡을 완화시켜 주시던 부모님이 더이상 곁에 계시지 않을 때 사람들은 많이 약해진다. 한 분 남은 부모마저 돌아가시게 되면, 마치 한 권의 책의 마지막 장까지 전부 끝난 것 같은 느낌이 든다. 몇몇 사람들에게 이것은 정신적으로든 물리적으로든 다시는 집으로 돌아갈 수 없게 되었음을 뜻한다. 부모님이 살던 집을 잠그고 남은 물건을 정리해야 할 시점이 되면, 그는 수많은 이차적 상실을 경험한다.

나이가 들어감에 따라 우리는 새로운 방식으로 부모님과 관계를 맺는다. 이제는 좀 더 성인 대 성인, 친구 대 친구로서의 관계에 가까워지는 것이다. 이런 경우를 나는 세상을 떠난 내 아내 조이스와 장모님 사이의 친밀함을 통해 알 수 있었다. 부모자식간은 부모가 자녀를 돌보던 관계에서 나중에는 자녀가 부모를 돌보는 쪽으로 역할이 바뀐다. 주님 품에 안기기를 장모님이 내내 간절히 바래오셨음에도 불구하고, 결국 아흔 살을 넘기고 세상을 떠나셨을 때 장모님과의 이별은 아내에게 큰 고통이 되었다.

부모의 죽음에 반응하는 방식은 관계의 질에 따라, 사람마다 차이가 난다. 어떤 이의 경우에는 어마어마하게 슬퍼하는가 하면, 또 다른 이는 곧바로 슬픔을 떨쳐버릴 수도 있다. 부모님과의 관계가 좋은 이들은 그 관계가 계속해서 지속되기를 바라기 때문에, 부모님이 갑작스럽게 떠나가신 경우 실망감까지도 겪을 수 있다. 몇몇 사람들에겐, 과거의 힘든 시간들을 만회할 기회를 **빼앗긴** 상실과도 같다. 더러는 부모님께 더 잘해드릴 수 있는 기회를 놓쳐버려 속았다는 느낌을 갖기도 한다. 안도감을 느끼는 이들도 있을 수 있다. 언젠가는 부모님을 여읠지 모른다는 두려움을 안고 살다가 그것이 이제 현실이 된 것이다. 그들 자신의 인생을 계속해서 영위해 갈 수 있겠다는 마음이 생긴다.

가장 가까웠던 사람이 낳아준 부모가 아닌 경우들도 많이 있다. 이모 혹은 삼촌, 심지어는 양부모가 될 수도 있다. 중요한 것은 상실로 겪는 감정을 직면하고, 마음의 슬픔과 이차적 상실을 최대한으로 겪어낸 후에, 그 사람 없이도 앞으로 한 발 한 발 나아가는 것이다.

모든 사람이 부모님과 좋은 관계를 갖고 있는 것은 아니다. 이런 경우에 애도 반응이 복잡해질 수 있다. 더러 나는 부모가 돌아가신 것에 안도감을 표현하는 사람을 보기도 한다. 드디어 갈등과 고통에서 벗어난 해방감을 느끼는 것이다. 어떤 사람들의 경우, 어떻게 해도 만족시킬 수 없는 누군가를 기쁘게 해주려는 노력을 더 이상 할 필요가 없어져 인생의 새로운 국면을 맞기도 한다. 오랜 기간 채우려 애써왔던 요구들에서 벗어난 안도감을 느낄지도 모른다. 혹은 오래 계속된 부모님의 불치병으로 인해 부모님을 돌보는 데 어려움을 겪을 뿐 아니라 재정적으로도 어려운 상태에 있다가 안도감을 맞이하게 될 수 있다. 당신이 경험한 것과는 다를 수 있는 이런 반응들이 당신에게 놀라움으로 다가올지도 모른다. 몇몇 아주 부정적인 느낌의 말들을 듣기라도 한다면 더더욱 그럴 것이다.

죽음을 통한 부모와의 이별을 애도하는 가운데 그가 유념해야 할 점은 나머지 가족들의 경우, 각자가 그분과 맺은 관계의 특성상 슬픔을 경험하는 방식이 다를 수도 있다는 사실이다. 그의 형제자매나 배우자, 자녀들은 그와는 다른 관계를 경험했다. 모두가 이런 차이들에 대해 서로 용납해주지 않는 한, 서로 갈등이 야기될 수 있다.

부모님이 돌아가신 지금, 누가 그들의 빈자리를 대신하고 그들의 역할을 이어갈 것인가? 어쩌면 그분들은 모든 자녀와 손자손녀를 화목하게 하는 역할을 해오셨을지 모른다. 이제 누가 그 일을 할 것인가? 어쩌면 가족 모임을 총괄해오신 분들이 그분들이셨을 수 있다. 그 역할을 맡아서 할 사람이 이제 누가 될 것인가? 주택과 재산에 관련된 결정들이 내려져야 하고 집안의 가보들이 분할되어야 한다. 부모의 사망은 형제지간의 관계에 영향을 미칠 수밖에 없다.[34]

이런 변화들의 일부를 사전에 고려해두면 남은 가족들이 헤쳐 나가기가 더 수월해진다. 이런 것들은 알맞은 때에 논의돼야 마땅한 문제들이고 주제들이다. 당신이 도움을 주고 있는 상대에게 가족의 죽음이나 그 슬픔을 다룬 책들을 찾아 권해 봐도 좋을 것이다.

말기 환자들을 돕기

그가 자신이 불치병에 걸렸다는 것을 알고 나서 그것에 대해 당신과 함께 이야기하기 위해 온다면 어떻게 하겠는가? 그제야 우리 대부분이 깨닫는 것은 그토록 가혹한 진단을 받은 사람에게 무슨 말을 해줘야 할지 분별하기가 무척 어렵다는 사실이다.

그래서 아예 아무 말도 하지 않는 경우가 자주 있는데, 그것은 마치 관심이 없는 것처럼 보이게 된다. 그가 심각한 질병 또는 불치병에 걸렸다는 말을 들었다면, "최근에 당신이 몸이 안 좋았다는 걸 알아요."라는 말로 대화를 시작하라. 그러고 나서 상대방의 말을 통해 그다음 말을 어떻게 이어나갈지에 대한 힌트를 얻으라. 만일 그가 그 이야기를 할 마음이 있으면, 말을 꺼낼 것이다. 그가 느끼는 감정에 주파수를 맞추고, 말하는 내용뿐 아니라 말 이외의 표현에도 반응해주라. 만일 자신의 병에 대해 이야기하지 않으려 하면, 그 마음을 존중해주라. 당신은 그가 병에 걸린 사실을 인정해주었고, 나눌 수 있는 기회를 주었으며, 마음을 쓰고 있음을 보여주었다.

병에 걸린 사람은 자기가 아프기 때문에 그들이 자신을 하찮게 여기거나 자기와 함께 시간을 보내고 싶어 하지 않을 거라고 믿어버리는 경향이 있다. 자신이 이제 별로 호감 가지 않는 사람이 되어 버렸다고 생각한다. 게다가 실제로 어떤 사람들은 할 말을 찾는데 어려움을 겪는다. 이런 반응이 이상한가? 그렇지 않다. 친구나 사랑하는 사람이 중대한 상실이나 사건을 겪고 있을 때 무슨 말을 할지 모르는 것은 아마도 가장 일반적이고도 힘겨운 감정일 것이다. 모두가 다 무슨 말을, 언제, 어떻게 말할지 고민한다. 누군가의 투병은 또한 언젠가는 닥쳐올 우리 자신의 죽음에 대해 생각하게 만든다.

이 사람의 인생에 상실이 일어났다는 것을 인정하는 것이 중요하다. 당신 자신의 눈이 아니라 그의 눈을 통해 상황을 바라보라. 그 마음을 표현하기 위해서 이런 질문들을 대화의 시작에 참고하면 좋을 것이다.

"무슨 일이 있었는지 제게 말씀해주실래요? 듣고 싶어요."
"요즘 하루하루가 어떤가요?"
"지금 가장 큰 걱정거리가 뭔가요?"
"최근에 수면과 식사는 어떻게 하고 계신지 말씀해주세요."

☑ 5. 공포와 패배감, 위기에 빠진 이들을 이해하라

그들이 당신에게 바라는 것

위기, 그것은 사람들로 하여금 나아가던 길에서 정지시키고 움직일 수 없게 만드는 경험이다. 그들은 균형을 잃고 공포와 패배감 속에 빠진다. 이 시점에서 사람들이 원하는 것은 오로지 벗어나는 것뿐이다. 위기는 난데없이 사람들을 강타하기도 하고 혹은 일련의 부정적인 사건들을 잇는 최후의 결정타가 되기도 한다. 종종 사람들은 위기를 경험하는 순간에 인생의 가장 큰 변화들을 이루어내기도 한다. 예전의 방식으로는 더 이상 해결할 수 없게 되면서 변화하지 않으면 안 되는 상황으로 내몰리게 된다. 따라서 해결책들을 모색하기 시작한다. 어쩌면, 이때에 그는 당신을 하나의 해결책으로 여길지 모른다.

그러나 그에게 위기로 여겨지는 경험이 때론 당신에겐 위기가 아닐 수 있다. 당신은 그의 눈을 통해 상황을 바라볼 필요가 있다. 더불어 위기에 빠진 이를 돕기 위해서, 위기에 해당하는 경우들이 무엇인지 알아야 한다.

모든 위기의 저변에 존재하는 것은 일련의 상실들이다. 그는 이제 예전의 그가 아니며, 달라질 것이다. 마치 누군가 다가와 둔기로 그의 머리를 내리치기라도 한 것처럼 말이다. 망연자실한 그에게 세상은 더 이상 예전의 그곳이 아니다. 머리는 혼란에 휩싸인다. 감정을 주관하는 우뇌가 압도당하자, 사고를 주관하는 좌뇌마저 압도당하고 만다. 그리고 이런 상태에서 그가 도움을 바라며 당신에게 다가온다.

이런 위기의 시기에 그가 당신에게 바라는 것이 무엇일 것 같은가? 사람들이 느끼는 필요들은 천차만별이므로, 갖가지 다양한 요구들을 듣게 되더라도 놀라지 마라. 많은 경우, 당신은 기적을 행해 달라는 기대를 받을 가능성이 크다. 그가 당신을 그의 마지막 희망으로 여길지도 모르는 상황에서, 그가 거는 기대들은 과하거나 비현실적이거나, 아니면 둘 다일 수 있다. 당신이 그가 원하는 것들을 해주지 못했을 때, 실망했거나 화가 난 반응을 접하게 되더라도 놀라지 마라. 그럼에도 불구하고 당신은 그의 필요들 중 일부를 충족시켜줄 수 있는 도움들을 주게 될 것이다.

그렇다면, 당신이 그로부터 접하게 될 다양한 반응에는 어떤 것들이 있을까?

"제 대신 맡아서 해주세요."

자기를 보호해주고 결정을 내려주는 무조건적으로 강한 사람을 원하고 있는 것일지 모른다.

⇨ 당신이 할 수 있는 일이 아니다.

"제 자신이 진짜라는 것을 알도록 도와주세요."

그가 필요한 것은 현실과의 접촉점을 유지하도록 도와줄 누군가다.

⇨ 이 일은 당신이 할 수 있다.

"저를 좋아해주세요."

그는 지금 마음이 공허하며 사랑이 필요한 상태에 있다.

⇨ 당신이 할 수 있는 일이다.

"당신이 항상 제 옆에 계시면 좋겠어요."

그는 언제든 달려와 안정을 주는 사람을 필요로 한다. 그는 쉬지 않고 당신에게 전화할지 모른다.

⇨ 당신은 이 일을 할 수 없다. 이 일은 부분적으로 시간을 내어 노력하는 일이지, 당신의 모든 시간을 통틀어 하는 일이 아니다.

"죄책감이 사라지게 해주세요."

그는 강박적으로 죄책감을 느껴 잘못을 고백해 용서받지 않고는 견딜 수 없을지 모른다.

⇨ 이 일은 오직 주님만이 하실 수 있다.

"제 속 얘기를 털어놓게 해주세요."

그는 가슴에 담긴 말들을 쏟아내야 하는 절박함을 느낀다.

⇨ 듣는 것은 당신이 할 수 있다. 진정한 경청의 의미를 떠올려보라.

"어떻게 해야 되는지 말해주세요."

그는 긴박한 문제들에 대한 조언을 구할지 모른다.

⇨ 주의하라. 그가 스스로 대안들을 발견하도록 도울 수는 있다.

"상황을 바른 관점에서 바라볼 수 있도록 도와주세요."

그가 원하는 것은 상충되는 생각들을 정리하도록 도와주는 것이다.

⇨ 이것은 당신이 도울 수 있다.

그가 느낄 다른 또 다른 필요가 생각나는가? 때에 따라서는 그가 이 필요들을 전부 가지고 찾아와 당신을 주체 못하게 만들 가능성도 있다. 비록 도와주고 싶더라도, 심신의 건강을 유지하는 차원에서 당신에게 필요한 경계선들을 세워두는 것이 좋다.

그들이 보이는 특징

당신의 도움을 구하는 이들 중에는, 자기가 당한 위기에 그럭저럭 잘 대처해나가는 이들이 있는 반면, 대처 능력이 부족한 이들도 있다. 다음의 특징들을 주의해서 살펴보라.

어찌할 바를 모름

위기에 서투르게 대처하는 사람들의 첫 번째 특징은 위기에서 어찌할 줄을 모른다는 사실이다. 왜 그럴까? 위기를 당하기 전에 그들이 이미 감정적으로 어려움을 겪고 있었기 때문이다. 상황을 악화시키는 반응을 하면서도, 스스로는 가장 효과적인 행동이라 착각한다.

물질적 빈곤 상태

위기 상황에 서툴게 대응하는 사람들은 대부분 물질적으로 빈곤한 상태에 놓여 있다. 이 상황에서 그들이 의지할 자원은 거의 없다.

현실의 위기 대처에 어려움을 가짐

현실을 부정하는 사람들은 위기 대처에 어려움을 겪는다. 현실을 부정하는 것은 그들이 고통과 분노를 회피하려 시도하는 방법이다. 그들은 자신들이 중병에 걸렸다거나, 재정적으로 파산 당했다거나, 혹은 자녀가 마약을 하고 있다거나 말기 환자라는 사실을 부정할지 모른다.

입의 마술

이것은 과식, 과음, 과도한 흡연을 하고 말이 많아지는 경향을 말한다. 이런 사람들은 인생에 어려움이 닥치게 되면 유아적 행동 양상으로 퇴보하는 경향이 있다. 그들은 대부분의 시간을 입으로 뭔가를 하며 보내지 않으면 불안해 한다. 현실에 직면하지 않으려는 이 행동은 위기가 끝난 후에도 지속될 수 있다. 그러면 또 다른 위기가 야기된다.

시간에 대한 비현실적 접근

이런 식으로 대처하는 사람들의 경우, 문제 해결까지의 시간의 크기를 축소하거나 혹은 시간의 변수들을 너무 먼 미래로 확대한다. 다시 말해, 그들은 그 문제가 지금 당장 "해결"될 것을 바라다가, 그렇게 되지 않을 경우에 그것을 미루고 또 미룬다. 당장은 현실의 불편을 피할 수는 있지만, 문제는 더 커질 수 있다. 그가 만일 미루는 단계에 있다면, 도와주는 게 힘들어질 상황에 대비해 마음의 준비를 하고 있으라.

과도한 죄책감

지나친 죄책감으로 씨름하는 사람들은 위기에 대처하는데 어려움을 겪게 된다. 어려움이 닥친 것에 대해 자기 자신을 비난하다 보면, 감정이 더 악화되면서 스스로를 옴짝달싹못하게 만드는 것이다.

남 탓하는 사람들

그들은 문제가 무엇인가에 초점을 두지 않고, "누가 그 문제를 일으켰느냐"에 집중한다. 실제 혹은 가상의 적들을 찾아내어 그들에게 잘못을 뒤집어씌우는 게 그들의 방식이다.

지나친 의존성 또는 독립성

이런 이들의 경우는 도와주겠다는 제안을 외면하거나 아니면 덩굴처럼 들러붙는 존재가 되거나, 둘 중 하나다. 들러붙어 의존하는 사람들은 우리를 숨 막히게 할지 모른다. 하루에 몇 번이고 전화를 해오고, 경계선이란 단어가 별 의미를 갖지 못한다. 반면 과도하게 독립적인 이의 경우에는, 도와주겠다는 당신의 제안을 꺼릴 것이다. 설령 비탈 아래로 미끄러져 재앙으로 치달을지언정, 도움을 요청하지 않는다. 그리고 만일 재앙이 덮친다면, 계속해서 그 사실을 부정하거나 남들에게 비난을 쏟는다.

신념 체계

한 사람의 신학이 그가 위기에 어떤 식으로 대처하느냐에 영향을 미친다. 사람들의 인생이 그들이 가진 신학에 근거함에도 불구하고, 많은 사람은 그 단어만 들어도 겁을 먹는다. 하나님에 대한 우리의 믿음과 하나님을 어떤 식으로 인식하느냐가 우리의 신학을 반영해준다. 하나님의 주권과 그분의 자애로운 성품을 신뢰하는 사람들은 인생과 위기에 대해 긍정적으로 대처하는 데 더 나은 기반을 갖고 있다.

위기의 네 가지 단계

이제 우리는 한 사람이 일련의 위기 가운데 변화를 거치는 동안 삶에서 일어나는 전형적인 패턴에 대해 살펴볼 것이다. 다음의 도표에서 볼 수 있듯이, 인생을 바꾸는 사건 혹은 위기에는 네 가지 단계들이 존재한다. 즉, 충격, 침잠·혼란, 적응, 복구·화해 등이 그것이다.

위기의 단계들

위기 중 경험하는 전형적 감정의 굴곡

	제1단계 충격	제2단계 침잠·혼란	제3단계 적응	제4단계 복구·화해
시간	몇 시간에서 며칠	수일에서 수 주	수 주에서 수개월	수개월
반응	가만히 있으면서 위기에 직면하거나 뒤로 물러서거나 함	강렬한 감정들 : 진이 빠지고, 화 나고, 슬프고, 두렵고, 염려스럽고, 우울하고, 죄책감이 들고, 분노가 생김	온갖 다른 감정과 긍정적인 생각이 되살아 남	희망이 되살아나고, 자신감이 생김
생각	무감각해지고, 갈피를 잡지 못함 통찰력이 떨어지고, 위축됨	사고력이 손상됨 불확실성, 모호함	문제 해결 능력이 회복됨	분명한 사고
통제력을 되찾기 위한 방향	상실한 대상을 찾아 헤맴	흥정하는 마음, 부질없는 희망, 무관심	마음을 쏟을 새로운 뭔가를 찾음	명백한 진전, 중요한 대상과 새로운 애착 형성
행동의 모색	회상에 자주 잠김	어리둥절하고, 혼란스런 마음	집중력 유지 경험을 통해 배우기 시작함	지나온 과정과 앞으로 나아갈 방향에 대해 검토할 시간을 가짐

제1단계 : 충격

충격 단계는 매우 짧다. 당사자는 자기가 엄청난 사건에 맞닥뜨렸다는 것을 즉각 알아차린다. 몇몇 사람들에게 이것은 크게 한 대 얻어맞은 느낌일 것이다. 충격 단계는 위기 상황을 자각하게 되고 그로 인해 놀람과 충격을 경험하는 단계다. 이 기간은 사건과 당사자에 따라, 몇 시간에서 며칠 정도 지속된다. 심각한 상실의 경우, 즉시 통곡이 터져 나올 수도 있지만 때로는 며칠이 지나서야 터지기도 한다. 위기나 상실이 더 심각한 수준일수록, 그만큼 충격이 더 커지고 무력감과 무감각함이 더 심해진다. 이혼 절차 소송에서와 같이, 충격 단계가 질질 끌면서 길어지는 경우도 있다.

이 단계에 접한 당사자는 그 상황에 머물러 해결을 볼 때까지 문제와 맞설 것인지, 혹은 도망쳐 문제를 외면할 것인지 결정해야 한다. 이른바 "투쟁 혹은 도주(fight or flight)"의 패턴이다. 충격 단계를 지나는 동안 그의 역량은 평소보다 대처로 감소하게 된다. 어쩌면 이 단계에서 그가 삶의 문제들을 다루던 성향이 드러나게 될 것이다. 그가 예전에 문제를 직면하는 성향이 있었다면 이번에도 문제를 직면할 것이지만, 문제를 회피하는 성향을 보였다면 이번에도 달아날 가능성이 크다.

위기 상황에서 맞서 싸우면서 책임을 떠안으려고 애쓰는 것이 그에 대한 건강한 반응이다. 도망가는 것은 위기를 연장시킬 따름이다. 그리고 각각의 단계들이 이전 단계에서 이루어진 적응에 의존하기 때문에, 현실을 회피하는 것은 훌륭한 판단을 내리는 데 도움이 되지 않는다. 고통이 해결되기는커녕 더 오래가게 된다.

　충격 단계에서 보이는 특징으로, 첫째 정신 작용이 저하됨을 들 수 있다. 이 단계에서는 사고력과 통찰력이 현저히 떨어진다. 그는 다소 무감각해지고 혼란에 빠진 상태일 수 있다. 심지어 생각과 감정이 멈춘 것 같이 느낄지 모른다. 마치 시스템 전체가 정지된 것과 같다. 당신이 그에게 전달하는 사실적 정보가 이 시점에는 완전히 인지되지 않을 수 있으므로 나중에 다시 말해주어야 할지 모른다. 때문에 당신이 하는 제안이나 계획 등을 글로 적어 전달할 필요가 있다. 그에게 뭔가를 설명했는데, 나중에 그가 그 말을 한 마디도 듣지 못한 것처럼 뜬금없는 질문을 하게 될 수도 있다. 그는 충격으로 무감각한 상태에 있기에 현명하지 못한 결정을 내릴 수 있는데, 공교롭게도 하필 그때가 그가 중요한 결정을 내려야 하는 상황일 수 있다. 여기가 바로 당신의 도움이 필요한 지점이다. 그런데 만일 당신이 해답을 갖고 있지 않다면, 직접 해답을 찾아도 좋고, 다른 곳에 도움을 요청해도 좋겠다.

　이 단계에서 보이는 두 번째 특징은 상실한 대상을 찾아 헤맨다는 것이다. 그의 사고 작용이 상실을 향해 집중된다. 사랑하는 사람을 잃은 이가 죽은 사람을 떠올리게 하는 사진이나 다른 물건을 끄집어내는 것은 흔히 있는 일이다. 대단히 큰 의미를 지닌 뭔가를 상실한 경우, 사람들은 그것과 그들을 정서적으로 이어주던 물건들을 평상시보다 더 오래 간직하게 된다. 이제는 사라진 사랑하던 대상, 혹은 그것을 대신하거나 대체하는 것을 찾아다니는 것은 정상이다. 애도 과정과 그들이 겪는 일이 무엇인지 알지 못할 때, 이 행동은 더 심해진다.

상실을 회상하는 이 일은 상실한 물건 혹은 사람에 품었던 가치에 비례한다. 이런 이에게 필요한 것은 그의 말을 들어주고 그가 느끼는 감정을 수용해주는 것이다. 감정이 거부당하는 것은 문제 해결을 더디게 만들기 때문에 감정을 가슴 속에 파묻거나 부정해서는 안 된다. 그는 스스로 경험하는 감정과 생각조차 낯선 상태다. 이때에 부정적인 말을 듣는 것은 전혀 도움이 되지 못한다. 어떻게 반응할지에 주의하라. 만약 당신이 불편한 감정을 느끼고 있다는 것을 그가 감지하게 되면, 마음을 닫아버릴지도 모른다. 시간을 들여 나의 불편한 감정의 근원이 무엇인지 찾아 그 부분을 다루라. 이렇게 함으로써, 당신은 스스로 인생에 더 잘 대응할 수 있고 다른 이를 더 잘 도울 수 있을 것이다.

세 번째 보이는 특징은, 죄책감에 시달린다는 것이다. 변화와 위기에 자주 동반되는 것이 바로 죄책감이다. 실패했기 때문에, 반대로 성공했기 때문에 등 여러 이유로 사람들은 죄책감을 느낀다. 많은 이가 성공을 감당하는 데 어려움을 겪는다. 스스로가 그럴 자격이 있는지 의구심을 갖거나, 성공하지 못한 다른 사람들에 공감하며 어쩌면 자기 자신의 성공에 대해 죄책감을 경험하는지도 모른다. 이혼한 부모를 둔 자녀들은 때로 부모의 결혼이 파경에 이른 책임이 자신에게 있는 것 같은 죄책감을 느끼기도 한다. 사고 또는 대재앙을 목격한 사람들이 죄책감을 경험하는 일도 있다. "어째서 나는 살아남은 걸까?", "왜 나는 안 죽고 어린 내 아들만 죽은 걸까? 나보다 그 애가 살아갈 앞날이 훨씬 더 창창한데." 이것은 흔히 일어나는 반응들이다.

죄책감을 경험하는 이가 죄책감을 줄이기 위해 선택할 수 있는 몇 가지 방법이 있다. 합리화를 통해 죄책감에서 벗어나거나 잘못을 남에게 전가하는 방법을 따르는 이가 있고, 혹은 몸을 고되게 해서라도 죄책감을 털어내어 참회하려는 이도 있다. 그런가 하면, 진짜 죄를 지었거나 하나님의 규례를 어겼을 경우에는 예수님을 통해 허락된 용서에 의존할 수 있다. 하나님은 죄로 인한 진짜 죄책감을 없애주실 수 있으며 또한 없애주신다.

이와 다르게 근거 없는 죄책감들도 있을 수 있다. 감정에 더 많이 기대어 살아가는 사람은 위기를 겪는 동안 죄책감에 빠지기가 더 쉬울 것이다. 사고방식이나 자기 대화(self-talk)가 부정적인 사람은 그렇지 않은 다른 사람들보다 더 많이 죄책감을 느낀다. 이런 가짜 죄책감의 경우는 대개 하나님으로부터의 용서가 필요하지 않다. 필요한 것은 그 사람의 관점 혹은 자기 대화를 바꾸게끔 해주는 도움이다. 이 경우, 본인에게 그렇게 하고 싶은 마음이 있어야 하며, 변화하기까지 시간이 걸리기 때문에 짧은 충격 단계 내에서 실현되기는 어려울 것 같다.

다음 단계로 넘어가기 전에, 위기 단계들을 사용하는 것이 어떤 식으로 유익한지 설명하겠다. 위기를 만난 사람들이 상담 받기 위해 나를 찾아올 때 "내 반응이 정상인가?"라는 의구심과 함께 어쩔 줄 몰라 당황하는 모습들을 종종 보게 된다. 여러 번 나는 이들에게 도표를 보여주면서 다양한 단계들을 설명해준 다음, 현재 그들이 어떤 단계에 있는지 가리키라고 요청했다. 내가 이렇게 하는 것은 대개 그들이 "제2단계"에 있는 경우다. 그러면 그들은 자신이 어떤 단계에 있는지 가리킨 다음, "제 반응이 정상이라는 말씀인가요?" 하고 묻는다. 그들은 자기 반응(감정)이 정상임을 발견하고 비로소 안도한다. 또한 그들이 어디로 향하는지 보게 하는 데 도표가 도움이 되기 때문에 그만큼 더 그들의 불안이 경감된다. 나는 이 도표를 작게 코팅해서 성경책 속에 넣어 가지고 다닌다. 당신도 이를 잘 이용하시길 바란다.

제2단계 : 침잠·혼란

침잠·혼란 단계의 핵심 요소 중 첫 번째는 감정 수위의 강도다. 충격은 감소된 반면, 감정들은 고조된다. 도표를 다시 살펴보면, 각각의 단계에서 갈수록 기간이 더 길어진다는 것을 알 수 있다. 제2단계는 수일에서 심지어 수 주간 지속될 수 있다.

두 번째 요소는 감정을 부정한다는 것이다. 이 시기에는 감정을 부정하는 경향이 다른 어떤 시기보다 어쩌면 더 강해질지 모르는데, 그 이유는 이 시기에 들어 감정이 추해지고 매우 강력해지기 때문이다. 발생한 사건에 대한 강렬한 분노가 생길 수 있는데, 그러다보면 어떤 경우엔 그런 감정을 품었다는 이유로 죄책감이 들기도 한다. 우울하고 슬프고 두려운 마음이 모두 감정을 부정하는 과정의 일부다. 그다음으로 수치심이 따라올 수 있으며, 온갖 감정이 일으키는 고통으로 전면에 떠오른 모든 감정을 억누르고자 하는 욕구와 경향이 생겨날 수 있다. 이러한 부정은 시간이 갈수록 감정적, 신체적, 대인 관계적 어려움을 초래한다. 당신이 그를 도울 수 있는 가장 좋은 방법은 그가 자신의 감정을 인식하고 직접 말로 표현하도록 도와주는 것이다. 그에게 아래의 '슬픔의 실타래(Ball of Grief)' 도표를 보여 주고 자신의 감정을 식별하게 한 다음, 그가 느끼고 있는 감정이 정상임을 알려주라.

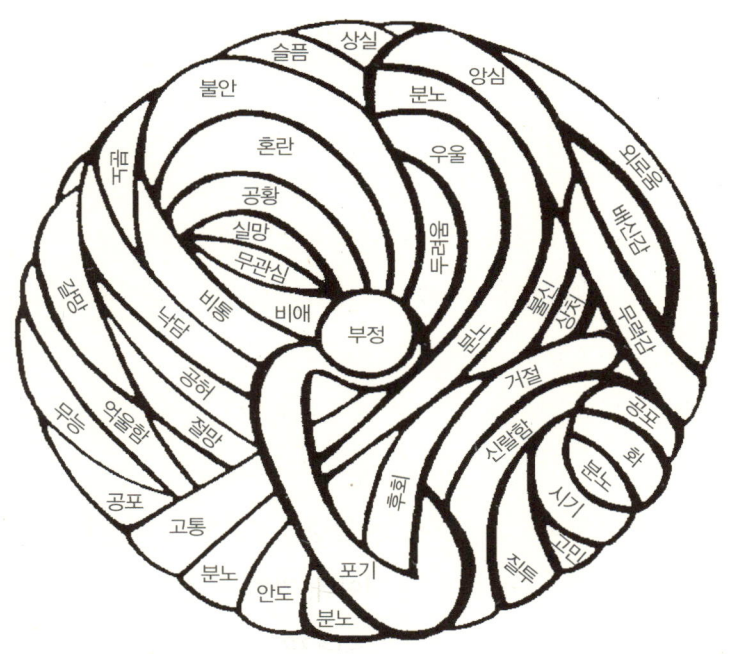

슬픔의 실타래
뒤엉킨 슬픔의 감정들

위기에 직면할 때 사람들은 어떤 감정을 느끼는가? 크나큰 어려움에 적응하기 힘겨울 때 감정의 스펙트럼 내에서 어떤 일이 일어나는 걸까? 그가 아래의 말들 중 하나 혹은 여러 개를 할지 모르겠다.

당혹감   "전에는 한 번도 이런 마음을 느껴 본 적이 없어요."
위험   "뭔가 끔찍한 일이 벌어질 것만 같아 너무나 무서워요."
혼란   "사고를 명확히 할 수 없어요. 머리가 안 돌아가는 것 같아요."
압박감   "꼼짝달싹할 수 없는 느낌이에요. 무슨 일을 해도 도움이 될
         것 같지 않군요."
절박함   "뭔가 해야 하는데, 그게 뭔지 모르겠어요."
냉담   "절 도울 수 있는 건 아무것도 없는데 이게 무슨 소용이에요?"
무력감   "저 혼자선 감당할 수가 없어요. 제발 저를 도와주세요."
급박함   "지금 당장 도움이 필요해요."
불쾌감   "너무나 비참하고 불행하게 느껴져요."

이것을 기억해두면, 그가 자신의 감정을 구별해내기가 어려울 때 그에게 말을 건네는 데 도움이 될 것이다. 가령 이런 말들을 건넬 수 있을 것이다. "생각이 분명해지지가 않나요? 사고가 제대로 기능하지 않는 것 같나요?", "궁지에 몰린 느낌이 들면서 누가 뭘 해도 소용없을 것 같나요?", "손발이 모두 묶인 느낌과 함께, 혹 '애쓸 이유가 뭐지? 무슨 일을 해도 소용없을 것 같기만 한데.'란 생각이 드나요?" 등.

만약 자기가 나눈 감정이 당신에게 놀라움과 충격이 된다고 느끼게 되면, 그는 자신의 감정을 억누르려 할 것이다. 하지만 하나님 앞에서는 결코 억제될 수 없다. 그분은 그가 겪는 감정의 상태를 이해하실 뿐 아니라 수용하시며 그를 언제나 사랑하신다. 감정은 반드시 표현돼야 하는데, 그 말은 곧 그를 지원해주는 친구들과 친지들이 곁에 있어줘야 함을 의미한다.

그러나 안타깝게도, 그들이 함께 있어 주는 때와 그가 도움을 필요로 하는 때가 일치하지 않을 수 있다. 함께 식사해주고, 선물과 카드를 주고, 시간을 함께 보내며 기도해주는 것 등의 손길은 대체로 충격 단계와 침잠·혼란 단계 초기에 제공되는 편이다. 그런데 위기가 발생한지 몇 주가 지난 다음에는 그러한 지원이 점차 사라지게 된다. 그것도 그런 지지가 가장 절실한 순간에 말이다. 그가 지속적인 지원을 받도록 도와주는 것, 그것은 당신이 줄 수 있는 작은 도움이다.

이때 필요한 첫 번째는 그를 지지해주는 것이다. 침잠·혼란 단계 시기에 그는 영적, 심리적 통찰을 필요로 하지 않을 뿐 아니라 그것을 통해 유익을 얻지 못한다. 현재 그가 처한 감정 상태가 분노든 우울이든 간에, 그것은 정보를 수용하는 것을 방해한다. 애도 과정 중 이 시점에는 새로운 뭔가를 자기 것으로 받아들이는 것이 힘들기 때문에, 그가 이미 배워서 알고 있는 것에 의지해 도움을 얻도록 기도해주면 좋을 것이다. 이 단계를 접한 그를 돕는 최선의 방법은 그가 자기 삶의 체계를 세우는 과정을 돕는 것이다. 약속을 정하고, 집을 정돈하고, 또 그 외에 다른 일상적인 의무를 해나가는 데 도움이 필요할 수 있다. 사람들이 이런 도움을 필요로 하는 까닭은 현재 그들이 처한 감정 상태 때문에 그들의 의지가 마비된 상황일 수 있기 때문이다.

제1, 2단계에 처한 사람을 도울 때는 무엇보다도 이러한 지지 반응이 가장 효과적이다. 이는 기본적이고 단순한 반응들로, 경청해주고, 안심시켜 주고, 격려해주고, 상대의 말을 반영해주는 등의 우리가 지금까지 언급한 것들이다. 이런 접근은 감정적 지원을 제공하는 한편, 그의 불안감, 죄책감, 긴장감을 줄이는데 도움이 될 것이다. 당신이 해야 할 일은 그가 인생의 균형을 회복하도록 돕는 것이다.

이 단계에서의 또 다른 경향은 자기 연민으로, 다른 사람의 지지를 갈구한다. 그는 혼란스러워하며 상실한 대상에 집중하는 모습을 보일지 모른다. 그가 어떤 일을 시작하거나 사람들에게 다가갔다가 물러서는 행동을 한다면 이것이 더욱 명백해진다. 그는 상실한 대상을 대신할 수 있는 사람들 혹은 상황들을 찾고 있는지도 모른다. 그가 침잠에 빠질 때는 자기가 상실한 대상을 회상하기 위해서다.

그가 이 단계에 처해 있다면, 상실한 대상을 대신하거나 보상하는 것과 관련한 결정들을 섣불리 내리지 않도록 조언해주는 것이 좋겠다. 그는 자기가 상실한 사람 혹은 대상을 완전히 놓아 보낸 것이 아니므로 아직 마음의 준비가 되지 않았기 때문이다.

나는 슬픔의 실타래 도표를 두 가지 방식으로 사용한다. 첫째는 이 감정들 중에 자신이 경험하는 것이 어떤 것인가를 깨닫도록 상대방에게 요청하는 것이다. 두 번째 방법은 이 감정들 중에 지금 경험하고 있지 않은 것이 무엇인지 묻는 것이다. 다시 한 번 그가 "이것들이 정상적인 반응들이란 말씀인가요?" 하고 물을지 모른다. 그러면 당신은 "물론이죠!" 하고 대답하면 된다. 자기가 경험하는 감정들을 구별하기 위해 이 도표를 날마다 꺼내보도록 권하라. 각각의 면담시간마다 나는 상대방에게 자기가 느끼고 있는 두려움이나 우울함이나 분노를 0에서 10까지의 척도로 평가해보도록 자주 요청한다. 자기가 느끼던 부정적인 감정들이 줄어들고 있음을 발견하게 될 것이다. 이 방법은 그가 얼마만큼 호전됐는지를 측정하는데 유익하다.

제3단계 : 적응

제3단계인 적응에 필요한 시간에 주목하라. 이 단계는 나머지 단계들보다 더 오래 지속된다. 이 시기에 들어서면 감정 반응들이 희망적으로 바뀌기 시작한다. 약간의 우울함이 남아있거나 왔다 사라졌다 할 수 있지만, 긍정적인 태도들이 되살아난다. 삶이 점점 나아진다. 그는 새 직장 혹은 새로 이사한 곳을 좋아하게 되고, 불타버린 집을 다시 짓고, 재혼을 고려하는 등, 미래의 가능성을 긍정적으로 이야기한다. 그는 상실한 대상과의 분리를 거의 마무리 지었으며, 이제 상실한 대상을 대신하거나 상실의 결핍을 메워줄 어떤 것을 찾고 있는 중이다.

이제 그의 세계 안에서 일어나고 있는 일들이 새로운 중요성을 띠기 시작한다. 그는 슬픔의 골짜기라는 깊은 심연을 지나 이제 거기서 빠져나오려 하고 있다. 그가 애착을 주기 시작하는 대상은 그에게 특별한 중요성을 갖는다. 외부인들은 그가 느끼는 것과 똑같은 중요성을 보지 못하기 때문에 그가 이 새로운 직장, 새로운 집, 새로운 짝을 선택하는 것이 실수라고 느낄지 모른다. 그러나 그에겐 당신의 비판이 필요하지 않다. 그는 당신과는 다른 관점으로 반응하고 있을 따름이다. 당신은 그의 눈으로 그의 삶과 결정들을 바라보아야 한다.

당신이 그에게 주의를 주고 싶어질 때는 그가 새로운 짝을 고를 경우다. 그가 배우자를 잃은 것이 죽음 혹은 이혼, 어느 쪽이든 간에, 이 시기에는 그것이 대개 너무 이른 감이 있다. 나는 이혼을 겪은 사람들에게 이혼 이후에 적어도 일 년은 기다린 다음에 다른 사람을 만나도록 권한다. 그뿐 아니라 이혼 후 회복 프로그램을 완수하는 것도 필수다. 회복이 먼저 일어나지 않으면 취약한 입장에서 새로운 상대를 고르게 될 테고, 그렇게 되면 이전 관계에서 정리하지 못한 감정적인 짐들이 새로운 관계에 걸림돌이 될 것이다. 이때는 그가 회복되도록 돕기 위해 책이나 다른 자원을 추천해주기에 알맞은 시점이다. 시기가 매우 중요하며, 강제로 밀어붙이지 않는 것이 좋다.

이어서 그는 희망을 받아들이기 시작한다. 그러나 이 시점에서의 그 희망은 일관적이거나 그의 삶에 가득하지는 않다. 그는 여전히 기복을 겪을 것이고, 우울한 시간들도 찾아올 것이다. 그에게는 여전히 곁에 가까이 와서 지지해줄 누군가가 필요하다. 통찰력이 되살아나고 있기 때문에 일어난 사건에 대해 보다 객관적이 될 수 있다. 새로운 정보와

의견들을 처리하는 능력 또한 돌아왔다. 이 시점에 이르면 영적으로 새로운 통찰을 얻게 되며, 가치관, 목표, 신념이 예전과 달라지고 보다 더 깊어졌을 수 있다. 지금이야말로 다음의 질문을 던져줄 시점이다.

"당신을 위해 이 모든 일 가운데 하나님은 어디에 계셨나요?"
"이 일이 영적으로 당신에게 어떠한 영향을 미쳤나요?"
"당신은 어떻게 달라지셨지요?"

제4단계 : 복구 · 화해

그는 자발적으로 희망을 표현해간다. 이제 제4단계에 접어든 이상, 그는 자신감을 나타낼 것이며 그 자신감을 근거로 계획들을 세워나갈 것이다. 의심과 자기 연민이 사라졌다. 더 이상 그러한 감정들에 빠져 허우적대지 않기로 이 시점에서 논리적인 결정을 내린 것이다. 그 스스로 주도권을 쥐고 앞을 향해 나아가며, 새로운 애착 관계들도 새겨난다. 새로운 사람, 새로운 장소, 새로운 활동, 새로운 일, 새로운 영적 반응과 깊이가 생긴다. 혹 다른 사람들을 향한 분노와 비난이 있었거나 관계가 깨진 부분들이 있었다면, 이제 화해해야 할 시간이 돌아온 것이다. 기꺼이 돕는 태도, 카드, 식사, 남들을 위해 도움을 주는 행동 등이 전부 관계를 새롭게 이어가는 방법이 될 수 있다.

위기에 관한 마지막 해법은 그의 새로운 면모를 받아들이는 것이다. 위기는 그가 새로운 힘, 인생의 새로운 관점, 새로운 이해, 새로운 가치, 인생에서의 새롭고 강력한 방식 등을 배우고 얻는 기회가 된다.

살아남기 그리고 성장하기

나는 삶 속에서 이 위기의 네 가지 단계들을 경험했다. 이따금은 상실의 경험이나 위협으로 인해 짧은 시간 안에 네 단계들을 헤쳐 나오는 것이 가능하다. 아주 오래 전 나는 현기증, 두통을 비롯한 증세들을 경험했다. 이런 증상들이 대략 7주간 계속되었고, 의사들이 견해들을 제기했지만 구체적인 것은 아무것도 없었다. 건강상의 문제가 있었고, 도대체 무슨 병에 걸린 것인가에 대한 걱정과 염려가 내가 경험하던 이상 증세에 설상가상 한몫을 보탰다.

CT촬영을 포함하여 정밀 검진을 몇 가지 더 거치고 나서 마침내 증상들이 사라졌다. 의사들과 함께 종합적으로 상황을 판단한 결과, 우리는 내가 겪은 증상들이 사이사이 회복 시간도 없이 너무 자주 세미나를 진행한 것과, 감기, 그리고 몇몇 세미나 장소에서의 고도 변화 등에 의해 비롯된 것이라는 결론을 내렸다. 체력이 탈진된 것이 가장 큰 주범 중 하나였다. 47세에 겪은 이 일로 나는 몇 가지 변화에 대해 생각하고, 평가하고, 검토하게 되었다. 그런 일을 겪어야 하는 건 싫었지만, 그 일로 나는 성장하였고, 관심이 필요한 부분이었음을 깨달았다.

이상이 위기 때 겪게 되는 일들이다. 이 시기에, 당신이 지켜본 성장을 가지고 그를 격려하라. 그를 위해, 또 그와 함께 계속 기도하라. 그가 터득한 교훈을 남들을 돕는 일에 어떻게 사용할지에 대해 둘이 함께 이야기를 나눠도 좋을 것이다.[35]

6. 상실과 트라우마 알기

상실인가, 트라우마인가?

 최근에 우리가 새롭게 사용하게 된 단어가 있다. 바로 트라우마다. 물론, 전에도 들어본 적은 있다. 하지만 이것은 2001년 9월 11일 테러 공격 이후에 새로운 중요성을 갖게 되었다. 미국에서 일어난 그 사건은 미국인 대부분에게 트라우마와 트라우마의 위협을 현실로 만들었다. 공공장소에서 발생하는 강도, 살인, 그 외 또 다른 끔찍한 범죄들이 요즘은 뉴스에 빠지지 않고 나오는 것 같다. 우리는 이제 날마다 실제로 벌어지는 테러리즘, 살인, 그 외에 다른 범죄들을 주변에서 너무나 가까이 마주하게 된 것이다.

 트라우마란 안전한 세상에 대한 우리의 믿음을 깨뜨리는 모든 사건으로 말미암아 야기된다. 이는 위기 상태 그 이상이다. 트라우마의 경험은 우리가 위험에 노출되어 있고 보호받지 못한다는 느낌을 남긴다. 우리의 안전한 은신처였던 자신의 동네 안에서 침입을 당한다. 바로 자기 집 앞에서 사람들은 트라우마를 겪는다. 당신에게도 그런 경험이 있을지 모르겠다. 또한 당신이 아는 누군가에게도 일어나고 있다. 뉴스를 틀어보라. 오늘날 여기서 벗어날 이는 아무도 없다.

지상에 존재한 최초의 남자와 여자인 아담과 하와가 트라우마를 경험했다는 건 확실하다. 욥의 이야기를 기억하는가? 그는 갑자기, 그것도 폭력적 수단에 의해 가족과 종들과 가축과 밭을 잃었다(욥 1:13-19). 다윗은 거인들, 사울 왕, 전쟁, 사나운 동물 등의 연유로 몇 번이고 죽음을 코앞에서 만났던 (충격적이었을 것이 분명한) 경험이 있었다(삼상 17:4-52; 18:10-11; 19:8). 또한 다윗은 전투와 잔혹한 살해 현장을 수없이 목격했다(우리가 아는 대로, 심지어 자기 스스로 살인을 지시한 적도 있었다. 밧세바의 남편 우리아의 경우다). 이 일들을 포함한 여러 사건이 다윗의 성품과 직계 가족에게 영향을 미쳤다. 그의 딸 다말은 이복 오빠인 암논에게 강간을 당했다(삼하 13:10-18). 다윗의 아들 압살롬은 암논이 다말에게 한 짓 때문에 암논을 죽였으며, 나중에 그 역시 비참히 죽었다(삼하 13:28-29; 18:9-15).

성경은 이 외에 다른 트라우마에 대해서도 이야기한다. 사사기 19장에서 우리는 윤간 사건을 접하게 된다. 요나는 배가 난파될 뻔한 일을 겪었고, 배 밖으로 던져진 다음, 큰 물고기에게 삼킴을 당했다(욘 1-2장). 예수 그리스도께서 십자가 위에서 죽음을 당하신 일은 그 자신과 그의 제자들과 가족들, 그리고 그 당시와 오늘날 그를 따르는 이들에게 매우 충격적인 사건이었다.

'트라우마'란 단어는 "상처"를 뜻하는 그리스어에서 왔다. 이는 "도저히 그 일을 극복할 수 없을 것 같아요."라는 말 그대로의 상태다. 이런 경험은 전쟁을 경험한 이들에게만 국한되지 않는다. 딸이 사고로 치명상을 입는 것을 목격한 아버지, 그리고 성적 학대를 당한 사람들에게서 그것을 보았다. 낙태 수술을 받은 사람들도 경험한다. 구급대원, 목사, 간호사에게서도 발견한 적이 있다. 강도 사건, 교통사고, 가정 폭력의 생존자를 통해서도 들어본 적이 있다. 직장에서 압박이나 괴롭힘을 당하는 사람에게도 트라우마의 손길이 뻗친다. 테러 공격의 충격을 겪은 이들의 얼굴에서 또한 발견한다. 어쩌면 당신 역시 목격한 적이 있을지 모르며, 심지어 직접 경험했는지도 모르겠다.

당신이 도움을 주려는 이가 상실을 경험했다고 생각할지 모르지만, 사실은 트라우마를 겪은 것일 수 있다. 그런 경우라면, 트라우마 상담 전문가를 만나보도록 권하는 것이 좋을 것이다.

트라우마란 어떤 것인가?

한때 안전하다고 여겼던 세상이 더 이상 안전하지 않다. 한때는 예측 가능하다고 생각했던 세상이 더 이상 예측 가능하지 않다. 많은 이가 인생의 심각한 위기나 트라우마로부터 비교적 자유로울 거라고 생각한다. 부정적 사건이 자신에게 일어날 가능성을 과소평가하고 있는 사람들이 대부분인 것이다. 아마도 그래서 비극적인 사건이나 트라우마가 발생할 때 우리가 그토록 망연자실해 하고 중요하게 여겼던 신념들이 여지없이 흔들리게 되는지도 모른다.

당신이나 주변의 이가 인생에 대해 가지고 있는 신념들은 어떤 것들인가? 둘 중 누군가가 트라우마를 경험하게 된다면, 그 신념은 어찌될 것인가? 시험받게 될 것인가, 아니면 살아남을 것인가? 트라우마가 당신 혹은 당신이 아는 누군가의 삶에 들어오기 전에 이러한 질문들을 자문하는 것이 중요하다. "나에겐 그런 일이 일어나지 않을 거야."라는 생각과 함께 자신은 끄떡없다고 믿는다면, 트라우마가 닥칠 때 자신과 자신의 신념만 상처를 입는 게 아니라, 삶 전체가 온통 공포로 물들게 될 것이다.

그가 정신적 트라우마를 경험하고 있다면, 이런 사태를 예상하라. 그와는 별개로 자신은 괜찮을 것이라는 생각은 망상이다. 테러나 총기 난사 등 실제 상황의 희생자에게만 갑작스런 위험이 엄습하는 게 아니다. TV에 나오는 생생한 화면이나 신문의 사진을 보는 것만으로도 우리는 충분히 방관자에서 당사자로 입장이 바뀔 수 있다. "저기서 일어날 수 있는 일이라면, 여기서도 일어날 수 있다."고 결국엔 믿는다. 억울하고 무고한 희생자들이 생긴 끔찍한 참사를 보며 당신은 어떤 감정들을 느꼈는가? 당신의 친구들은 어떻게 느꼈으며 무슨 말을 했는가?

우리는 TV를 통해 항상 트라우마를 목격하고 있다. 범죄 프로그램, 경찰 드라마, 리얼리티 프로그램은 끊임없이 충격적인 사건과 결과에 대해 바로 옆에서 관찰하듯 상세하게 보여준다. 하지만 이것조차 날마다 뉴스에서 보도되는 실생활에서의 사건들에 비하면 뒷전으로 밀려날 수밖에 없다. 참사의 단편들이 중계됨과 동시에, 대개 추도식의 장면들과 가족이나 희생자로부터의 몇 마디 고통에 찬 말들이 이어진 다음, 곧바로 또 다른 참사를 다루는 보도로 바뀌는 식이다.

어쩌면 요즘 모두가 궁금해 할 이런 의문들이 떠오를지도 모르겠다. "세상에는 충격적 사건이 어느 정도나 만연하고 있는 것인가?", "자연적, 기술적 재앙, 사고, 범죄, 학대, 전쟁 등과 같은 충격적 사건들에 실제로 노출된 사람들은 얼마나 될까?" 미국 내 상담가들의 조사에 따르면, 트라우마를 일으키는 사건에 휘말린 경험이 있는 사람이 미국 전체 인구 중 75퍼센트에 달한다고 한다. 지금은 그 비율이 훨씬 더 높다. 그나마 반가운 소식은, 그런 사건들에 노출된 사람들 중 대략 25퍼센트만이 심적 외상을 경험하게 된다는 점이다.[36] 그런 이들에게는 가능한 한 빠른 도움이 요구된다. 위기를 경험하고도 심적 외상을 겪지 않는 사람들이 있을 수 있다. 또한 현재 트라우마의 상태에 처해 있음에도 불구하고 원래 인생이 그런 거라고 믿으며 사는 사람들도 있다.

그러나 설령 그 사건에서 당신이 심적 외상을 겪지 않을지라도, 당신 주변의 누군가는 그것을 겪을 수 있음을 알아야 한다. 트라우마에 대해 더 많이 이해함으로써 당신은 그의 삶 속에서 그를 치유하고 지지하는 일에 영향을 끼치는 존재가 될 것이다. 함께 있어주고, 그의 감정들이 정상적으로 돌아올 수 있도록 도와주며, 전문가를 추천해주는 것 등이 변화를 만들어낼 것이다.

　물리적 트라우마는 피부, 뼈 등 자연스레 신체를 보호해주는 기관들이 강력한 힘에 의해 신체 일부가 확연히 충격을 입는 것이다. 정상적이고 자연적인 신체의 자가 치유력만으로는 신속히 상처를 치유할 수 없는 상태다. 반대로 감정적 상처의 경우, 물리적 트라우마처럼 그 상처가 겉으로는 확연하게 드러나지 않을지 모른다. 인간의 정신이 너무나 심한 공격을 당한 나머지, 자기 자신에 대한 믿음, 자신의 인생, 성장하려는 의지, 마음, 존엄성, 안전감 등에 손상을 받는다. 이런 일이 주변의 이에게 벌어진 것을 본 적이 있는가? 그가 느끼는 감정은 무기력감과 절망감이다. 위기 상태에 빠졌을 때도 어느 정도 이런 경험을 할 수 있는데 그때는 그럼에도 다시 일어서는 게 가능하다. 그러나 트라우마의 상태에서는 다시 일어서는데 어려움을 겪는다. 그 이유는 현실감 상실("이게 정말 실제상황이란 말인가?")과 자아감 상실("더 이상 내가 정말 어떤 가치가 있는 존재인지 모르겠다.")을 경험하기 때문이다.

트라우마가 뇌에 미치는 영향

　트라우마의 결과로는 뇌에 변화가 일어나는데, 그것은 우리가 경험한 사건을 해석하고 저장하여 '생각' 하고, '정보를 처리' 하는 방식들에 영향이 미친다. 실제로, 트라우마는 우리의 대응 시스템을 중단시키고 경보 시스템을 가동시킨다. 우리가 보고 듣는 것을 처리하는 방

식에 혼란을 가할 수 있는 힘이 있다. 스트레스를 감당할 수 없을 때 우리는 생존 모드를 가동한다.[37]

  우리 대부분은 위기를 겪는 동안 뇌의 내부에서 무슨 일이 일어나는지 자각하지 못한다. 뇌에는 행동을 통제하는 "경보 구역"이 있다. 우리가 정신적 외상을 경험하면, 이 경보 시스템이 과민 상태에 들어가게 된다. 그래서 정상적인 자극에도 과민한 반응을 보이게 된다. 가령, 신체적 공격을 당한 적이 있는 사람이 덩치 큰 사람을 보게 되면, 전혀 그런 상황이 아닐 때조차 그가 자신을 해칠까봐 불안에 떠는 반응이 나올 수 있다. 뇌의 또 다른 영역은 분석적 특징을 갖고 있어서 뇌의 감정 부분을 진정시키려 애쓴다. 분석적 과정은 지금 벌어지고 상황을 평가하여 대개 올바른 관점으로 돌려놓는다.

  "아냐, 단지 저 사람이 덩치가 크다고 해서 나를 해치지는 않아."

  일반적으로 우리의 몸과 감정과 생각은 연결되어 있다. 하지만 트라우마 상태에서는 우리 뇌의 왼쪽 측면(인지 담당)과 오른쪽 측면(감정 담당)의 연결이 마치 단절된 것처럼 보인다. 트라우마가 그 둘을 떼어놓은 것이다. 일어난 사건에 대해 사진으로 보는 것 같이 생생한 기억이 떠오르지만 아무런 감정도 느껴지지 않을 수 있다. 반대로 그때 했던 생각도, 심지어 구체적인 행동도 떠올릴 수 없지만 강렬한 감정만이 남아 있을지도 모른다. 그 상황을 겪은 이의 말이다.

  "마치 뇌가 분열된 듯한 느낌이에요. 한쪽에서는 AM신호를 내보내고, 다른 쪽에서는 FM신호를 내보내고 있는 거죠. 이따금은 내 기억에서 얇게 한 조각을 떼어내 간 것처럼 기억에 구멍들이 느껴져요. 다른 때는 원하지도 않는 저 거슬리는 기억들을 멈출 수가 없어요. 쫓아내 버리고 싶은데 말이죠! 기억하고 싶은 건 기억해낼 수가 없고, 지워버리고 싶은 건 잊혀지지가 않아요."[38]

트라우마를 겪어본 이들에겐 이 이야기가 친숙할 것이다. 그들에게서는 "생각이 온통 뒤죽박죽 된 것 같아요."라는 말을 자주 듣게 된다.

트라우마를 일으키는 요소들

어떤 사람들이 일반적인 다른 사람들보다 더 쉽게 트라우마를 경험할까? 만일 당신 주변의 이가 "감정적으로 건강한" 사람이라면, "건강한 가정"에서 자랐다면, "강건한 그리스도인"이라면, 트라우마에서 자유로울까? 그렇지 않다. 이것은 당신 역시 마찬가지다. 모든 사람이 트라우마에 취약하다. 모두가 다 위험에 노출되어 있다는 말이다. 예전의 정서적 안정감, 인종, 성별, 교육 수준, 감정적으로 건강했던 것 등은 일단 트라우마가 덮치고 나면 거의 아무런 소용 없는 것처럼 보인다. 그럼에도, 인생의 평범한 스트레스를 감당하는 능력과 문제에 대응하는 성숙된 역량은 트라우마의 대처에 다소 도움이 될 수 있다.

그렇지만 당신이나 주변 사람이 정신적 외상을 입는다 해도, 그것이 결함이나 약점 때문인 것은 아니다. 비정상적인 사건 앞에서 강렬한 감정들이 일어나는 것은 정상적인 반응이다. 인격이 트라우마를 경험하는 결과 자체를 바꾸지는 못해도, 트라우마는 인격에 반드시 영향을 미친다. 물론, 트라우마를 겪는 동안 보이는 반응들과 참고 견디는 능력에는 사람마다 차이가 있다. 어떤 사람들은 남들보다 대응 역량이 더 뛰어나다. 예수 그리스도를 믿는 믿음이 강하고 성경에서 가르치는 인생의 진리들을 정확히 이해하고 있는 사람들의 경우, 이러한 강력한 자원들을 활용함으로써 대응하는데 도움을 얻는다. 하지만 모든 사람에게는 "한계점", 즉 방어력이 붕괴되는 시점이 있다.[39]

우리는 트라우마 상태에 있는 누군가를 만날 때 그가 당장에 상태가 호전되고, 정상으로 돌아오고, "고쳐지길" 원하다가, 막상 당장에 그리 되지 않을 때 어찌할지 몰라 마음이 위축되는 경우가 너무나 자주 있다. 그래서 물러나거나, 도움이 되지 않는 언행을 하기도 한다.

마지막으로 살펴볼 한 가지 요소가 있다. 자연 재해를 당한 이들은 인재를 겪은 이들보다 외상 후 스트레스 장애를 더 짧고, 덜 심하게 경험하는 것처럼 보인다. 자연 재해를 자연 혹은 신이 일으킨 일이라 여길 수 있는 한, 사람들은 "인생이 다 그런 거다."고 생각한다. 생존자들도 인간이 일으킨 사고를 당한 사람들만큼 타인에 대한 신뢰를 상실하지는 않는다. 인간이 야기한 참사를 다른 말로 "잔혹 행위"라 부를 수 있다. 그래서 그런 사건들이 더 사람들에게 그토록 막대한 충격을 끼친 것이다. 덧붙여, 하나의 트라우마를 경험한 사람들이 여러 트라우마를 경험한 사람들보다 대개는 회복이 더 빠르다.[40]

트라우마의 범주에 들어갈 수 있는 경험에는 어떤 것들이 있을까?

너무나 많은 경우가 있을 수 있다. 다음에 이어지는 문단들을 읽어가면서, 당신을 포함하여 당신이 아는 사람들 중에 지진, 화재, 홍수, 허리케인, 화산 폭발, 산사태, 생명을 위협하는 폭풍 등의 자연 재해를 경험한 사람들을 생각해보라. 예를 들어, 나의 경우는 위협적인 폭풍을 만난 적이 있고, 지진 때문에 자다 말고 뛰쳐나와 보았고, 열 살땐 집안에 불난 것을 알려주려고 짖어댄 우리 개 콜리 덕분에 온 가족이 구사일생으로 살아난 적도 있다. 감사하게도, 이 모든 사건 중에 나에게 정신적 외상을 가할 정도로 심각한 경우들은 없었다. 단 하나, 열차 사고를 목격한 경우만 빼고는…….

때로는 사람들에게 심한 타격을 입히는 화학 물질의 분출이나 폭발과 같은, 지역 사회 혹은 직장과 관련된 재앙이 존재한다. 난민 보호시설이나 강제 수용소의 생존자들에게서 트라우마가 발생하기도 한다.

많은 사람이 성적 혹은 신체적 공격을 통해 정신적 외상을 입게 된다. 미국에서는, 18세 이하의 아이들 중 여자 아이의 25퍼센트와 남자 아이의 16퍼센트가 성적 학대를 당한 경험이 있다고 한다. 어떤 아이들에게는 밤에 집으로 돌아가는 것 자체가 트라우마다. 과도한 구타, 체벌, 감금, 음식물이나 의학적 치료의 결핍 등에 의해 신체적으로 학대당하는 아이들의 경우, 평생 지속될 심각한 타격을 입을 가능성이 있다. 죽음이나 심각한 상해를 목격함으로써, 끔찍한 범죄가 저질러지는 현장을 경험함으로써, 혹은 반란, 폭동, 전쟁 등에 노출됨으로써 사람들은 정신적 외상을 입게 될 수 있다.

어른에 비해 심각한 사건들을 감당할 능력이 부족한 아이들은 더욱 쉽게 이러한 정신적 외상을 입는다. 살인, 자살, 강간, 또는 가족이나 중요한 어른이나 친구가 맞는 것을 목격한 아이는 트라우마의 위험에 노출된다. 게다가 요즈음에는 늘어난 집단 폭력으로 인해 트라우마를 경험하는 아이들의 수도 늘어나고 있다.

지금까지 언급된 상황 중에 많은 경우가 목격자로서의 위치와 관련이 있다. 당신 주변의 사람이나 당신에게 직접 일어난 경우라면 상황이 훨씬 더 심각해진다. 전쟁 중에 군사, 포로, 혹은 의료 요원으로 참가하는 것은 트라우마가 일어날 가능성이 더 커진다. 강탈, 습격, 납치, 강간, 유괴, 협박을 당해봤거나, 자동차 등의 사고로 다쳐본 적 있는 누구나가 트라우마를 경험한다. 당신이나 가족 누군가가 죽임을 당하거나 다칠 수 있다고 느껴지는 상황은 그 어느 것이라도 트라우마를 경험할 수 있는 원인이 된다. 경찰관이나 소방관 등 남을 돕는 직업에 종사하는 사람들의 경우, 아래의 조건들 중 단 한 가지만 겪어도 트라우마를 경험할 가능성이 커진다.

- 죽음과 상해를 목격함
- 자기 자신의 안전과 생명에 위협을 경험함
- 생사와 관련된 결정을 내림
- 과도한 스트레스 상황에서 일함

트라우마를 일으킬 수 있는 마지막 조건은 장시간 일하거나 안전하지 않은 환경에 있어야 하는 것 등과 같은 스트레스다. 구급대원, 구조대, 경찰, 소방관, 의료진 등 이들 모두가 트라우마를 경험할 수 있는 위험에 직면해 있다. 소방관인 내 사위는 화재를 진압하다가 1~2도의 화상을 입은 적이 있다. 그는 수많은 죽음을 목격해왔으며 생사와 관련된 결정을 많이 내려야했다. 소방관들은 잠을 거의 자지 못하고 움직여야 할 때가 자주 있으며, 48시간 연속 근무를 설 때도 많다. 지나치게 무리라는 생각이 드는가? 충분히 그럴 수 있다. 하지만 이것이 그들과 같은 직업을 가진 사람들에게는 흔히 있는 일이다.

당신 혹은 당신이 아는 누군가가 이와 같은 사건들 중 한 가지를 겪었다면, 당신이나 그 사람은 트라우마를 경험한 것이다. 그렇다고 해서 정신적 외상 혹은 외상 후 스트레스 장애가 반드시 따라오는 것은 아니나, 그 사건으로 그런 결과가 초래될 가능성은 잠재되어 있다.[41]

어떤 사람에겐 충격적인 사건이 다른 누군가에겐 그렇지 않을 수 있다는 사실을 유념하라. "정신적 외상을 입은 누군가를 도와야 될 일이 나한텐 없었으면 좋겠어."라는 생각이 들지 모르겠다. 그러나 아마도 그런 일은 언젠가 일어날 것이다. 우리에게 도움을 구하러 오는 대상을 우리가 항상 선택할 수 있는 건 아니다. 우리는 달려가주고, 곁에 있어주고, 경청해주고, 기도해주기로 마음을 정할 수 있다. 이렇게 함으로써 많은 이에게 기적을 가져올 것이다.

정신적 외상을 입은 누군가를 도와주고 있는 상황에서 당신이 할 수 있는 일은 무엇인가? 할 수 있는 한 스스로 더 많이 배우고, 상대방도 더 많은 교훈을 얻도록 격려해주라. 이와 관련된 책들을 읽으라. 또한 정신적 충격을 겪은 사람들을 트라우마 상담 전문가들에게 의뢰하는 방법도 있다.

트라우마를 겪은 이들은 회복될 수 있다. 그들에겐 도움과 희망이 절실히 필요하다. 그들의 말을 귀 기울여 들어주고 그들을 격려해줌으로써 당신은 긍정적인 변화를 이루어낼 수 있다.

☑ 7. 트라우마, 그 위험성에 관하여

트라우마가 던지는 도전장

트라우마는 여러 결과를 초래한다. 인생에서 우리의 믿음과 전제를 산산조각내고, 상황에 대처할 수 있다는 믿음에 도전장을 내밀며, 세상이 정의롭고 질서 있는 곳이라는 신뢰도 갈가리 찢어놓는다. 제법 극적인 결과다. 트라우마가 덮쳐올 경우, 다음을 예상할 수 있다.

- 침묵 : "도저히 말로는 어떻게도 설명할 수 없다."
- 단절 : "내가 겪은 일을 이해하는 사람은 아무도 없는 것 같아."
- 절망감 : "그 일이 일어나는 걸 막을 방법이 아무 것도 없었고, 그 사건에 대한 기억을 멈추게 할 방법도 아무 것도 없다."[42]

낙관적인 마음이 여지 없이 허물어져 내린다. 누구나 할 것 없이 자기에게 벌어진 상황을 납득할 만한 이유를 원한다. 어째서 그런 일이 벌어졌는지 알고 싶은 것이다. 그래야만 자신이 다시금 이 상황에서 주도권을 잡을 뿐 아니라, 지금이 질서정연하고 예측 가능하다는 믿음을 회복할 수 있으니까. 하지만 트라우마의 상황에서는 아무런 해답도 결국 우리 손에 주어지지 않는다. 그는 이렇게 말하게 될지 모른다.

"저는 언제나 믿었어요. 공의와 정의가 이길 거라고요. 지금 상황은 너무나 부당해 보여요!"

그렇다면, 선한 자는 항상 이기고 악한 자는 항상 질 거라 예상했다가 결국 그렇게 되지 않았을 때 우리는 어떻게 해야 할까? 이런 상황에 대해 욥이 잘 표현했다.

> 내가 폭행을 당한다고 부르짖으나 응답이 없고 도움을 간구하였으나 정의가 없구나(욥 19:7).

우리는 모두 해답을 원하고, 기대하고, 구한다. 하지만 때로는 하늘이 침묵을 지킨다. 그럴 때 우리는 갖가지 다른 위기와 함께, 믿음의 위기를 만나게 될지 모른다.

트라우마는 또한 그가 자신을 바라보는 방식, 곧 그의 자기 정체성에도 영향을 미친다. 누구나 자기 자신에 대한 마음의 상을 가지고 있는데, 자기가 바라보는 모습이 질서정연하게 이어져있지 않을 때 우리는 혼란을 느낀 나머지, 궤도에서 이탈하고 만다. 우리는 어쩌면 자신을 합리적이고, 강하고, 책임 있고, 주도성을 가진 사람으로 여기고 있을지 모른다. 이 모든 것에 트라우마는 도전장을 던진다.

되풀이되는 트라우마

트라우마는 계속 되풀이될 수 있다. 발생한 사건에 대한 생각, 영상, 악몽, 강렬한 회상 등이 이어질 수 있다. 간혹 이런 것들이 반복 재생되는 영상처럼 그의 마음속을 연이어 파고들지 모른다. 상황에 대한 예민함이 극도로 심해져, 마치 원래의 트라우마를 처음부터 다시 경험하는 느낌과 행동을 유발하는 강력한 회상이 단순한 사건 하나에도 촉발될 수 있다. 뉴욕시의 한 소방관이 한 말이다.

"9.11사건 이후 주변 사람들의 죽음 소식을 많이 듣게 되었는데, 그건 마치 눈앞에 여러 얼굴이 동그라미를 그리고 있는 듯한 느낌이었어요. 영원히 내 뇌리 속에 기억될 고전적 영상 같았지요. 내가 알던 서른 명이 이제 더 이상 여기에 없습니다. 여전히 그들을 보고 느끼고 경험할 수 있는데 말입니다. 이 상황을 어떻게 이해할지 정말 모르겠어요! 보고 느끼는 것을 도무지 말로 설명할 길이 없습니다. 절대 깰 것 같지 않은 악몽 같고요. 수많은 폐허 현장을 보고 살지만, 이 사건만 백만 배로 확대되어 보여요. 삶의 줄을 놓치지 않으려고 그저 애쓰고 애쓸 뿐입니다."

강렬한 회상에 빠지는 순간, 마치 현재를 떠나 사건의 시작으로 시간을 거슬러 돌아가는 것 같은 일이 일어난다. 마치 현실처럼 느껴진다. 그때 그대로 보고, 듣고, 냄새 맡을 수 있다. 때로 그때의 현장에 있는 것처럼 반응하기도 한다. 그는 자신을 보는 당신의 반응을 염려해 이런 마음을 인정하는 것을 주저할지도 모른다. 그러나 이런 강렬한 회상은 터져 나와야만 하는 고통의 부르짖음이며, 그 특유의 방식으로만 터져 나올 수 있는 것이다.

베트남전 참전용사인 내 친구는 경찰관의 장례식이라거나 국기로 감싸인 관을 볼 때 언제나 강렬한 회상의 순간을 경험한다. 또 특정한 영화들을 볼 때 받는 충격 때문에 그 영화들을 보지 못하는 사람들도 있었으며, 트럭이 큰 소리로 땅을 울리며 지나가면 큰 지진이 일어난 것처럼 반응하는 사람들도 만나보았다. 한 퇴역 군인의 경우, 길을 가다 자동차의 굉음을 들으면 재빨리 자동차 뒤로 피하며 자기 눈앞에서 폭탄을 맞은 친구들을 떠올린다. 강간 피해자는 배우자와 사랑을 나누는 동안에도 예전의 끔찍한 기억에 사로잡힌다. 사고 희생자는 부서진 차나 피를 보고 강렬한 회상에 빠져든다. 누군가는 건물에서 떨어지는 물체를 보면서 9.11사건 때 세계무역 센터에서 뛰어내리던 사람들의 모습을 다시 한 번 보게 된다.

충격적 사건의 기념일에 그 사건을 떠올리고, 회상하게 하는 일들이 일어날 수 있다. 날짜가 다가옴에 따라, 원래의 트라우마가 가졌던 강렬함이 되살아난다. 공휴일이나 그 외의 가족 행사들 역시 강렬한 감정적 반응을 일으킬 수 있다. 트라우마를 경험한 사람의 경우, 그가 보고, 듣고, 냄새 맡고, 맛보는 뭔가에 의해 흥분이 유발되는 것이 가능하다. 교실 안에서 총기 난사를 목격한 적 있는 고등학생 한 명이 말하기를, 사냥하러 나가 화약 냄새를 맡을 때마다 그 충격적 기억들이 되살아난다고 했다. 학대의 경우, 학대자와 대면하게 될 때 학대 행위와 연관된 감정적 혹은 신체적 반응들이 다시금 떠올려질 수 있다.

당신 주변의 이가 경험한 것이 트라우마라면, 이런 가능성에 대해 미리 경고해줌으로써 이런 일이 벌어질 때 그가 충격 받지 않게 하는 것도 고려해볼 만하다.

희생자들을 돕기 위해 고안된 제도들조차 그들에게는 고통스러웠던 사건을 다시 겪게 만드는 원인이 될 수 있다. 재판 제도, 판결 절차, 경찰, 정신 건강 제도 등이 트라우마에 의한 반응들이 되풀이되도록 만들 수 있다. 이런 종류의 면담이나 모임에 그와 함께 가주는 게 필요할 때가 있을지 모른다.

삶에서 일어나는 최악의 사건들을 상세히 보도하는 대중매체를 접하는 것은 트라우마를 줄이는 데 분명 도움이 되지 못한다. 폭 넓고도 생생한 폭력 묘사를 담은 영화나 텔레비전 쇼의 경우도 마찬가지다. 이런 묘사들은 누군가에게 부당하게 괴롭힘을 받은 기억들을 되살릴 수 있다.[43] 특정 프로그램들을 보지 말 것과, 적어도 한동안만이라도 잠자기 전에 뉴스를 보지 않을 것을 고려해보도록 그에게 권면해주라.

생존자들이 트라우마에 대해 정직하고도 사실적으로 말하고, 글로 표현하고, 하나님께 이야기할 수 있다면, 그들은 자기들의 감정을 억압하는 대신에 직면하고 있는 것이다. 이 말은 곧 강제적인 생각, 악몽, 이미지, 강렬한 회상을 통해 감정이 끄집어내져야 될 무의식적인 필요가 그만큼 크지 않음을 뜻한다. 초반에 당신이 친구로서 해야 할 일은 그와 함께 교회 예배에 참석해주고 그를 알고 걱정해주는 사람들에게 이것이 힘든 시간이 될 수 있음을 알려주면서 그에게 도움이 되는 일에 당신과 함께 할 수 있는 방법을 이야기해주는 것이다.

어떤 경우에는 누군가가 겪고 있는 트라우마의 감정들이 기억이나 이미지가 아닌, 아무 때나 불쑥 찾아오는 것 같은 고통스럽고 분한 감정들을 통해 되풀이되기도 한다. 이런 감정들이 생기는 이유는 초반에 그것이 억압되었기 때문이다. 지금 그 감정들이 분출되기 위해 울부짖고 있는 것이다. 만약 그가 화를 폭발하거나 과민 반응을 보여도, 그의 말에 귀 기울여 주되, 그 감정들이 당신을 향한 것이 아님을 기억하라. 부정적인 반응이나 말들을 개인적인 것으로 받아들이지 마라.

그가 트라우마를 재경험하게 되는 또 다른 경우는 감정 마비와 회피를 통해서다. 트라우마의 경험을 거의 그대로 반복하는 일은 너무나 고통스럽다. 누군가에겐 이것이 몸서리쳐지게 괴로운 일일 수 있다. 그는 고통이 영원히 떠나가 사라지길 바라겠지만, 그렇게는 되지 않기에 그의 몸과 마음이 고통을 방지하기 위한 체제로 돌입한다. 바로 감정을 마비시키는 상태로 들어가는 것이다. 고통의 적응을 돕기 위해 방어 체계가 돌아가기 시작한다. 감정 마비의 상태에 들어가게 되면,

트라우마로부터 거리가 생길 뿐 아니라, 삶의 모든 영역에 대한 관심이 줄어드는 결과가 나타난다. 주변 사람들, 심지어 가장 사랑하는 사람들에게까지 무심해질지 모른다. 모든 것을 억제시켜버렸기 때문에 종종 감정 표현이 사라지게 된다. 삶과 활동에 관여하는 정도가 전반적으로 줄어들 수 있다.[44] 감정 마비는 단기적 대응 기제로는 문제가 없지만, 트라우마와 그로 인한 감정들을 다루지 못하도록 막는 걸림돌로 작용하게 될 경우에 해가 될 수 있다.

트라우마의 경험이 되풀이되면서, 그는 감정 마비를 통한 대응 기제 때문에 사건 당시에는 경험하지 못했던 몇몇 감정들을 느끼게 될지 모른다. 분노, 화, 죄책감, 죄의식, 불안, 두려움, 슬픔이 새삼 올라오기 시작하면, "이런 감정들이 어디서 생긴 걸까? 난 이런 아픔을 원치 않아!"라는 마음이 생긴다. 이 때문에 그는 통제 불능의 기분 변화를 잇따라 겪는 것을 피하려 다시 감정 마비 상태로 들어가 버린다. 그러고 나서는 그런 불편하고 두려운 감정들을 떠올릴 것 같은 상황들을 계속 피하게 될 수 있다. 사람들로부터, 가족 모임으로부터, 심지어 삶 자체로부터 물러나게 될 가능성도 있다. 이는 정신적, 사회적, 물리적, 영적 단절의 모습으로 나타날 수 있다. 이런 일이 벌어질 경우, 조금도 위협이 되지 않을 부드러운 태도로 그에게 지속적인 손길을 내밀어라. 가령, 30분 동안 그와 함께 묵묵히 앉아있어 주는 것도 한 방법이 되겠다. 그렇게 할 수 있겠는가? 그 외엔 도리가 없을지도 모른다.

문제가 발생한 곳과 유사한 장소를 멀리하게 되는 일이 생길지도 모른다. 만약에 그가 음식점에서 강도를 당했다면, 음식점 가는 것을 피할 수 있다. 나는 소방관, 경찰, 의료 종사자 등이 트라우마를 경험한 이후에 다른 직종의 일을 찾는 경우들을 많이 보았다.

트라우마를 겪은 사람들은 그들이 경험한 사건에 대한 기억들을 작동시키는 자신만의 대상들을 갖고 있다. 그에게 있어 그런 자극제들이 무엇이 될 수 있는지 민감하게 귀를 기울여라. 또 그 자신도 그것들을 자각하지 못할지 모른다는 점을 잊지 말라.

이 외에도 정신적 외상을 입은 이에게서 발견되리라 예상할 수 있는 다른 것이 있다. 바로 신경이 곤두서게 되는 증상이다. 대개는 과다 경계 혹은 과다 각성이라 일컫는다. 그가 경험하는 강렬한 감정들, 즉 두려움, 불안, 분노 등이 그의 신체, 특별히 아드레날린 분비에 영향을 준다. 충격적 사건을 겪는 동안, 심장 박동이 빨라지고, 호흡이 거칠어지며, 근육들이 뻣뻣하게 굳어진다. 몇몇의 경우는 그런 증상이 무엇인지 이해하려는 시도로 그들이 겪고 있는 신체 반응들에 잘못된 명칭을 갖다 붙이기도 한다. "내 정신이 이상해지고 있어.", "쓰러질 것 같아.", "심장마비가 오는 것 같아.", "이러다 죽으려나봐." 등의 말을 할지 모른다. 자신의 신체 반응에 대해 잘못 이해한 것을 끝까지 바로잡지 못하는 이들도 있다. 심장이 두근거리고 숨쉬기가 곤란해지는 증상이 발생하면, 증상을 잘못 해석할 뿐, 그런 증상이 트라우마에서 근거한다는 사실을 전혀 깨닫지 못한다는 말이다. 다름 아닌 공황 발작을 경험하고 있음에도 불구하고 그것을 깨닫지 못하는 것이다.[45] 혹 공황 발작을 목격해본 적이 없다면, 그의 반응에 겁이 날지도 모른다.

몇몇 트라우마 희생자의 경우, 분노 등과 같은 강렬한 감정들이 걷잡을 수 없이 불붙기도 한다. 그런데 그 반대의 측면 역시 사실일 수 있다. 나는 두려움으로 인해 감정이 마비된 사람들을 상담해본 적이 많이 있다. 당신에게도 이런 친구가 있을지 모른다. 결정을 내리고, 타인의 반대를 무릅쓰고 자기 주장을 하는 등의 행동을 하는 것이 가끔 두렵게 느껴진다. 남들이 좋아하지 않을까 두려울 수도 있다. 게다가, 더 심각한 문제는, 그가 스스로를 가두어둔 패턴을 깨고 나오는 것을 두려워한다는 데 있다.

이 책에서는 트라우마에 관한 기본적이고 단순한 논의만 다루었지만, 확실한 것은 트라우마란 것이 존재하며, 어쩌면 당신이 깨닫는 것보다 더 당신 가까이에 있다는 사실이다. 당신이 이를 항상 염두에 두는 데 도움이 되었길 바라는 마음이다. 혹 당신 자신이 어느 정도 트라우마 혹은 외상 후 스트레스 장애(PTSD)를 경험하고 있다고 여겨지거나, 그런 누군가를 알고 있다면, 아래의 내용을 기억하라.

- 정신적 외상은 치유될 수 있다. 회복이 가능하나, 이것은 시간을 요하는 과정이다.
- 전문가와 상담해야 할 필요가 있을 것이다. 트라우마를 겪는 이들을 도울 능력을 갖춘 누군가가 그로 하여금 회복으로의 여정을 시작하도록 하는데 도움을 줄 수 있을 것이다. 고도로 숙련된 목사,

병원 채플 담당 목사, 혹은 치료 전문가 등이 될 수 있겠다.
- 이해를 통해 통제력이 생길 수 있다. 당신이 당신 자신이나 남들을 위해 트라우마에 대해 더 많이 배우면 배울수록, 당신과 상대방 모두 상황을 통제할 수 있다는 자신감을 갖게 될 것이다.

회복의 여정

트라우마에는 또 다른 면이 존재한다. 정신적 외상을 경험한 이들에 대한 최근의 연구 결과에 따르면, 희생자 대다수가 트라우마를 통해 결국에는 어떤 식으로든 유익을 누렸다고 고백하는 것으로 나타난다. 게다가 이들은 완전히 회복되지 못한 이들에 못지않은 심한 고통을 경험한 사람들이다. 그들은 어떤 식으로 유익을 얻었을까? 가치들이 달라지고, 인생에 대한 이해의 폭이 더 넓어지고, 영적인 믿음이 깊어지고, 내적 힘이 더 강해졌음을 확신하게 되고, 더 강한 유대관계가 형성되는 일 등이 일어났다.

"회복에 가장 중요한 요소는 사람들과의 결속이 계속 이어지는 것이다."[46] 그에게 필요한 것은 인생의 이 어려운 시기를 지나는 내내 그와 동행해줄 사람들이다. 그가 취할 가장 좋은 방법 중 하나는 더 이상 자기 자신을 병적이고 결핍된 존재로 바라보지 않는 것이다. 트라우마로 인한 증상들을 보인다고 해서 그가 비정상인 건 아니다. 그가 경험한 그 사건이 비정상이었다. 그 사건이 너무나 특별하고 비정상이었기 때

문에 그가 압도당한 것일 따름이다. 당신을 포함하여, 거의 누구라도 그랬을 것처럼.[47]

그렇다면, 사람들은 어떻게 트라우마에서 회복되는가? 트라우마의 회복은 다음의 세 단계를 거치게 되는데, 생각하는 단계, 감정적 단계, 제어의 단계가 그것이다.

생각하는 단계

생각하는 단계에는 트라우마를 철저히 직시하는 것, 세부 내용들을 기억해내는 것, 때로는 정신적으로 그것을 재구성해내는 것 등이 포함된다. 여기서 중요한 것은, 과거를 곱씹는 게 아니라, 단편적이고 이어지지 않는 기억들을 취합해서 그가 현재를 이해할 수 있도록 해주는 것이다. 때로는 당신을 위시해서 남들과 이야기를 나누고, 현장을 재구성하며, 관련 기사들을 찾아 읽어보는 것도 이 단계에 포함된다. 이 일들이 마무리되고 나면, 당시의 사건을 새로운 관점, 다시 말해 판단이 개입된 관점이 아닌, 보다 객관적인 관점에서 볼 수 있게 될 것이다.[48] 마치 신문기사를 읽는 것처럼 말이다.

비록 힘들더라도, 당시의 사건을 감정이 개입된 당사자가 아닌, 몇 걸음 떨어진 관찰자의 눈으로 바라볼 필요가 있다. 한 가지 방안은 그에게 자신이 겪은 이야기를 직접 손으로 자세히 써보라고 제안하는 것이다. 직접 손으로 써보는 게 중요하다. 가능한 한 많은 세부 내용을 담아내게끔 하라. 교정하려 하지 말고 이야기가 물 흐르듯 이어지게 하라고 그에게 말해주라. 이렇게 할 때, 트라우마로 인한 독소들이 빠져나오게 될 것이다. 이렇게 함으로써 불쑥 찾아오는 생각들이나 강렬한 회상들로 인한 영향이 줄어들게 된다. 이 과정을 여러 번 되풀이해야 할지도 모른다(9.11사건 피해자들을 도와주기 위해 처음 세 차례 뉴욕을 방문한 이후, 나는 매번 세 시간씩 내가 겪은 이야기를 손으로 풀어냈다. 감정들을 다 뽑아 올림으로써 트라우마의 "이차적" 희생자가 되지 않기 위해 내가 경험하고, 생각하고, 보고, 느낀 것들을 글로 적었다).

그가 이 단계를 지나고 나면, 충격적 경험 당시 그에게 있던 실제적 대안들이 무엇이었는지가 새롭게 평가될 것이다. 또 그 사건이 그의 삶 전반에 어떤 식으로 영향을 미쳤는지에 대해서도 더 이해할 수 있을 것이다. 이를 통해 트라우마를 겪는 대부분의 사람이 경험하는 자기 비하와 비난이 다행스럽게도 줄어들지도 모른다. 마지막으로, 그가 화를 내고 있는 대상에 대한 더 분명한 이해를 얻게 될 것이다.[49] 이어 대개 분노가 따르는데, 이 또한 괜찮다. 이 단계가 다루는 것은 생각의 영역이다. 치유와 회복에는 감정적 단계 또한 포함되어야 한다.

감정적 단계

다음 단계는 감정적 단계다. 여기서는 트라우마로 억압해왔을지 모르는 감정들을 다룰 것이 요구된다. 트라우마의 경우, 관련된 감정들 대부분이 고통스러운 것들이며, 그런 감정들을 다루기 위해서는 감정이 밑바닥부터 표현될 필요가 있다. 이는 쉬운 일이 아니다. 많은 사람들이 기분이 더 악화되고, 통제력을 상실하고, "정상으로 돌아갈" 수 없을까봐 두려워한다. 그는 감정대로 행동할 필요는 없지만, 감정을 분명히 직시해야 한다. 그가 느끼는 감정에 해당하는 것들은 분노, 불안, 비탄, 두려움, 슬픔 등이며 말하자면 끝이 없을 것이다.[50] 그렇다면 어떤 식으로 도움을 줄 수 있을까? 그가 혹 분노의 기미를 보인다면, 그로 하여금 다음의 것들을 하게 하라.

- 분노를 그림으로 나타내거나 시각적으로 묘사하기
- 할 수 있는 가장 큰 소리로 자신의 감정을 말하기
- 그 감정들을 다르게 묘사할 수 있는 이름들을 붙이기
- 자신의 분노를 대상으로 편지 쓰기
- 자신의 분노가 자신에게 보내는 편지를 쓰기

이해가 갈 거라 믿는다. 이런 대안들은 무궁하다.

제어의 단계

마지막 단계는 제어다. 이것은 자신이 겪은 일을 통해 새로운 의미를 발견하는 단계다. 그가 바라보는 관점이 희생자에서 생존자의 관점으로 변화된다. 생존자가 될 가장 큰 잠재력을 지닌 사람은 누구겠는가? 바로 예수 그리스도와의 견고하고 친밀한 관계와 더불어, 성경적

세계관을 가진 사람들이다. 트라우마를 제어하기 위해서는 경험, 기억, 사람들이 자기 대신 결정을 내리도록 하는 대신에 자기 스스로 결정을 내리는 것이 필요하다. 이때는 성장과 변화와 새로운 방향의 시기다. 사람들은 트라우마를 통해 어쩌면 다른 어떤 방법으로도 터득하지 못했을 교훈을 만나게 된다. 성경은 다음과 같이 말하고 있다.

> 찬송하리로다 그는 우리 주 예수 그리스도의 하나님이시요 자비의 아버지시요 모든 위로의 하나님이시며 우리의 모든 환난 중에서 우리를 위로하사 우리로 하여금 하나님께 받는 위로로써 모든 환난 중에 있는 자들을 능히 위로하게 하시는 이시로다 그리스도의 고난이 우리에게 넘친 것 같이 우리가 받는 위로도 그리스도로 말미암아 넘치는도다 우리가 환난 당하는 것도 너희가 위로와 구원을 받게 하려는 것이요 우리가 위로를 받는 것도 너희가 위로를 받게 하려는 것이니 이 위로가 너희 속에 역사하여 우리가 받는 것 같은 고난을 너희도 견디게 하느니라(고후 1:3-6).

"그가 성장하고 있고 나아지고 있다는 걸 어떻게 알지요?" 하고 물어오는 사람들이 있다. 그것은 더딘 과정일지 모른다. 어쩌면 퇴보가 있을 수도 있다. 제자리걸음을 하고 있는 순간들보다 나아진 점들에 집중해야 한다. 매달 1에서 10의 척도로 자신의 진보를 포함, 현재까지의 치료 여정 전체를 도표에 표시하고 있다고 말해준 이도 있었다. 자신이 나아지고 있고 진보하고 있다는 사실을 어떻게 분간할 수 있을까? 증상들이 나타나는 빈도가 줄고, 두려움으로 격렬히 몸부림치는 일들이 점점 잦아든다. 심한 낙담을 불러일으키는 두려움 중 한 가지는 이러다 정신이 이상해지거나 돌아버리는 게 아닌가라는 염려다. 이런 두려움 역시 줄어들게 된다. 때로는 분노와 복수하고픈 욕망을 없애는 유일한 길이, 이미 일어난 일을 되돌릴 수도 없고 앞으로 유사한 일이 벌어지지 않도록 막을 수도 없다는 현실을 직시하는 것일 수도 있을 것이다. 그다음 단계는 매일 화나 분노의 일정 부분을 버리는 것이다. "오늘은 내 분노의 5퍼센트를 버리는 중이야. 내일은 또 다른 5퍼센트를 버릴 거야." 하고 말해보는 것도 좋겠다.

회복의 여정을 밟아나가는 동안, 이전까지의 상태에서는 도움이 되었던 경직된 태도가 이제는 줄어들게 될 것이다. 자신의 독특한 개성대로 스스로 편안하게 느끼는 정도까지 유연함과 자발성의 가치들을 점차로 재발견해나갈 것이다.

회복의 기쁨 중 하나는 인생을 이해하는 새로운 측면이 늘어나는 것이다. 이전에는 놓치고 보지 못했던 것, 이전에는 듣지 못했던 것을 보고 듣고, 이전에는 아무 맛도 느끼지 못했던 것을 음미하게 된다. 또 유머와 그것이 지닌 치유의 능력을 되찾는다. 주변의 마음이 상한 사람들에 대한 공감이 어쩌면 더 새롭고 깊어질지 모른다. 트라우마 생존자들은 타인에 대한 깊은 긍휼을 가진 치유자들이 될 수 있다. "우는 자들과 함께 울라(롬 12:15)"는 말씀이 새로운 의미를 띠게 된다.[51]

이미 언급했듯이, 트라우마로부터 회복 중에 있는 이들은 자신들의 진보를 측정함으로써 크나큰 유익을 누리게 된다. 수년 동안 나는 피상담자들을 대상으로 매일 혹은 일주일에 한 번 일기를 쓰면서 그들이 경험하고 느끼고 있는 것들을 상세히 적어보라고 요구해왔다. 자신의 회복 과정을 시간별로 표시한 사람들도 있었고, 두 가지 방법을 다 사용한 사람들도 있었다. 시간이 흐를수록 이것은 자신들의 회복을 효과적인 방식으로 자각할 수 있게끔 하는 데에 도움이 되었다.

"회복 측정표"는 한 마디로 회복 과정에서의 최고점과 최저점을 기록하는 방식이다. 다음 페이지에 나오는 도표를 이용하게 하거나 비슷한 것을 새로 만들어 사용하게 해도 좋을 것이다. 기분이 최고일 때를 10, 우울할 때를 1로 하는, 1에서 10까지의 척도를 사용하라. 하루를 마무리하는 시간에 그날 자신이 어떤 지점에 있었는지를 그래프에 표시하게 하라. 자신의 회복을 나타내기 위해 필요한 기간만큼 그날 그날의 기분을 도표에 기록하는 과정을 지속하게 하라. 몇 달, 아니 몇 년이 걸릴지 모르지만, 시간이 지나면서 성장이 관찰될 것이다.

지침을 주자면, 하루에 한 번씩 감정 상태가 어떤지 도표에 기록하라. 설령 감정 상태가 오르락내리락을 되풀이한다 하더라도, 점점 더 적응하고, 대처하고, 성장하고, 트라우마에서 회복해나감에 따라 시간이 지나면서 점차적으로 상승곡선을 보게 될 것임이 틀림없다.

트라우마를 경험한 경우, 간혹 트라우마의 경험이 그가 기억하는 전부일 가능성이 있다. 트라우마의 사건을 뛰어넘어 그의 예전 삶이 어떠했는지 살펴보라고 요구하는 것도 그에게 도움이 된다. 예전에 그의 삶이 어떤 모습이었는가? 날마다 한 일은 무엇인가?

다음의 질문들을 묻고 그에 대한 답을 일기에 기록하게 하는 것이 도움될 것이다.

- 당시에 고민하던 가장 큰 문제는 무엇이었는가?
- 성취감을 주는 일들은 무엇이었는가?
- 가장 즐겼던 일은 무엇이었는가?
- 외모는 어떠했는가?

  (매우 상세하게 대답하라. 가끔은 사진이나 비디오가 도움이 되기도 한다)
- 스스로에 대해 좋아한 점과 싫어한 점은 무엇이었는가?
- 누구와 사이가 좋았는가? 사이가 좋지 않았던 사람은 누구인가?
- 하나님에 대해서 어떤 점들을 믿고 있었는가?
- 그리스도인으로서 늘 실천하던 일들은 무엇이었는가? (가령, 기도 등)
- 삶에 대한 신념들은 무엇이었는가?
- 어떤 부분에서 현실적이었나? 순진한 생각을 가졌던 부분들은?
- 인생에서 바라던 것은 무엇이었는가?
- 목표와 꿈들은 무엇이었는가?
- 지금 달라졌으면 하는 점들은 무엇인가?

회복 측정표

그가 자기가 적은 내용을 살펴보는 동안, 그 내용을 현재와 비교할 때 다른 점이 무엇인지 분별하도록 도와주라. 그가 원하는 삶을 이루어내기 위해 취할 수 있는 대안들이 무엇인지 물어보라. 지금 일어나길 바라는 일들을 전부 나열한 다음, 구체적인 목표를 하나 하나 추구하기로 작정한다면 성취할 수 있는 일들이 무엇인지 점검하게 하라.

그가 성장하고 변화하지 못하게 막는 장애물이 있다면 무엇인지 질문하라. 많은 이의 경우, 계획의 부재가 이유가 되기도 한다. 구체적 계획이 없다면 꿈은 그대로 시들어버리기 쉽다.

트라우마를 극복하는 것이 하나의 과정이요, 여정임을 그에게 끊임없이 되풀이해서 상기시켜 줄 필요가 있다. 그 여정을 홀로 가는 것이 아님을 알려주라. 당신이 곁에 있을 뿐 아니라, 더 나아가 주님이 그의 곁에 계신다.

주 여호와의 영이 내게 내리셨으니 이는 여호와께서 내게 기름을 부으사 가난한 자에게 아름다운 소식을 전하게 하려 하심이라 나를 보내사 마음이 상한 자를 고치며 포로된 자에게 자유를, 갇힌 자에게 놓임을 선포하며(사 61:1).

예수께서 또 말씀하여 이르시되 나는 세상의 빛이니 나를 따르는 자는 어둠에 다니지 아니하고 생명의 빛을 얻으리라(요 8:12).

[다윗이 이르기를] 주께서 나의 등불을 켜심이여 여호와 내 하나님이 내 흑암을 밝히시리이다(시 18:28).

당신은 그를 도울 수 있다! 그를 위해 곁에 있어주라. 마음을 다하여 귀 기울여주고, 예수님의 손으로 손 내밀어주고, 기도해주라.[52]

: IN TIMES OF GRIEF,
HEARTACHE, AND CRISIS

2부 위로의 기술

WHAT TO SAY WHEN YOU
DON'T KNOW WHAT TO SAY

8. 실제적 도움을 주려면

도움 요청을 받았을 때

그가 전화를 걸어 도움을 요청할 때, 반응할 "최선의 방법"이 있다. 첫째, 당신이 긍휼 가득한 친구로서 돕고 있음을 기억하라. 두 번째로, 어떤 경우에 있어서는 그에게 전문적인 도움이 필요할 수 있다는 점이다. 하지만 그가 도움을 요청하러 오는 제일 첫 번째 사람이 당신이 될지 모르므로, 그를 위해 몸을 던져 도와줄 마음의 준비를 하고 있으라 (겔 22:30 참조). 이 점을 염두에 둔다면, 무슨 말과 행동을 해야 할지 가르쳐주시며, 경청하도록 도우시는 성령의 인도하심에 의지하여, 더 많이 기도할 수 있는 힘을 얻게 될 것이다. 그가 경험한 것이 위기이든, 트라우마이든 간에, 똑같이 적용될 수 있는 몇 가지 제안들이 있다.

그가 해주는 이야기와 당신의 질문에 대한 그의 대답을 듣고서 일차적인 정보를 수집해나가는 과정에서, 당신이 발견하려고 애써야 될 점들은 다음과 같다.

첫째, 그의 삶 속에서 바로 당장 다루어져야 할 문제들이 무엇이며 둘째, 나중까지 보류될 수 있는 문제들은 무엇인가 하는 점이다. 보류될 문제들은 무엇이고 지금 당장 해결되어야 하는 문제들은 무엇인지 위기에 처한 사람들 스스로는 인식하지 못하는 경우들이 자주 있기 때문에, 그가 이 부분에서 결정을 내리도록 도와주는 것이 당신이 해야 할 일일 수 있다. 이따금은 음식을 가져다주고 휴식을 취하도록 권해주는 등의 단순한 도움을 줘야 할 경우들이 있을 수도 있다. 위기 상황에서 도움을 제공하는 일에 더 많은 경험을 쌓아갈수록, 중요한 정보를 알아내기 위해 일일이 질문을 해야 할 필요가 거의 없다는 사실을 발견하게 될 것이다. 그가 자진해서 이야기해줄 내용들이 대부분일 테니 말이다. 그럼에도 불구하고 그가 처한 상황에 대해 대화하는 동안, 이 장에서 언급될 질문들을 반드시 머릿속으로 기억하고 있으라.[53]

그가 어느 정도의 경계심을 보이는지, 의사소통은 어느 정도 가능한지 인식하라. 다음 질문들을 통해 위기의 원인을 분간하라.

"어떤 일이 있었기에 그렇게 속이 상하셨는지 말씀해주세요."

"왜 그리 속이 상하셨는지 말씀해주세요. 무슨 일인지 궁금하군요."

그로 하여금 자기가 경험한 그대로 겪은 일을 말하게 하는 것이 기본 중의 기본이다. 대화를 시작하면서 먼저 어떻게 느끼는지부터 물어보지 마라. "지금 마음이 어떤지 말씀해주세요."라고 말하는 것은 그다지 좋은 출발점이 못 된다.

위기를 당한 사람들의 경우, 자신들이 하고 싶은 말을 명확하게 전달하는데 어려움을 겪는 일들이 간혹 발생하기도 한다. 이런 일이 생길 경우에는 극도의 인내심이 요구된다. 그를 재촉하는 등의 말이나, 비언어적 표현 등을 통해 조바심이나 불편함을 드러내는 것은 역효과를 낼 뿐이다. 말이 끊어지는 상황들을 허용해주고, 시종일관 침착하게 관심을 기울여주라. 특별히 위기의 충격 단계 기간에는, 방향 감각을 잃고 혼란에 빠지는 때가 있으며, 사고 회로가 평상시처럼 기능하지 못한다. 극도로 고통스러워 말이 쉽게 나오지 않을지도 모른다. 어떤 경우에는 그의 경험을 묘사할 적절한 말들이 없을 수도 있다.

때로는 이성적이지 않은 것처럼 들리는 이야기들을 듣게 될지도 모른다. 아니 이성적인 이야기가 아닐 수도 있다. 당신이 어찌할 수 없는 비이성적인 상태를 어떻게 하면 감당할 수 있을까? 당신 자신의 통제 욕구를 내려놓고 상대방의 기분이 나아지도록 돕고 싶은 마음을 받아들이라. 엄청난 충격을 받은 그를 도와주는 것은 응당 에너지가 들어가는 일이며, 당신의 유연성이 극단의 시험으로 내몰리는 경험이다. '이 상황이 언젠가는 끝이 날까?' 혹은 '이 상황을 얼마나 더 견딜 수 있을지 모르겠어.' 라는 의구심이 들더라도 괜찮을 뿐 아니라, 그것이 정상이다. 그의 반응들이 정상인 것처럼, 당신의 반응 역시 그렇다. 꿋꿋이 버티며 그와 당신 자신을 위해 기도하라.

이야기에 반응해주기

그의 말을 들어주는 동안, 어떤 반복되는 주제들이 있는지에 주목하라. 되풀이하는 말이라든지, 특별히 격한 감정으로 이야기하는 순간들이 있는지 살펴보라. 이런 것들이 그가 상심하고 있는 부분에 대한 실마리가 된다. 그가 당시 사건을 설명하고 난 다음에, "지금은 마음속에 어떤 생각들이 드세요?"나 "그 일이 일어난 당시에 무슨 생각을 하셨나요?" 등의 질문을 해도 좋을 것이다. 지금 당장은 그의 생각들이 너무나 뒤죽박죽되어 있기 때문에, 어지러운 생각들을 최대한 줄여 생각을 한 곳에 모을 수 있도록 돕는 것이다. 생각이 조금 더 명확해지기 시작하면서 그랬다 안 그랬다 할 테지만, 스스로 상황을 제어할 수 있다는 마음도 그만큼 더 커질 것이다. 그렇지만 그가 당시 사건을 전부는 기억 못할지 모르고, 그것 때문에 마음이 불편할 수 있다는 점을 명심하라. 구체적인 내용들이 불확실하게 떠오를지 모른다. 그가 겪은 것과 같은 일을 당했을 경우에 이런 문제는 흔히 일어나는 것임을 그에게 확신시켜 주라.

최종적으로 "여기에 대한 당신의 반응과 대응은 어떠했나요?"라고 물을 수 있는 시점이 이른다. 특별히 당신이 이야기를 나누고 있는 대상이 남자일 경우, 느낌이나 감정과 관련된 단어에 별 감흥이 없는 남자들이 많다는 점을 감안해, '대응', '반응' 같은 단어들을 사용하라.

이따금씩 대화의 방향을 돌려야 할 때가 있을지 모른다. 몇몇 위기 상황의 경우, 내일 또는 다음주까지 기다릴 수 없이 즉각적인 행동이 요구되기도 한다. 지금의 위기와 관련된 말들은 더 이야기하도록 북돋 아주는 한편, 과거나 주변적인 사건들을 언급하는 두서없는 말 등, 별 관련 없는 화제들에 대해서는 반응을 피하는 게 좋다.

"방금 나눠주신 이야기도 중요한 말씀인 것 같네요. 나중에 거기에 대해 다시 이야기를 나누도록 해요. 하지만 지금 당장 당신이 실제로 염려하고 있는 부분과 직접 연관은 없는 것처럼 보이네요. 이 부분에 대해 다시 이야기를 시작해볼까요?"

이렇게 대응해도 좋을 것이다. 이처럼 어느 한 부분에 집중하게끔 하는 과정은 그에게 지금의 위기와 관련 없는 것을 거르는데 도움이 된다. 설사 지금 이 시점에는 무엇이 중요하고 안 중요한지 분간하지 못하더라도 말이다. 시종일관 부드럽고 지지해주는 어조를 유지하라.

방금 들은 말이 아리송할 때는, 더 자세히 설명해달라고 주저 말고 부탁하라. 자신이 당면한 문제가 무엇인지 제법 분명하게 표현할 수 있는 경우, 그 상황에 대처하기 위해 취할 대안들이 무엇이 있는지 찾을 수 있도록 도우라. "그 외에 이 시점에서 할 수 있는 일이 무엇이 있을까요?" 따위의 질문들을 던지라. 그에게 당신이 모르는 다른 어떤 지원자들, 가령 배우자나 가족, 친구들, 동료들 등이 있는지 알아보라.

위기에 처한 이들은 자신의 상황을 감당하기 힘든 어떤 것으로 해석한다. 그들 눈에 보이는 것은 혼란이요, 심지어는 칠흑 같은 혼돈일지 모른다. 할 수 있는 한, 그가 자신의 상황 속에 자리 잡고 있는 질서를 더 깊이 인식하도록 도우라. 그에게 침착함, 안정감, 안도감을 되찾아 준다면 그가 많이 고마워할 것이다. 어쩌면 잠시 동안 다른 지역에 머무를 필요가 있을지 모른다. 혹 자기만의 공간에서 조용한 시간을 갖거나, 또는 도우려고 애쓰지만 실상은 혼란만 가중시키고 있는 사람들에게서 떨어져 있는 게 필요할 수도 있다.

   그가 당신에게 이야기하는 동안, 그가 말하는 내용을 판단하여 당신이 그 문제를 바라보고 있는 관점과 비교해보라. 발생한 사건에 대한 당사자의 인식으로 인해 위기가 유발되는 일들이 종종 일어난다는 사실을 기억하라. 그가 과민 반응하고 있다고 느껴지는 때가 있을지 모르겠다. 하지만 잊지 말아야 할 점은 그가 지금 반응을 보이는 상황이 주된 문제가 아닐 수 있다는 사실이다. 대수롭지 않은 사건에 완전히 무너져 내리는 사람들이 있는데, 그들에게는 그 사건이 방아쇠 장치가 되었기 때문이다. 그가 이와 별개의 중요한 문제에 대해 반응하지 못했거나 반응이 지체된 경험이 있을지 모른다.

   가령, 한 사람의 목숨을 앗아가고 자기 아들에게 치명상을 입힌 커다란 사고 이후에 그럭저럭 잘 해나가는 것처럼 보이는 엄마가 있었다. 그런데 부엌에서 설거지를 하다가 접시를 하나 바닥에 떨어뜨리고 말았다. 갑자기 마음이 무너진 그녀는 신경질적인 울음을 터뜨렸고, 곧 격렬한 분노에 빠졌다. 그 집을 방문해 있던 친척은 접시 하나로 그녀가 이런 반응을 하는 것이 이해되지 않았다. 그러나 그날 감정이 상한 그녀를 상담하던 이는 이 모든 원인을 종합해낼 수 있었다.

돌보는 이로서의 당신의 역할

종종 받게 되는 질문 한 가지는 "어느 정도까지 행동해야 할지 어떻게 알 수 있나요?"이다. 경험에 비추어 가장 좋은 방법은 상황상 그가 제대로 기능할 능력이 심각하게 제한받을 경우에 한해 많은 행동을 취하는 것이다. 그리고 그 목적도 가능한 빨리 그가 독립적 역할을 감당할 수 있게끔 격려하기 위함이다.

그러나 지금의 상황이 그나 다른 사람에게 위험할 것 같은 상황이라면, 혹은 그가 감정적으로 주체를 못하는 데다 제대로 자신을 돌볼 능력마저 없거나, 혹 마약이나 알코올에 빠져 있거나 몸이 다친 경우라면, 우리가 보다 즉각적이고, 직접적인 역할을 해줄 필요가 있다.

그가 남들이나 자기 자신에게 위험이 되지 않고, 전화를 걸고, 심부름을 하고, 운전을 하고, 자신과 다른 사람들을 돌볼 수 있는 상태라면, 당신은 순전히 거드는 역할만 하면 된다. 함께 행동 방안을 계획할 수는 있으나, 그것을 실천에 옮기는 것은 그의 몫이어야 한다. 계획안의 이러저러한 부분이 언제, 어떻게 실행돼야 하는지 상세히 기술하는 말 혹은 글로 된 "서약서"를 그와 함께 작성하는 것 정도가 좋다.

직접적인 행동이든, 순전히 도와주는 역할이든 간에, 경청과 격려야말로 당신의 주된 도구다. 어떤 조언을 제공하든지 그 초점이 그로 하여금 자기 나름의 대안들을 생각해내도록 도와주는 데에 있어야 한다. 이렇게 말해 보아도 괜찮겠다.

"아시다시피, 요즘 당신에게 벌어지는 일들에 제 마음이 쓰입니다. 당분간 이러이러하게 해보는 게 어떨지 생각해봅시다."

상황에 관한, 혹은 상황을 바라보는 새로운 접근법과 행동 방안, 그리고 새로운 사고방식을 조언해도 좋겠다. 종종 내게 다음과 같은 말들을 하는 사람들을 만나게 된다.

"신경쇠약에 걸리기 일보 직전이에요."

"정신이 이상해지는 것 같아요."

"이런 식으로 느끼는 사람은 저 밖에 없는 게 틀림없어요."

"이토록 심하게 고통받는 사람은 아무도 없을 거예요, 그렇죠?"

"저는 정말이지 모자란 그리스도인이에요."

"믿음이 좀 더 좋았다면, 저처럼 이렇게 반응하진 않았겠죠?"

이 사람들이 진심으로 하고자 하는 말은 무엇인가? 진심으로 느끼는 감정은 무엇인가? "저는 저를 통제할 수가 없고, 그래서 두려워요." 다. 이는 자신에게 벌어지는 일을 파악하고자 하는 노력이며 자기가 당하는 곤경을 이해하려는 시도다.

다음은 그에게 현실적인 확신을 심어줄 기회가 될 수 있는 예들이다. "당신이 느끼는 감정은 흔히 있는 일이에요. 게다가 정신이 이상해지고 있다는 이야기는 말도 안 되는 것 같군요." 또 "당신이 겪은 일을 미루어보아선, 당신의 지금 반응이나 감정들은 지극히 정상이에요." 등과 같은 말을 사용하라. 혹은 "당신이 겪은 일을 감안한다면, 만약 당신이 지금처럼 반응하지 않았다면 오히려 염려스러웠을 거예요."라고 말해도 괜찮겠다. 그의 반응이나 감정이 정상임을 깨닫도록 도움으로써 어느 정도의 마음의 평화와 안도감을 줄 수 있을 것이다.

종종 나는 위기를 겪는 이에게 '위기의 4단계' 도표를 보여준다. 이것은 그가 느끼는 감정적 압박감을 경감시키는데 도움이 된다(5장 참조).

도움이 되고 싶은 당신의 마음은 잘 안다. 하지만 행동을 취하기 전에, 아래의 질문들을 자문해보는 것이 필요하다.

"이 일이 그가 지금 그를 위해 할 수 있는, 또 해야 하는 일일까?"
"이 일이 장기적으로 이루어낼 결과는 무엇일까?"
"나는 얼마나 오래 이런 식으로 관여해야 할까?"
"이 일의 위험성들은 없을까? 혹 있다면, 어떤 것들일까?"
"다른 방식으로 그가 도움을 받을 길이 있다면 어떤 것일까?"

위기를 지나는 동안 그는 심한 무력감을 느낀다. 그가 대안이 되는 반응을 찾아내어 그것을 행동에 옮길 수 있도록 격려함으로써 당신은 그가 무력감에 맞서는 것을 도울 수 있다. 또한 이렇게 함으로써 그가 상황에 꼼짝없이 갇힌, 불리한 입장에서가 아니라, 행동하는, 유리한 입장에서 움직이도록 도울 수 있을 것이다.

그가 이전에는 어떤 식으로 힘든 문제들을 처리해왔는지 물어보는 것도 도울 수 있는 한 가지 방법이 된다. 이런 질문은 그가 취할 수 있는 단계들이 있음을 상기시켜주는 계기가 되며 대안들을 찾는데 도움이 된다. 그의 자존감을 보강하고 다시 세우기 위해서는 가능한 한, 묘안을 짜내고 행동에 옮기는 것은 당신이 아닌, 그가 하도록 해야 한다는 점을 명심하라.

　더 많은 대안이나 선택 사항이 있을 가능성에 대해서 고려해보도록 조언하라. 가능성을 열어두는 식으로 표현하면 좋을 것이다.

　"이런 가능성에 대해서 고려해봅시다."

　"~을 해본다면 어떨까요?"

　"만일 당신이 ~한다면 어떤 일이 벌어질까요?"

　"당신이 생각하기에 이 문제를 해결하기에 가장 적당할 것 같은 사람을 떠올려보세요. 그 사람이라면 무엇을 할까요?"

　그가 발견한 계획을 수행할 때에 방해물이 따를 것임을 그에게 반드시 미리 알려주어라. 그렇지 않으면 첫 번째 장애물에 부딪히자마자 그 길에서 탈선해버릴지도 모른다. 또 당신의 격려와 차후의 점검 없이도 그가 혼자서 끝까지 잘 해내리라 넘겨짚는 일이 없길 바란다.[54]

　도움을 줄 수 있는 또 한 가지는 그가 고통의 경험으로부터 시선을 돌려 마음의 안정을 찾도록 돕는 것이다. 예를 들어, 만일 그가 막 실직을 당한 상태라면, 그를 격려하고 그의 자질, 능력, 경력 등을 목록으로 만드는 일을 도와줄 수 있을 것이다. 이 단순한 긍정적 행동 하나가 스트레스를 감소시키고 긍정적인 동기를 유발하게 한다.

　위기나 트라우마를 겪는 대부분의 사람들이 절망감을 느끼므로, 그에게 희망을 북돋아주고 긍정적인 기대감을 심어주는 것이 중요하다. 그릇된 전망들을 제시하지는 않되, 그가 자신의 문제들을 풀어가도록 격려해주라. 그가 할 수 있음을 믿어주는 것이 중요하다. 지금은 그 자신의 희망과 믿음이 되살아나기 전까지 당신이 가진 희망과 믿음을 "가져다 쓰는" 것이 필요한 대다. 지금의 위기가 어떤 시점에 어떤 식으로든 해결될 것이고, 그가 어떻게 해서든 문제를 잘 해결해나가리라 기대하고 있으며, 할 수 있는 한 최선을 다해 그를 기꺼이 도울 것임을 행동을 통해 그에게 보여주라. 당신이 그를 대하는 태도와 그와 나누는 교감이 대화를 통해 그에게 두루뭉술하게 이야기해주는 말보다 이런 마음을 더 잘 전달한다.

문제를 해결해나가는 접근법은 긍정적인 해결 방법일 뿐 아니라, 그릇된 확신을 주는 것보다 훨씬 더 나은 방법이다. 때때로 과거에 겪은 위기나 혼란 상황들에 대한 질문을 통해 그 상황들을 어떻게 성공적으로 풀어갔는지 알아내는 것이 도움이 된다. 혹 당신이 아는 몇몇 상황들이 있다면, 그가 그 상황들에 대처했던 일들을 언급해도 무방하다. 이렇게 하면 그가 스스로 문제들을 충분히 잘 해결해왔다는 사실을 인식하는 데 도움이 될 것이고, 이것은 다시 현재 당면한 문제를 감당할 수 있다는 소망을 심어주기에 충분할 것이다.

만일 그가 위기의 여러 단계를 거쳐 합당한 시점에 이르렀다 싶으면, 그를 도와 미래를 위한 목표들을 세워보게 하라. 불안 수치가 떨어짐에 따라, 그는 보다 객관적인 방식으로 상황을 바라보게 될 것이다. 이런 상황에 이르게 되면, 지금까지 있었던 일과 현재 일어나는 일들을 되짚어 볼 수 있게 된다. 그의 얼굴에 웃음이 되살아나더라도 놀라지 마라. 전도서 3장에서 말하고 있듯, "울 때가 있고 웃을 때가 있는"

법이다. 유머는 우리로 하여금 상실과 비극적 사건으로 인해 짓눌렸던 마음에서 잠시 휴식을 취할 수 있게 해준다. 남을 돕는 직업을 가진 많은 사람의 경우, 그들이 끊임없이 마주해야 하는 고통과 불행을 감당하기 위해 블랙 유머를 사용하기도 한다.

그가 삶의 균형을 회복하도록 도울 수 있는 중요한 몇 가지 방법들이 있다. 먼저, 상황에 대해 그가 직접 전달해주는 정보에 유념하라. 그가 사실 전부를 알고 있는가? 감정이나 선입견 때문에 상황을 왜곡시키고 있는가? 그의 그런 특정 반응이나 감정들이 위기의 시기에는 정상적 반응이라는 것을 이해하는가?

적절한 질문들을 던지고 정보가 담긴 대답들을 주게끔 자극함으로써, 첫째로는 모자란 정보들을 채워 넣고, 둘째로 정확한 정보를 얻는 것을 통해 그가 느끼는 두려움과 염려가 줄어들 수 있다는 점을 깨닫도록 도움을 줄 수 있을 것이다. 이 두 가지 단계는 마음의 평정을 회복하게 하는 지름길이 된다.

최근에 일어난 삶의 변화들에 비추어, 그는 자신이 선택할 수 있는 행동의 대안들을 얼마나 잘 파악하고 있는가? 어떤 선택 가능한 길들이 그에게 열려 있는가? 가령 배우자가 죽거나 떠난 경우에 자녀들을 돌보는 문제 등등에서 어떤 것을 선택할 것인가? 위기 상황에 처한 누구라도 어떤 선택들을 할지, 그리고 그 결정들이 자신과 그 영향을 받게 될 주변 사람들에게 어떤 결과를 가져올지 고민함에 있어서 도움을 필요로 한다. 선택 가능한 대안들과 결과들을 따져본 다음, 하나의 길을 선택하는 것은 그로 하여금 지금의 상황에 대처할 수 있게 해줄 뿐 아니라, 앞으로 일어날 상황들을 감당하는 데도 도움을 줄 것이다.

그가 힘과 능력을 회복함에 따라, 현재 자신의 역할이 무엇인지 살펴보고 자신의 반응을 스스로 분석하는 일 등이 가능해질 것이다.

아낌없는 지원

이 밖에 또 무엇을 할 수 있을까? 지원을 아끼지 않고 제공하는 것이다. 하나의 문제가 위기로까지 발전하게 되는 이유 중 하나는 적절한 사회적 지원망의 결여다. 초반에는 아낌없는 지원을 주는 사람이 당신 한 사람뿐일지도 모른다! 전화로 이야기를 나누는 상대가 되어줄 수 있다는 것도 지원을 제공하는 한 가지 방법이다.

당신이 그를 위해 날마다 기도하고 있으며, 전화상으로 언제든지 그와 더불어 기도해줄 수 있음을 아는 것 또한 그에게는 큰 힘이 된다. 위기를 만난 초반에 "긴급한" 전화들이 걸려오는 횟수에 놀라지 마라. 그것은 당신과의 교류를 통해 지지를 얻지 않으면 안 된다는 표현이다. 이런 전화들이 걸려왔을 경우, 신속하게 다시 걸어줄 필요가 있는데, 그렇다고 해서 곧바로 다시 걸라는 말은 아니다. 매번 즉각 하고 있던 일을 모두 멈추고 다시 전화를 걸어준다면, 그가 당신을 지나치게 의존하게 될 수 있다. 대신에 삼십 분 정도를 기다렸다가 전화를 건다면, 그가 혼자서 생각할 기회가 생긴다. 그러다 스스로 마음의 평정이 회복될지 모른다. 그래서 당신이 전화를 걸 무렵에는, 문제나 사태가 더 이상 심각한 수준이 아닐 수도 있고, 해결책을 찾아냈을지도 모른다. 이렇게 하는 게 중요한 까닭은, 당신이 그에게 무엇이든 다 이루어주는 사람이 되어야 한다는 부담을 떠안지 않아도 되기 때문이다.

위기를 당한 사람에게는 당신에게 언제든지 전화해도 괜찮으며, 기꺼이 몇 분간 이야기해줄 거라는 확신이 필요하다. 이것이 가능한가? 당신 자신의 일이나 가족들은 어떠한가? 당신은 부차적으로 지원해주고, 훈련받은 목회자나 상담자를 만나볼 필요가 있다는 결정을 내릴 수도 있을 것이다. 그런데 설령 아무 때나 전화해도 된다고 했더라도, 그 편에서는 여전히 전화를 해야 할지 말아야 할지 고민할지 모른다. 만약에 전화해도 된다고 말해주지 않을 경우엔 그가 겪는 어려움이 더 심해지고, 그 결과 그가 처한 위기 상태가 악화될 수도 있을 것이다.

그가 자기 삶에 더 잘 대처할 수 있게 됨에 따라, 어느 시점에선가부터 통화 횟수에 점차 제한을 두는 게 필요하다. 이 자체가 선을 긋는 한 가지 방법이 된다. 그가 지금의 사태에 더 잘 대응할 수 있게 된 것이 분명한 이상, 약간만 더 능력을 발휘하도록 요청해도 무방하다.

그에게 힘이 되어줄 수 있는 최선의 길은 가능한 한 빨리 그를 지원해주는 이들의 범위를 확장시키도록 격려해주는 일이다. 이렇게 하면, 당신 자신의 부담이 줄어들 뿐 아니라, 그가 현재 당면한 위기를 헤쳐나가는 것은 물론, 앞으로 닥칠 위기를 예방하는 데도 도움이 될 수 있을 것이다. 현재 그가 어떤 유형의 지원망을 가지는지 살펴보라. 근방에 친척이나 친구들이 있는가? 그들은 건강하고 제대로 된 삶을 살아가는 사람들인가, 아니면 그의 힘을 빼고 혼란만 가중시킬 사람들인가? 그에게 필요한 것은 삶을 풍성하게 해줄 지지자들이지, 고갈시킬 사람들이 아니다. 그가 사는 지역 안에 재정, 주택, 자살 방지, 상담 관련 센터 등, 도움을 지원하는 기관들이 있는지 알아두면, 필요할 때 그가 그런 도움을 받도록 연결시켜 줄 수 있을 것이다. 이웃들과 친구들은 필요한 경우에 아이를 돌봐주거나 차를 태워주는 등의 도움을 제공할 수 있을 것이다. 교회 성도들의 경우, 일정 기간 동안 음식을 만들어 가져다준다면 좋을 것이다. 그가 의지할 수 있는 이들이 누구며, 그 사람들이 지금처럼 위기의 시기에 그가 느끼는 압박감을 줄여주기 위해 해줄 일들을 결정하도록 도우라. 이것은 아주 실제적인 도움이다.

적절한 때를 골라, 필히 그를 돕는 사람들에게 구체적인 지침들을 알려주도록 하라. 그들이 그에게 너무 많은 조언을 제공하지 않도록 부탁하라. 그런 조언은 아무리 좋은 의도로 하는 것일지라도 불필요한 것임은 물론이고, 상황을 더 복잡하게 만들 수도 있다. 때로는 불편하게 느껴질 만한 상황임에도 불구하고 직접적인 지도를 해줘야 할 필요가 있을 수도 있다. 하지만 친구를 돕는 일이 항상 쉽기만 하다고 그 누가 말했던가? 이것은 시간과 에너지가 들어가야 하는 일임이 분명하지만, 또한 그만큼의 가치가 있는 일이기도 하다. 우정은 소명이며 특권이자, 축복이다.

어떤 말이 필요할지, 무엇이 위로가 될 지 알 수 없을 때,

노먼 라이트 지음 | 이은이 옮김

WHAT TO SAY WHEN YOU
DON'T KNOW WHAT TO SAY

: IN TIMES OF GRIEF,
HEARTACHE, AND CRISIS

어떻게 위로할까?

무슨 말을 꺼내야 할지 막막한 그 순간,
우리에게 필요한 것은 현명한 위로의 기술이다!

생명의말씀사

어떻게 위로할까?
WHAT TO SAY WHEN YOU
DON'T KNOW WHAT TO SAY

☹ 누군가를 위로할 때 하지 말아야 할 말들

- 어째서 아직까지 울고 계신지 모르겠군요. 인생은 계속되잖아요.
- 이번 일로 가족들이 더 가까워질 거예요. 함께 성장할 기회예요.
- 그래도 지금 당신의 상황에 감사하지 않으시나요?
- 다음번엔 절대 그 의사나 병원을 이용하지 말아야겠군요.
- 전에도 새로운 일들을 시작하신 적이 있으니, 이번 해고도 그냥 좋은 기회라고 여기세요. 해고당하고 나서 조지가 그랬던 것처럼 말이에요.
- 그런 감정을 가져선 안 돼요. 당신에겐 주님이 계시잖아요.
- 이제 마음을 가다듬으셔야 해요. 어머니가 당신에게 실망하시는 걸 원하진 않으시겠죠?
- 과거는 이제 잊어버려야 합니다. 하나님과 더불어 나아갑시다.
- 그래도 이제 그가 고통은 받지 않잖아요.
- 음, 자녀가 그 애 하나가 아닌 게 다행이네요.
- 이렇게 생각해봐요. 자녀도 없이, 이렇게 젊은 나이에 남편을 잃었기에 감당하기가 더 수월할지 모른다고 말이에요.
- 모든 사람이 언젠가는 죽게 되어 있어요.
- 아이들을 위해서라도 당신이 강해져야 해요.
- 도난 경보기가 있었더라면, 이런 일은 일어나지 않았을 텐데요.
- 이 일은 하나님의 뜻임이 분명합니다.

이런 식의 말들은 상실감과 절망감을 심화시킬 뿐이다.
2장 _이런 위로는 차라리 하지 마라 중에서

😊 대신에, 우리는 이런 말들을 해줄 수 있다!

- 그만큼 아픈 일을 겪으면서 눈물로라도 표현하지 않는 건 힘든 일이에요. 가끔은 저도 당신과 함께 울고 있을지 몰라요.
- 제 앞에서는 자유롭게 당신이 느끼는 괴로움을 표현하시면 좋겠어요. 저는 당황하거나 불편해하지 않을 테니까요. 저는 그저 당신과 함께 있어주고 싶을 뿐이에요.
- 당신이 우는 모습을 보지 못했다면, 저는 더 많이 걱정했을 거예요. 당신이 우는 것을 보니 이 상황을 건강하게 잘 감당해가고 계신다는 걸 알겠어요.
- 아내의 죽음과 관련 있는 모든 사람, 모든 것에 분노와 적대감이 느껴지는 것은 자연스런 일이에요. 저 역시 화가 나는 걸요.
- 아이가 고통스러울 때, 아무것도 해줄 수 있는 것이 없어 얼마나 화가 나셨을까요?
- 남들은 건강한 아기들을 낳는데, 당신은 그 아이를 잃었으니 화나고 원망이 생기는 건 당연하고 정상적인 일이에요.
- 당신은 딸을 잃으셨잖아요. 당연히 화가 나고 낙담될 만하지요.
- 당신이 느끼는 분노, 무력감, 좌절감을 표현할 말을 찾는 게 지금 당장은 분명 어려울 거예요.
- 남들이 뭐라 한들, 그 마음을 표현하도록 자기 자신을 용납해주는 것이 중요해요.

그가 느끼는 감정과 그런 감정을 느끼고 있다는 사실 자체를
수용해줌으로써 당신은 그에게 가장 필요한 격려자가 될 수 있다.
13장 _ 해야 할 일 하지 말아야 할 일 중에서

WHAT TO SAY WHEN YOU DON'T KNOW WHAT TO SAY

당신의 그 말이 정말 그에게 위로가 되었을까?

어설픈 긍휼로 위로하기에 그들의 아픔은 너무나 깊다

치유·상담 전문가 노먼 라이트에게 배우는
현명한 위로의 방법

노먼 라이트 H. Norman Wright

미국에서 가장 권위 있는 기독교 결혼, 가정 상담가이며 국가위기센터에서 공인한 사별 트라우마 전문가이자 트라우마 치료사다. 그는 '기독교가정연구소'를 설립, 지난 30여 년 동안 수많은 부부를 상담하고 치료해왔으며 자녀양육, 인생의 상실로부터의 회복, 결혼 등을 주제로 세미나를 진행하고 있다. 저서로는 『커뮤니케이션 : 결혼생활의 열쇠』 등을 비롯, 70여 권의 스테디셀러가 있다.

9. 우울증에 빠진 이에게

당신이 첫 번째 고리가 될 수 있다

"그를 위해 어떻게 해줘야 할지 모르겠어요. 제게 전화를 할 때마다 우울하거나 걱정이 태산이거나 둘 중 하나에요. 그가 최근에 여러 가지 일들을 겪었다는 걸 알아요. 그래서 도움을 좀 줄 수 있었으면 좋겠어요. 무슨 말을 해줘야 할지, 어떻게 행동해야 할지 감이 오질 않아요. 상황을 악화시키고 싶지도 않고요."

대부분 이런 난처한 상황에 빠져본 경험들이 있을 것이다. 그가 필요한 도움을 찾도록 돕는 첫 번째 고리가 당신이 될 수 있다. 이때 제일 먼저 기억해야 할 점은, 우울함이 상실과 트라우마에 대한 지극히 정상적 반응이라는 사실이다. 그가 혹 우울에 빠져 있다면, 그를 도울 누군가가 절실히 필요하다. 안타깝게도, 그는 지금 자신이 경험하는 것을 효과적으로 전달할 수 없는 상태일지도 모른다. 만약 당신 스스로가 절망감이나 무력감에 빠져본 경험이 없다면, 그의 상태를 이해하기가 쉽지 않을 수 있다. 자기가 겪는 일을 제대로 설명할 수 없는 그의 상태는 당신에게 좌절감을 느끼게 할 것이다. 도와주고 싶지만 어떻게 해야 좋을지 몰라 더욱 좌절할지도 모른다.

깊은 구덩이 속 밑바닥에 있는 그의 모습을 마음속에 그려보라. 구덩이는 어둡고, 싸늘하고, 외딴 곳에 동떨어져 있다. 그는 소름 끼칠 정도로 고독감을 느끼고 있다. 사방은 온통 바위로 된 벽들로만 둘러싸여 있고, 짚거나 밟고 올라가 밖으로 나갈 수 있는 그 어떤 틈도 발판도 찾아볼 수 없다. 구덩이 속의 그는 완전히 무기력한 상태로, 어둠과 절망에 하는 수 없이 마음과 몸을 내맡긴다. 그의 눈에는 출구가 전혀 보이지 않는다.

이것이 그가 깊은 절망의 심연으로 빠져들 때 느끼는 감정이다. 끊임없이 찾아오는, 때로는 치명적인 무기로 돌변하는 무가치함, 두려움, 정죄감 등의 감정들로 인해 꼼짝할 수 없으며 망연자실해 한다. 염려 가득한 그들과 가족들이 저기 위 구덩이 가장자리에 서서 도와주고픈 마음에 발을 동동 구르고 있다. 그렇지만, 옴짝달싹할 수조차 없는 무력감 때문에 구덩이 속의 그 사람이 스스로 도움을 청하기란 결코 쉽지 않은 일이다. 간혹 자기가 저 밑에 있다는 것을 남들에게 인정하는 것조차 힘들어하기도 한다.[55]

우울증을 앓는 이를 돕기 위해 다가갈 경우, 이해심과 인내심을 달라고 기도하라. 둘 다 많이 필요할 것이다. 당신이 내미는 도움의 손길이 처음엔 거부당할지도 모르며, 꽤 시간이 지나서야 받아들여질 수도 있을 것이다. 그렇다고 곧바로 구덩이 속으로 내려가, 그를 잡아채서, 꼭대기로 끌고 올라올 수도 없는 일이다. 그러고 싶겠지만, 인생이란 그런 게 아니다. 하나님과 주변 사람들을 기꺼이 신뢰하고자 하는 마음이 그에게 있어야 한다. 스스로가 구덩이 밖으로 나오겠다는 결심을 가지고 기꺼이 첫 발을 내딛어야 하는 것이다. 당신의 격려가 구덩이 밑으로 내려진 사다리와 같이, 오르기 위한 첫 발을 내딛을 용기와 희망을 주게 될지 모른다.

구덩이 꼭대기에서 아래를 내려다보는 당신 자신의 모습을 마음속에 그려보라. 꼭대기에는 발코니가 있고, 당신은 난간 너머로 몸을 내밀어 그를 응원하고 있다. 그가 밖으로 올라올 수 있으리라는 당신의 믿음이 지금 당장 그가 필요로 하는 힘의 원천이 될 수 있다. 그에게 희망이 끊어진 순간, 당신이 가진 희망을 그에게 꾸어줄 수 있다. 그가 자신의 희망을 되찾을 때까지, 또한 하나님의 말씀을 통해서 우울증을 앓는 사람이 희망을 붙들도록 도울 수 있다.

너는 알지 못하였느냐 듣지 못하였느냐 영원하신 하나님, 땅 끝까지 창조하신 이는 피곤하지 않으시며 곤비하지 않으시며 명철이 한이 없으시며 피곤한 자에게는 능력을 주시며 무능한 자에게는 힘을 더하시나니 소년이라도 피곤하며 곤비하며 장정이라도 넘어지며 쓰러지되 오직 여

> 호와를 앙망하는 자는 새 힘을 얻으리니 독수리가 날개치며 올라감 같을 것이요 달음박질하여도 곤비하지 아니하겠고 걸어가도 피곤하지 아니하리로다(사 40:28-31).

보호해야 할 두 사람

당신이 만일 우울증을 앓는 사람 주변에 있다면, 보호해야 할 이가 둘이 있다. 바로 우울증을 앓는 당사자와 당신 자신이다. 어째서 그럴까? 그의 우울증이 두 사람 모두에게 영향을 미칠 것이기 때문이다. 당신이 대하는 사람이 지금 매우 민감한 상태에 있으므로, 당신 역시 그에게 어느 정도의 민감함을 나타내 보여줘야 한다.

당신이 주는 입장이라면, 그가 받는 입장인 것이다. 당신이 설령 좋은 마음으로 도와준다고 해도, 그가 행동하는 방식을 보면서 여전히 약간은 짜증나거나 화가 날지도 모른다. 설상가상으로, 당신이 그에게 이런 식으로 느꼈다는 이유 때문에 죄책감이 찾아올 수도 있을 것이다. 당신은 당신대로 온갖 감정에 휩싸이면서, 녹초가 된 느낌에 빠지게 된다. 그러다보면 그도 당신이 느끼는 긴장감을 감지하게 되어, 당신에게 자신이 짐이 된다는 생각에 그의 우울함이 훨씬 더 악화될 수도 있을 것이다.

당신이 지금 혹시 우울한 상태에 있다면, 섣불리 우울증에 걸린 다른 누군가를 도우려 하지 마라. 그렇지 않으면 당신이 스스로 주체하지 못하는 상태에 빠지게 될 것이다. 두 사람의 관계에도 이전보다 더한 긴장이 흐를 것이다.

우울함을 겪는 그에게 무슨 말을 해줄 수 있을까? 다음과 같은 단순한 말이 가장 효과적이다.

"저는 당신에게 관심을 가지고 있고, 언제라도 들어주고, 이야기 나누고, 당신 곁에 있어줄 마음이 있어요. 당신을 도와주고 싶고 당신과 함께 있고 싶어요."

팔로 그를 감싸주거나 손을 잡아주라. 비(非)성적인 신체 접촉을 통해 치유가 일어난다. 어깨를 쓰다듬어주고, 등을 토닥여준다거나, 팔을 붙잡아주는 행동은 "당신은 혼자가 아니에요. 제가 당신과 함께 있잖아요."라는 의미와 함께, 상대방을 수용하는 마음을 전달한다. 솔직하게 이렇게 말해주라.

"당신이 겪는 일을 전부 이해하진 못하지만, 이해하려고 애쓰고 있어요. 당신을 돕고 싶어서 이렇게 왔어요."

우울증을 앓는 이와 함께, 또한 그를 위해 기도하면 어떤 일이 일어날지 비록 다 알 수는 없다. 하지만, 엄청난 유익들이 따를 것임을 확신함으로 마음의 평화를 누릴 수 있다. 우울함에 빠져 희망이 사라지는 시기에, 당신 자신의 힘과 희망을 그에게 나눠주어 그 시간을 이겨낼 수 있는 힘을 줄 수 있을 것이다. 그의 믿음이 무너진 순간, 그 믿음이 회복되기 전까지 그를 지탱해줄 당신의 믿음이 절실히 필요하다.

11가지 실제적 지침

사람들은 대부분 우울증을 앓는 사람에게 어떻게 해줘야 하는지 알지 못한다. 여기서는 구체적인 제안 몇 가지를 하려고 한다. 얼마나 철저히 이 지침들을 따를지는 우울증의 강도와 지속기간, 그리고 그 사람과 당신과의 관계에 달려 있다. 몇 시간 혹은 하루 이틀 정도 우울했거나, 기분은 우울하지만 생활에는 별 지장이 없다면, 모든 내용이 다 적용되진 않을 것이다. 그러나 우울한 감정이 몇 주 혹은 몇 달 지속돼 왔고, 행동이 굼떠지고 먹지도, 자지도 않으면서 제대로 생활하지도 못하고 있다면, 적절한 대책들을 골라 적용하라.

1. 우울증의 원인과 증상을 이해하라

그가 너무 심하게 우울한 나머지, 허공을 응시하거나 인사해도 모른 척하고 당신을 외면할 경우, 그가 일부러 그런 식으로 구는 게 아님을 기억하라. 우울증에 걸리면, 사고와 감정을 다스리는 능력의 일부를 상실하게 된다. 우울증이 심각한 경우, 그것은 좁은 원을 스물다섯 바퀴 빙빙 돌고난 다음에 직선으로 걸을 수 없는 것과 마찬가지로 자기 감정들을 통제할 수 없게 된다. 그가 느끼는 그 감정과 행동(우울증에 걸린 사람에게는 정상적인)을 하는 이유를 이해하게 되면, 그것에 맞춰 당신도 그에 대한 자신의 반응들을 조절할 수 있게 된다. 당신 스스로 평온한 마음을 유지할 수 있는 한편, 그를 도울 수도 있게 되는 것이다.

2. 자해 행위나 자살 충동을 드러내는 말을 하지 않는지 지켜보라

자살할 기미나 말이나 암시가 조금이라도 보인다면, 반드시 끄집어내어 대화해야 한다. 그가 정말 이런 생각까지 할지 모른다는 사실을 받아들이기 힘들다는 것을 안다. 하지만 그런 일은 분명히 일어난다. 나도 겪어봤기 때문에, 그것이 초래할 고통이 어떨지 잘 안다. 우울증에 걸린 사람이 자신의 감정들을 숨기지 않고 다 토해낼 수 있도록 도와주라. 자살 충동에 대해 이야기하는 것을 꺼리지 마라. 주변 사람들이 그의 상태를 알고 있고, 필요할 땐 언제라도 도움과 지원을 요청해도 된다는 점을 그가 반드시 확신하게끔 해주라. 자살 충동이나 계획이 있다면 당신에게 이야기해달라고 요청하라. 여성이 남성보다 자살 시도는 더 많이 하되, 성공하는 경우는 남성이 더 많다는 점 또한 기억하고 있으라. 마흔이 넘은 이혼한 남자의 경우가 위험성이 가장 높다. 나이가 많을수록, 그 위험이 높아진다. 우울증을 앓고 있으면서 자기 미래를 생각하면 깜깜한 절망뿐이라는 말을 내뱉는 사람은 자살을 생각하고 있을 가능성이 크다.

3. 의사나 상담자를 찾아가보도록 권면하라

그가 알고 있는 의사나 상담자가 없을 경우, 적합한 누군가를 추천해주는 것도 한 가지 방법이 될 것이다. 시간은 매우 중요한 변수다. 우울증이 오래 이어지도록 내버려두지 마라. 뭐라도 하도록 권면하라. 설령 그가 계속 당신을 기다리게 하고 안 가겠다고 버티더라도, 약속을 잡아, 그를 붙들어 차에 태워 그곳까지 데려다주라!

4. 그의 우울증이 어느 정도인지 식별하라

그가 솔직하게 자기가 어떤 지점에 있는지 말할 수 있도록 하기 위해 아래와 같은 도표를 사용해보라. 지금 이 순간 그의 우울증이 어느 정도인지 생각해보고 해당되는 지점에 "X" 표시를 하게 하라. 그를 도와주는 과정에서, 도표를 사용해서 주기적으로 우울증의 정도를 평가해보고 긍정적인 진보가 있는지 확인해보게 하라.

0		5		10
우울하지 않음	약간 흐림	잔뜩 흐림	비가 억수로 쏟아짐	홍수가 남	익사 직전의 우울함

5. 그를 위해 지원을 아끼지 마라

그의 직계 가족에게 상황을 알려줄 필요가 있으되, 그의 허락 없이 나누는 부분에 대해서는 신중하게 결정하라. 당신의 이야기를 듣고 그들이 도움을 줄 방법에 대한 구체적인 정보를 원할 경우, 이 책을 한 권 주는 것도 좋을 것이다. 우울증에 걸린 사람의 상태가 더 안정될 때까지는 가능한 한, 직접 직면하거나 부딪치는 일을 삼가도록 가족과 친구들에게 조언하라. 도우는 이들로 하여금, 그의 실수를 꼬집어 내거나, 심하게 꾸짖거나, 감당하기 힘든 과제나 일을 요구하지 말고, 특별히 더 부드러운 태도로 그를 대하도록 요청하라.

6. 우울증에 빠진 그를 피하지 마라

그의 고립을 더 깊어지게 하거나 당신이 그와 함께 있고 싶어 하지 않는다는 인상을 주는 것은 좋지 않다. 그럴 경우, 그의 우울증이 더 깊어지게 된다. 그렇다고 해서, 당신이 감당하기 힘들 때 건강한 경계선을 두는 것도 안 된다는 뜻은 아니다. 어떤 사람들이 우울증에 걸린 사람을 회피하는 것은 혹여 자신들이 그를 우울증에 걸리게 한 원인 제공자일까 두려워서일지 모른다. 누군가가 다른 사람의 문제에 원인이 됐을 경우가 간혹 있을지는 모르지만, 타인의 불행에 대해 책임져야 할 사람은 아무도 없다.

7. 우울증에 걸린 이가 실제로 아픔을 느낀다는 점을 이해하라

그는 고통을 겪고 있다. 그가 실제로는 "그 정도로" 우울하지 않다거나, 공감을 받고 싶어서 그러는 것일 뿐이라는 짐작도 하지 말고, 혹여 그에게 당신의 그런 생각을 알게 하지 마라. "그 문제를 두고 기도하고 말씀을 더 많이 읽으세요. 그러면 모든 게 해결될 거예요."라고 말하지 마라. 우울증에 걸린 사람은 종종 상실감과 무가치감을 강화시키는 성경 구절만 집중적으로 읽기도 한다. 구체적인 성경 구절을 제시해주고 싶은 마음이 있다면, 성경 구절을 선택함에 있어서 신중에 신중을 기하라.

8. 동감해주기보다 공감해주라

동감은 절망감을 강화시킨다. 무력감을 깊어지게 하고 안 그래도 약해져 있는 자존감에 영향을 미칠지 모른다. "우울증에 걸리시다니 너무 끔찍하군요."나 "마음이 정말 비참하시겠군요." 혹은 "어떻게 이런 일이 당신에게 일어날 수 있는 거죠? 평소에 정말 낙천적이셨는데요." 등의 말은 도움이 전혀 되지 않는다. 우울증을 앓는 사람이 내뱉는 불평들은 실제로는 감정적인 고통을 호소하는 표현임을 기억하라. 그 말의 방식이나 내용을 두고 말싸움에 휘말리지 마라. 오로지 어떤 기분인지에 대해서만 언급하라. 다음은 흔히 듣게 되는 말들에 대꾸하기 위한 구체적인 지침들이다.

"저는 완전히 외톨이예요."
하지 말아야 하는 말 : "아니요, 그렇지 않아요. 지금 제가 당신 곁에 앉아 있잖아요. 제 우정은 아무런 의미가 없는 건가요?"
해야 하는 말 : "지금 외톨이 같은 기분이시란 걸 알아요. 제가 도움이 될 만한 일이 뭐가 있을까요? 저는 당신과 함께 있어서 좋아요. 우리 둘이서 함께 이 외로운 마음을 이겨나갈 거예요."

"인생은 살 가치가 없어요. 계속 살아봐야 다 소용없어요."
하지 말아야 하는 말 : "어떻게 그런 생각을 하실 수 있죠? 사랑스런 두 아이에 훌륭한 직장까지 있으시잖아요. 살 만한 가치가 충분하신 걸요."

해야 하는 말 : "지금 당장은 그런 마음이 드신다는 걸 알아요. 하지만 당신이 많은 사람에게 얼마나 중요한 분이신지 아셨으면 좋겠어요. 이 절망스런 감정도 분명 헤쳐 나가실 거예요."

"저 하나 때문에 주변 사람 모두가 우울해지고 있어요."
하지 말아야 하는 말 : "전혀 그렇지 않아요. 보세요, 저는 오늘 하루도 잘 보냈고요. 그뿐 아니라, 제가 최선을 다해 당신을 돕고 있잖아요."
해야 하는 말 : "지금은 그런 마음이 드신다는 걸 알아요. 그리고 물론, 가끔은 사람들에게 힘들기도 하겠지요. 하지만 우리는 이 무거운 마음을 함께 극복해갈 거예요. 저를 비롯한 많은 분이 당신에게 마음을 쓰고 있답니다."

"제가 더 이상 여기에 존재하지 않는다면 어떻게 될까요?"
하지 말아야 하는 말 : "말도 안 되는 소리 하지 말아요. 도대체 뭐가 문젠가요?"
해야 하는 말 : "저를 비롯한 많은 사람이 당신을 너무나 그리워할 거예요. 당신은 너무나 많은 이에게 소중한 분이세요. 당신이 이 시간을 견뎌내도록 우리 모두가 힘이 되어 드릴 거예요."

"저는 있으나마나한 존재예요."

하지 말아야 하는 말 : "당신 자신에 대한 자존감이 더 나아지면, 그런 어리석은 말씀은 하지 않으실 텐데요. 하나님이 당신을 사랑하세요. 그걸로 충분하지 않나요?"

해야 하는 말 : "당장은 스스로 그런 생각이 드신다는 걸 알아요. 하지만 우리는 그런 감정까지 극복해낼 거예요."

"제가 하는 모든 일이 의미 없어요. 전 아무 가치 없는 인생으로 끝나버릴 거예요."

하지 말아야 하는 말 : "무슨 말씀이세요? 직장에서 얼마나 존경받는 분이신데요. 너무 과민하게 부풀려 생각하시는 거예요."

해야 하는 말 : "상황이 마음먹은 대로 되지 않을 때 얼마나 마음이 상하는지 알아요. 실패감은 정말 고통스런 감정이지요. 그렇지만 함께 이 시간을 뚫고 나갈 수 있을 거예요."

"이 마음이 얼마나 오래 갈까요? 절대 나아질 것 같지 않아요."

하지 말아야 하는 말 : "힘내요. 어차피 영원히 계속되는 건 아무것도 없어요. 잘 아시잖아요."

해야 하는 말 : "그토록 심한 고통을 겪어야 한다는 게 얼마나 두려운 일인지 알아요. 감정이란 잠깐 있다 사라지는 거잖아요. 우리 둘이서 함께 꼭 이겨내고 말거예요."[56]

9. 이전의 즐거움을 되찾도록 해주라

그가 평소에 즐기던 활동들에 대해서도 관심을 잃고 시큰둥해 할 경우, 그가 예전에 이런 활동들을 하면서 얼마나 많은 즐거움을 누렸는지 부드럽게 상기시켜 주면서, 다시 시작해보도록 확고한 말로 권해본다면 좋을 것이다. 그에게 참여하고 싶은 마음이 있는지 물어보지 마라. 자기 마음을 자기도 모를 수 있고, 별로 반응하고 싶은 마음이 없을지도 모르니까. 화난 투로 "저랑 같이 가시는 거예요. 자기연민에 빠져 계속 앉아만 계신 모습이 이젠 정말 지긋지긋하니까요."라고 강요하지 마라. 오히려, 부드럽게 권해주라.

"요즘 기분이 별로 안 좋으신 걸 알지만, 마땅히 누려야 될 즐거움은 누리셔야 한다고 생각해요. 일단 가보면 분명 좋아하실 거예요. 당신과 꼭 같이 하고 싶어요."

전화를 걸어, 언제 무엇을 할 예정인지를 알려준 다음, 같이 가자고 슬쩍 말을 건네 보는 것도 좋은 방법 중 하나다.

"쇼핑을 가려고 하는데, 같이 갈 사람이 있었으면 좋겠어요. 당신이 해주는 조언이 제게 얼마나 도움이 되는지 아시잖아요."

아이 쇼핑, 사교 활동, 혹은 사람들을 방문하는 것이든 어떤 활동이라도 그를 초대할 좋은 기회가 된다. 그런 활동들에 참여함으로써 그는 그가 씨름하는 파괴적인 행동 패턴이나 부정적인 마음에서 벗어나기 시작한다. 또한 에너지와 의욕을 회복하는 데도 도움이 된다.

당신이 그를 위해 해줄 수 있는 가장 좋은 일 중 하나는 그를 계속

분주하게 만드는 것이다. 극심한 우울증을 앓는 중에는 정신적 활동보다 육체적 활동이 더 유익할 수 있다. 예전에 즐겼던 활동을 포함시킨, 하루의 시간 계획을 짜도록 도우라(시간별로 짜는 게 효과적이다). 필요한 준비가 있으면 무엇이든지 돕고, 구체적 정보나 격려를 아끼지 마라.

10. 외모가 상해가는 걸 그대로 내버려두는 것은 아닌지 부드럽게 상기시켜 주라

상황에 대한 암시만 주는 걸로 끝내지 마라. 옷을 차려입고 하루를 시작할 준비를 하다보면 그 일이 즐거워질 것이고, 에너지가 새롭게 샘솟는 것을 느낄 것이라고 솔직하고, 분명하고, 명확하게 말해주라.

11. 그가 자신감이 결여된 것을 괜히 언급하거나 훈계하지 마라

자신감이나 자존감의 상실은 우울증에 흔히 동반되는 증상이다. 그 상황을 못 본 체하지 말고, 그의 자기 비하가 얼마나 불합리적인지 보여줌으로써 그가 스스로 대처해나가도록 도와주라. 그렇게 하되, 꾸짖거나 논쟁하는 투, 혹은 말도 안 되는 소리라고 일축하는 태도는 삼가라. 대신, 그가 예전에 이룬 일들을 강조하고 우울증이 시작되기 전에 그가 성취한 일들에 집중하게끔 해주라. 이 시점에서 당신은 그가 무력감을 극복할 수 있도록 함께 애쓰는 것이다. 그의 자기연민에 동조하지 마라. 그가 스스로를 비하하는 표현들을 할 때, "아마 몇 가지는 예전에 했던 그대로 하실 수 없을지 모르겠지만, 지금 잘하고 계신 일

들에 대해 이야기해 보도록 해요. 어떤 것들이 있다고 생각하세요?"라고 대답하라. 혹 그가 "할 수 있는 게 아무것도 없어요."라고 말한다면, 그가 할 수 있는 몇 가지 것을 부드럽게 언급하거나, 대화 도중에 그의 말을 통해 자연스레 끌어내도록 하라. 이런 식으로 줄기차게, 지속적으로 해나가라. 이 시점에서 자신의 감정 반응을 더 잘 자제할 수 있는 사람은 그보다는 당신이므로, 시종일관 용기를 북돋아주라.

이상의 11가지 원리들을 따르는 것은 타인에게 공감해주고 격려하는 일에 대한 성경의 가르침을 성취하는 길이다.

> 사람이 만일 무슨 잘못이나 죄에 빠지게 되거든, [성령에 민감하고 성령의 통제를 받는] 신령한 너희는 우월감이 아닌, 온유한 심령으로 그를 바로잡아 회복시키고, 너 자신을 살펴보아 너 또한 시험에 빠지지 않게 하라(갈 6:1, AMP성경 역자 번역).

또 다른 구절은 이것을 이렇게 표현하고 있다.

> 또 형제들아 너희를 권면하노니 게으른 자들을 [무례하고, 제멋대로이며, 난폭한 자들을]권계하며 (경고하고 진지하게 충고하며) 마음이 약한 자들을 격려하고 힘이 없는 자들을 붙들어 주며 [덧붙여] 모든 사람에게 오래 참으라 [항상 화를 참으라](살전 5:141, AMP성경 역자 번역).

아무것도 염려하지 말고

염려와 씨름하는 시간들이 그에게 있게 될 것이다. "염려하시는 것이 있으신가요?" 하고 묻는 게 사실 도움이 된다. 우울증에 걸린 사람들 대부분이 "맞아요!" 또는 "제 안에 끊임없는 싸움이에요."라고 대답할 것이다. 그가 염려에 빠져 있을 경우에 도움이 될 만한 몇 가지 방안들이 있다. 상당히 효과 있는 방법들이다!

시편 37장 1-7절을 그에게 소리 내어 읽어주라. 시편 37장 1절은 "안달하지 말라"고 이야기하며, 이 말은 나중에도 되풀이해서 나온다.

> 악인들 때문에 안달하지 말고 못된 짓 하는 자들을 시기하지 말아라(시 37:1, 현대인의성경).

사전은 '안달하다(fret)'를 "침식하다, 갉아먹다, 짜증내다, 걱정하다, 초조해하다, 닳아 없애다"로 정의하고 있다. 안달하지 말라는 말에 덧붙여, 시편 37장은 염려에 대한 긍정적인 대안을 제시해준다. 먼저 "여호와를 의뢰하라(의존하라, 확신하라, 의지하라, AMP성경 참조)"고 말한다. 의뢰란 독립적인 삶을 살려고 하거나, 힘든 상황에 자기 혼자서 대처하려고 하거나 하지 않는 것을 말한다. 더 큰 힘의 원천으로 나아가는 것을 의미한다. 이어서 4절은 "또 여호와를 기뻐하라"고 말한다. "기뻐하다"란 말은 하나님과 그분이 우리를 위해 행하신 일을 기뻐한다는 뜻이다. 그리하여 하나님이 우리 인생에 기쁨을 공급하시는 근원이 되게 하는 것이다. 5절은 "네 길을 여호와께 맡기라"고 말한다. 맡긴다는 것은 고의적인 의지의 행위다. 우리의 염려와 불안 등을 하나님께 내어놓는 행위가 내포된 말이다. 우리는 "여호와 앞에 잠잠하고 참고 기다려야(7절)"한다. 이 말은 "그가 명하시는 일에 잠잠히 순종하고, 그가 우리 삶에 하시고자 하는 일을 기대하는 마음으로 기꺼이 받아들이는 것"을 의미한다.[57]

염려하지 말아야 함을 상기할 목적으로 이 구절과 여기에 담긴 통찰들을 하루에 여러 번 소리 내어 읽도록 그에게 요청하라. 또한 각각의 원리를 삶에 적용하기 위해 도움이 될 만한 것이 무엇인지 물어보라.

염려 카드 만들기

이것은 약간 색다른 제안으로, 그에게 이렇게 말해주는 것이다.

"내일 뭔가에 대해 염려가 되기 시작하면, 그 대신 즉시, 염려하는 내용을 카드에 적고 주머니에 넣어 보관하세요. 불쑥 염려가 되면 그때마다 그것을 카드에 적어두되, 아직은 그것을 염려하지 않겠다고 작정하세요. 그러다가 4시 무렵이 되면, 혼자 있을 수 있는 곳 어디든 찾아 가세요. 그리고 자리에 앉아, 카드를 꺼낸 다음, 그때 삼십 분간 하나 하나의 항목에 대해 할 수 있는 최대한 격렬하게 염려하시면 됩니다. 날마다 새로운 카드를 꺼내 같은 일을 되풀이하는 거예요."[58]

오랜 시간에 걸쳐 내가 터득한 방법 중에 가장 유익한 것은 "멈춤/생각 방식"이다. 카드 한 장을 꺼내 한 편에 '멈춤'이란 단어를 크고 굵은 글자로 적으라. 다른 편에는 이 말씀을 모두 적으라.

> 아무것도 염려하지 말고 모든 일에 기도와 간구로 여러분이 필요로 하는 것을 감사하는 마음으로 하나님께 말씀드리십시오 그러면 도저히 상상도 할 수 없는 하나님의 놀라운 평안이 그리스도 예수님 안에서 여러분의 마음과 생각을 지켜 주실 것입니다 형제 여러분, 끝으로 말합니다 여러분은 참되고 고상하고 옳고 순결하고 사랑스럽고 칭찬할 만한 것이 무엇이든 거기에 미덕이 있고 찬사를 보낼 만한 것이 있다면 그것을 생각하십시오 또 여러분이 내게서 배우고 받고 듣고 본 것을 실천하십시오 그러면 평화의 하나님이 여러분과 함께 하실 것입니다(빌 4:6-9, 현대인의성경).

하나님이 우리 마음을 지키실 것이라 말씀하심에도 불구하고, 생각을 지켜야 하는 것은 우리 자신이라는 점이 흥미롭다. 이 카드를 언제나 몸에 지니고 다니도록 부탁하라. 혼자 있는 시간에 염려가 스멀스멀 고개를 쳐들려 할 때마다, 카드를 꺼내 '멈춤'이 적힌 쪽을 앞에 두고, "염려는 이제 그만!"이라고 한 글자 한 글자 힘주어 두 번 큰 소리로 말해보면 좋을 것이다. 그런 다음, 카드를 뒷면으로 돌리고 거기 적힌 성경 구절을 똑같이 힘주어 두 번 읽도록 한다.

카드를 꺼내는 사이, 염려를 부채질하는 생각의 패턴이 끊어지게 된다. '염려는 이제 그만!' 하고 말하는 것을 통해 습관적, 자동적으로 떠오르던 염려의 고리까지 끊어버릴 수 있다. 하나님 말씀을 큰 소리로 읽는 것이 염려를 대신하는 긍정적인 방법이 된다. 혹 사람들 틈에 있는데 염려가 올라오기 시작한다면, 같은 절차를 따르되, 소리 내지 않고 속으로 하면 된다.

약간은 독특한 제안처럼 들릴지 모르겠으나, 내가 도움을 준 수천 명에게서 실제로 효과를 본 방법이다.

10. 자살 충동을 느끼는 이에게

"자살을 생각하는 누군가와 이야기할 일이 절대 없었으면 좋겠어요. 무슨 말을 할지도 모르고, 제가 혹 잘못 말하기라도 하면 어떡해요?"

이 말은 우리 대부분의 심정을 잘 표현한다. 그토록 극심한 곤경에 처한 누군가를 돕기 위해 무슨 말이나 행동을 할 수 있을까? 자살을 생각하는 많은 사람이 친구나 교회, 혹은 비상 전화 상담 서비스에 도움을 요청하는 전화를 건다. 내가 제안하는 절차는 누군가 전화를 걸어올 때 도와주는 방법에 초점을 맞추고 있다. 하지만 또한 자살할 생각이나 의도를 드러내는 누군가와 얼굴을 맞대고 이야기할 때 사용될 수 있는 원리들이기도 하다. 이것은 학교나 지역사회 내 위기나 트라우마 상황에 요청 받아 갔을 때 목회자나 상담자들에게 나누어주는 지침들이다.

그와 연락하고 관계를 만들기

관계를 맺고, 연락을 유지하여, 친밀한 사이가 되어라. 많은 이에게 있어서 자살이란 결론은 압박감에 시달리면서 서서히 이르게 되는 점진적 과정이다. 자신의 문제들에 대한 해답을 찾다가 하나의 대안을 시도했다. 그러고 나서 두 번째, 세 번째, 네 번째, 다섯 번째 대안들까지 모두 실패로 돌아가고 말았다. 결국 그 이후에 또 하나의 대안으로 자살이란 결론에 도달하게 된다. 많은 사람의 경우, 훨씬 더 많은 대안을 추구함으로써 이 결론에 저항한다. 그럼에도 불구하고 길이 막힌 경우에 자살로 돌아서게 되는 것이다.

자살 충동을 느끼는 사람들은 삶과 죽음에 대해 이중적인 태도를 취한다. 그들은 인생사가 지긋지긋해서 스스로 목숨을 끊길 바란다. 그들의 삶은 희망보다는 절망으로 점철되어 있다. 그러면서 동시에, 누군가에 의해 구출되기를 바라는 마음이 있다. 어떤 사람이 자살 충동을 암시할 경우, 긍정적인 관계를 형성하는 것이 중요하다. 이 관계가 당신의 그에게 생명을 유지할 결심을 하게 하는 한시적 이유가 될지 모른다. 이런 전화를 받게 되면, 다음과 같이 말해준다면 좋을 것이다.

"제게 전화하신 건 참 잘하신 일이예요."

"전화해주셔서 기뻐요."

"도움 받으실 길이 있어요."

이런 말들이 중요한 까닭은 그 사람에게 스스로가 옳은 결정을 했고, 누군가 마음을 쓰는 사람이 있다는 확신을 심어주기 때문이다. 당신이 해준 인정의 말은 그가 더 많은 훌륭하고 올바른 결정을 내릴 수 있다는 사실을 전달하고 있다. 지금 그의 상태에서는 침착하고 자신 있게 이야기해주는 것이 필요하다. 권위의 목소리(권위주의적이 되는 것은 삼가야 한다.)를 내되, 그에게 저항감이 들지 않게 이야기하는 것이 좋다. 진심으로 마음을 쓰고 있음을 전달하는 것이 매우 중요하다.

이야기를 해나가는 동안, 당신과 자살 충동을 느끼는 사람 사이에 공통점을 발견하는 것이 중요하다. 그에게는 문제가 있어서 도움이 필요하고, 당신에게는 그를 도울 마음이 있다는 사실이 하나의 좋은 출발점이 될 수 있다. 간혹 상대방이 불안정하고 확신이 없는 상태에 있을 경우, 공통점을 발견하기까지 더 많은 노력이 요구되기도 한다. 여러 다양한 문맥을 통해 "도와준다"는 단어를 자주 사용함으로써 당신의 관심이 진심임을 그가 확신하게 되는 것이 중요하다. 또한 그에게 관심을 보이고 그의 감정들을 이해하려는 노력을 하는 것이 중요하다. 그리하여 신뢰 관계가 형성되어야 한다. 그가 물어오는 질문에 솔직하게 대답해주는 것이 이러한 신뢰 관계를 가능하게 하는 길이다.

그를 알고, 그의 문제를 알기

이 장을 읽어나가는 동안, 당신은 아마 확실한 방법을 찾고 있을지 모르겠다. 이 사람에게 손을 내밀어, 자살 충동 같은 것에서 돌아서게 할, 확실히 믿을 만한 어떤 것 말이다. 하지만 그런 것은 존재하지 않는다. 모든 일을 완벽하게 해내도 여전히 효과가 없는 경우가 있을 수 있다. 그렇지만 때로는 당신이 곁에 있어주는 것만으로도 상대에게 희망을 주고 자살 생각 따위는 싹 사라지게 하는데 충분하기도 하다.

상대방에 대한 정보를 확인하고, 입수하고, 문제를 명확하게 밝히라. 먼저, 가능한 한 끼어들지 말고 상대의 이야기에 귀를 기울이라. 그런 다음에 당신이 관심을 가지고 있으며 그가 하는 말을 잘 들었다는 것을 확인시켜 주라. 이런 식으로 말해 봐도 좋겠다.

"당신과 같은 상황에 처할 경우, 대개는 마음이 상하죠. 무슨 일에 마음이 상하시나요?"

다음과 같은 이야기들을 하도록 격려하라.

- 그를 지금의 상황으로 몰고 간 일이 무엇인지.
- 지금 이 순간 그의 마음을 괴롭히는 문제가 무엇인지.
- 이 상황에 대처하기 위해 지금까지 어떤 시도들을 해봤는지.

당신의 질문에 대답한 그의 말에 이의를 제기하지 않아야 한다는 점을 명심하라. 혹시 그러고 싶은 마음이 들지 모른다. "상황이 겉으로 보이는 만큼, 그렇게 나쁘진 않아요.", "그런 식으로 느끼지 마세요." 같은 말들은 상대에게 좌절만 안겨줄 따름이지 도움이 되지 못한다.

당신이 관심을 갖고 도울 마음이 있음을 알려준 후, 그다음 목표는 상대방의 문제를 알기 위해 정보를 입수하는 일이다. 그가 계속 이야기하게 하라. 최대한 많은 질문을 하되, "왜"라는 질문은 피하라. 상대가 이야기를 하는 한, 목숨을 스스로 끊지는 않을 것임을 기억하라.

정보를 얻는 과정에서 그를 화나게 해서는 안 된다. 그러므로 질문이든 설명이든 당신이 하는 달이 그를 짜증나게 하거나 불편하게 하는 것처럼 보인다면, 이야기의 방향을 다른 쪽으로 돌리라. 물러났다가 다시 시도하는 것이 계속 가다가 상황을 악화시키는 것보다 낫다. 정보를 얻는데 도움이 될 좋은 질문들이 아래에 제시되어 있다. 상대방이 당신이 아는 사람이라서 이미 알고 있다 해도, 그것과 상관없이 이것들을 질문하라. 그가 스스로 대답을 내놓는 것이 중요하다.

"당신의 삶을 이 지점으로 이끈 사건이 무엇이었나요?"
"지난 3개월간 어떤 일들을 겪으셨나요?"
"당신이 계속 살아가기 위해 달라져야 할 상황이 있다면 무엇일까요?"
"당신에게 도움이 되기 위해 꼭 필요한 것은 무엇일까요?"
"이 시점에서 당신은 어떤 부분에서 도움 받기를 원하시나요?"
"당신에 대해 제가 알았으면 하는 점들이 있다면 어떤 것인가요?"
"제가 당신을 이해해줬으면 하고 바라는 점들은 무엇입니까?"

또한 자살 충동에 빠져있는 사람을 매우 잘 묘사하는 세 단어들을 기억하고 있으라.

- 절망감 : 자기 목숨을 끊는 이들은 희망을 완전히 상실한 사람들이다. 따라서 자살 충동을 느끼는 친구나 동료를 도울 때는 언제나 최대로 강력한 희망의 씨앗을 심어주도록 최선을 다하라.
- 무력감 : 절망감에는 무력감이 동반된다.
- 불운함 : 자살 충동을 느끼는 사람들 중에는 상상도 할 수 없이 슬픈 삶을 살아온 사람들이 많이 있다.

이어, 문제에 대한 정보를 입수하라. 자살이란 의사소통의 한 형태다. D-I-R-T는 위험 원인들을 구별하기 위해 사용하면 도움이 되는 요소들의 약자이다.

D – 위험한 시도(Dangerous)

자살 시도가 더 위험하게 이루진 경우, 자살 성공에 대한 위험 수준이 높아진다. 총을 가진 이가 칼을 가진 사람보다 그 확률이 더 높다.

I – (위험정도에 대한) 느낌(Impression)

자살 충동을 느끼는 사람이 자살 시도 중 자해로 죽을지 모르는 가능성이 있는 경우, 현재의 위험 수준은 여전히 높다고 할 수 있다.

R – 구조(Rescue)

그 사람이 구조될 가능성이 크거나, 그가 구조되는데 스스로가 어떤 식으로든 도움이 되었다면, 현재의 위험 수준은 감소한다.

T – 시기(Timing)
자살 시도가 최근일수록, 현재 위험 수준이 더 높아진다.

자살에 대해 생각하는 누군가와 이야기할 때, "왜 그런 일을 하고 싶어 하시는 거죠?"라고 묻지 마라. 대신, "어떤 식으로 자해할 생각이신가요?"라 질문함으로써 판단을 시작하라. 이 질문에 대한 답을 들으면 이미 염두에 둔 자살 계획이 있는지 곧바로 파악될 것이다. 이것은 결정적인 정보다.

이야기를 나누는 동안, 그가 느끼는 감정에 집중하고 그를 도와 그 감정들을 명확히 밝혀내라. 그가 자신의 감정들을 표현하는데 어려움이 있을 경우, 그것들을 큰 범주에 따라 분류하도록 도와주라. "슬픔의 실타래" 도표를 사용해도 좋을 것이다(5장 참조). 상대방이 생각하고 느끼고 있어 보이는 것들을 그에게 다시 반영해주라. 문제를 정확히 집어내도록 하는데 도움이 될 것이다. 그가 느끼는 주체하기 힘든 무력감이 이제 구체적인 문제들로 세분화되어, 해결책들을 보다 손쉽게 찾는 것이 가능해진 것이다. 그가 당하는 고통으로 인해 상황을 정확하게 판단하는 능력이 손상되었을 수 있음을 인식하도록 도와주라. 일단 실제 문제를 인식할 수 있게 되면, 그것을 해결할 구체적인 계획을 세워나가는 것이 가능해진다. 또한 상대방이 해결하려 애쓰는 문제의 본질을 이해하게 되면, 그가 가진 강점들과 약점들을 더 많이 이해할 수 있게 된다. 그가 죽고 싶어 하는 이유를 찾아내는 게 목표다.

그나 이웃이 전화를 걸어 침울하고 우울한 마음에 대해 이야기해올 경우, 아래와 같은 말이나 질문들을 사용함으로써 감정의 심각성을 정확히 분간하는데 도움을 받을 수 있다.

- 자주 우울해 보이세요.
- 지난 몇 주 동안 얼마만큼 우울하셨나요?
- 어떨 때 우울해지나요?
- 살 가치가 없는 인생이란 생각을 해본 적이 있으신가요?
- 다 끝내버리고 싶다는 생각을 해보신 적이 있나요?

이러한 말들은 망설이는 사람으로 하여금 자신의 감정들을 말로 표현하도록 하는데 도움이 될 수 있다. 당신이 상대방을 도울 수 있으려면 실제적인 자살의 조짐이 솔직하게 밖으로 드러날 필요가 있다. 자살에 대해 이야기하기가 어렵게 느껴졌던 사람의 경우, 당신이 그 문제에 대해 숨김없이 이야기하는 것을 꺼려하지 않음을 알고 나면 대체로 안도감을 느끼게 된다. 때로 이것은 덫에 걸린 듯한 자신의 감정들을 숨겨야한다는 상대방의 부담을 덜어줄 수 있다. 자살에 대한 문제는 공개적으로, 또한 도덕적 문제와는 별개로 논의되어야 한다. 자살 충동을 느끼는 사람에게 자살은 도덕적인 옳고 그름의 문제가 아니다.

대체적으로 스트레스의 결과인 경우가 많다. 대개 자살 충동에 빠진 사람들은 이미 죄책감과 씨름하고 있다. 그런데 만일 자살을 도덕적으로 잘못된 행동이라고 보는 쪽으로 이야기가 진행되다 보면, 이는 상대방의 짐을 가중시키게 될 뿐 아니라 안 그래도 낙담한 마음에 더 큰 낙담을 불러일으키는 원인이 될 수 있다.

당신이 자살 문제를 거론하는 것이 도움이 되는가 아니면 해가 되는가? 많은 상담자의 경우, 그렇게 하는 것이 자살할 마음을 누그러뜨려 자살 시도의 가능성을 줄여준다고 느끼고 있다. 자살을 거론하는 것이 불편할지 모르지만, 당신이 그 문제에 대해 기꺼이 이야기할 마음이 있어야 상대방이 자신의 생각을 보다 숨김없이 털어놓을 수 있게 된다. 다음은 당신이 추가적으로 사용할 수 있는 질문들이다.

- 이 부분에 대해 기꺼이 저에게 이야기해주셔서 감사해요. 당신의 고민을 알려주고 싶은 사람들이 혹시 더 있으신지 궁금하군요.
- 가족과 그들에게 제가 무슨 말씀을 해드리면 좋겠습니까?
- 그들에게 그냥 알려드리기만 하는 게 좋을까요, 아니면 지금 그들이 당신을 보러 오는 게 좋겠습니까?
- 그들이 제게 이런저런 질문들을 하실 것 같은데, 제가 뭐라고 말해주면 좋으시겠어요?
- 당신이 이런 마음을 먹은 이유를 알고 싶어들 하실 것 같은데요, 제가 뭐라고 말씀드려야 할까요?

- 제가 이 일을 하기 전에, 당신이 생각해보았으면 하는 다른 질문이 하나 있습니다. 조용히 사라지는 게 최선이라고 생각하신 것 말고 더 나은 방법이 있다면 뭐라고 생각하십니까?

덧붙여, 그가 마음먹은 자살이 실행될 경우의 여파에 대해 이런 저런 질문들을 주저 말고 던져보라.

- 당신을 그리워할 사람이 있을까요?

    ("아무도 없어요."라고 대답할 것에 대해 마음의 준비를 하고 있으라.)

- 대답이 "아무도 없다"일 경우, "거기에 대해 얼마나 확신하는지 말씀해 주세요. 70퍼센트? 80퍼센트? 100퍼센트?"라고 질문하라.
- 당신이 없어진다면 사람들이 그리워했을 그런 시간들이 당신의 삶 속에 언제 있었는지 말씀해주세요. 그들이 누구였나요? 그때와 지금은 뭐가 달라진 건가요? 지금 자신을 그리워해줬으면 하고 바라는 사람이 있다면 누구인가요? 지금 이 상황을 반전시킬 만한 일은 무엇이 있을까요?[59]

자살 위험 가능성 고려하기

한 사람이 자살할 위험이 높은지를 가늠하기 위해 고려해볼 요인들에는 여러 가지가 있다. 그 사람의 이야기를 들어주는 과정에서, 당신은 이런 결정을 내리는데 도움이 될 이런저런 정보를 얻게 될 것이다.

- 나이와 성별

자살 성공률은 나이에 비례해 올라가며, 남성이 여성보다 성공 가능성이 더 높다. 그중에서도 나이 많은 독신 남성들이 더욱 취약하다.

- 자살 시도 내력

이번이 첫 번째 시도인지, 아니면 여러 번의 시도 중에 한 번인지 분간하는 것이 중요하다. 자살 시도가 시작된 것이 최근일수록, 방지할 수 있는 가능성도 더 커진다. 하지만 동시에, 적극적으로 개입해야 될 필요성도 그 만큼 더 크다. 자살 시도 패턴을 광범위하게 보여 온 경우, 전문가를 통한 장기간의 치료가 요구된다.

- 자살 계획을 평가하라

a. **얼마나 치명적인가?** 상대가 생을 마감할 계획을 인정했을 경우, "어떤 식으로 목숨을 끊을 생각이신가요?"라고 질문할 수 있다. 가끔은 거친 표현이 상황의 현실감을 더 절실히 느낄 수 있게 해준다. 총을 사용하거나 목을 매는 것이 가장 치명적인 방법이라고 여겨진다. 진통제, 수면제나 일산화탄소 등의 음독이 다음으로 치명적이다. 자살 방식의 치명성은 회생 불가능한 시점에 이르기까지 얼마나 짧은 시간이 걸리느냐로 측정된다. 흔히 사용되는 또 다른 방법에는 폭탄, 칼, 독약, 익사 등이 있다.

b. **얼마나 구하기 쉬운가?** 총이나 약병이 가까이 있다면, 그만큼 위

험이 더 커진다. 자살 충동을 느끼는 사람에게 이용 가능한 약들이 어떤 종류가 있는지, 또 어디에 있는지 물어보라. 총을 사용할 계획이라면 "총이 있나요? 어디에 있죠? 총알은 있나요?" 하고 물어보라.

 c. 계획이 얼마나 구체적인가? 세부 사항까지 아주 잘 계산해두었을 경우, 위험성이 더 높아진다. "여기에 알약 100개가 있고, 이제 가스를 틀 거예요. 문틈과 창틈을 사방으로 막아두었으니 가스가 새어나가지 않을 거예요."라고 말할 경우, 자살이 진지하게 계획되었을 가능성이 매우 높다. 만약에 약이나 총, 또는 자동차 배기관에 연결할 호스를 사러 나가야 된다고 말한다면, 위험성이 낮아진다.

 당신이 대화하는 대상이 설령 정교한 계획을 세워둔 사람이라 해도, 그가 먼저 전화를 걸어왔다는 사실은 살고 싶은 마음이 아주 조금이라도 그에게 남아 있음을 보여주는 증거다. 전화한 사람이 이런 상황에 있고, 자신이 누군지 밝히지 않으려 할 경우, 그와 이야기를 계속해서 나누는 한편, 도움을 받기 위해 다른 누군가의 주의를 끌 방편을 찾아야 할 수도 있다. 그 사람이 경찰에 알려야 하고, 경찰은 전화 걸어온 사람을 추적할 수 있게 된다. 구체적이고 치명적인 자살 계획을 가지고 있는 사람의 경우, 틀림없이 당신의 내면에 경종을 울릴 것이다. 사태가 그 정도로 심각하다면, 혼자 힘으로 문제를 해결하려고 하지 마라. 그 사람을 돌볼 의무가 있는 가족 구성원이나 담당 의사, 혹은 전문 상담자가 개입하는 것이 필요하다.

- 스트레스

이것은 전화 건 사람의 관점에서 평가되어야 할 부분이다. 당신에게는 그 사람의 상황이 중대해 보이지 않을지 모르지만, 당사자에게는 그렇지 않다. 만일 그가 상실이나 좌절을 경험했을 경우, 혹은 그가 경험한 것이 성공이었을 경우에도, 스트레스나 긴장감이 있을 수 있다.

- 자살의 징후

이 사람의 삶 가운데 어떤 자살 징후들이 나타나는가? 우울증이 있는가? 알코올 중독은? 약물남용은?

- 공급원

이 사람 주변에 도움 받을 만한 수단들이 존재하는가? 가까이에 그나 친척들이 있는가? 사회나 직장에서 상담받는 것이 가능한가?

- 생활 방식

생활 방식은 어떠한가? 여러 번 직장을 옮겼거나 실직한 경험이 있든지, 사는 곳을 자주 옮겨 다녔든지, 혹은 음주, 충동적인 행동 등의 이유로 생활이 불안정할 경우, 자살의 위험이 더 높아진다.

- 타인과의 의사소통

그나 가족들을 포함한 다른 사람들로부터 단절된 상태에 있는가?

만일 그렇다면, 더 위험한 상태에 있다고 볼 수 있다. 남들과의 연락을 유지하고 있다면, 그들의 도움을 활용하는 것이 가능하다.

그를 돌이키게 할 계획을 세우라

그에게 도움을 제공할 계획을 수립하라. 전화로 도움을 요청해온 사람이 자신의 행동을 되돌리도록 돕기 위해서는 그가 자살 계획 중에 어떤 부분을 행동으로 옮겼는지 알아내는 것이 중요하다. 이미 가스를 틀고 창문을 막아 둔 상태라면, 당신과 이야기를 하는 지금 즉시 가스를 끄고 창문을 열도록 시키라. 전화를 끊은 다음에 하겠다고 약속하게 내버려둬서는 안 된다. 구체적인 지시 사항들을 말해주고 그가 그 말대로 하는 동안 전화를 끊지 말고 기다리라. 상대방에게 총이 있을 경우, 장전을 풀게 하라. 그런 다음, 총알을 전부 서랍 안에 넣고 총은 쉽게 손닿지 않는 곳에 보관하게 하라. 혹 알약을 가지고 있을 경우, 전부 변기에 넣고 물을 내리도록 요구하라. 계획을 뒤엎을 마음이 없어 보인다면, 관계가 형성되어 그가 당신을 신뢰하게 되거나, 혹은 누군가에게 신호를 보내 경찰이 갈 때까지 계속 이야기를 이어가라.

일단 이런 신뢰를 형성한 후에는 상대로부터 한 가지 약속을 받아내라. 그에게 다른 어떤 문제가 생기거나, 또 다시 자살하고 싶은 유혹을 받게 될 경우, 당신에게 전화하겠다는 약속을 해달라고 부탁하라. 전문 상담자들이 발견한 바에 따르면 이것은 꽤 효과적인 방법이다. 그 사람은 다른 의무들은 잊을지언정, 당신에게 한 이 약속만은 지키려할 것이다. 당신이 전화로 해준 격려의 말들이 그를 죽음에서 돌이킬수도 있다는 사실을 명심하라.

긍정적 자원들과 대안들을 결정하게 하라

그가 활용하거나 실천할 수 있는 긍정적인 자원들과 대안들을 결정하도록 도우라. 그가 당신에게 목숨을 위협하는 어떤 행동도 하지 않기로 동의했다면, 폭넓은 관점으로 문제를 바라봄으로써 위기 상황에 처해 그가 잠시 간과하고 있었을지 모르는 자원들을 더 많이 찾아낼수 있도록 도와주라. 어쩌면 그를 도울 수 있는 다른 사람들이 몇몇 더 있을지도 모른다.

서로 책임을 느끼도록 하라

자살 충동에 빠진 당사자를 직접 만나게 된다면, 자살하지 않겠다는 동의서에 서명하게 하는 것이 도움이 될 수 있다. 비록 한 장의 종이에 지나지 않을 뿐이지만, 스스로 서명을 했기 때문에 거기에 적힌 지침들을 따라야 한다는 책임감을 한층 더 느끼게 될지 모른다. 이런 유형의 상담에서는, 당신이 진심으로 관심이 있고 이 일에 헌신하고 있음을 상대방에게 전달하는 것이 중요하다. 하나님이 그 아들 예수 그리스도와 마찬가지로 그에게 관심을 가지고 계시다는 사실을 조심스럽게 덧붙여 말해주는 것 역시 중요하다. 어떤 경우에는 첫 번째 통화 도중에 이것을 말해야겠다는 느낌을 받을지 모른다. 다른 경우에는 만나서 얼굴을 마주하고서 말해주는 것이 최선일 수도 있다. 시기가 언제든 일단 나누기로 결정했을 시에는, 당신의 태도나 말투가 설교조의 느낌을 주지 않도록 주의하라. 하나님의 사랑에 관한 진리는 성령의 직접적인 인도하심을 따라 적절한 때에, 자연스럽고도 솔직하게 전달되어야 마땅하다.

당신의 뜻을 전달하라

지금까지 논의된 전화 상담에서는 다음의 세 요소가 필수적이다.

- 적극성

상대방이 지금 이 순간 자기를 위해 뭔가가 진행되고 있다고 느껴야 한다. 이런 확신이 생기면 그가 느끼는 긴장감이 줄어들 수 있다.

- 권위

상담자는 책임 있는 권위자의 역할을 자처해야 한다. 지금 당장은 전화 건 사람이 자기 삶을 책임질 능력이 없으므로, 다른 누군가의 개입이 필요하다.

- 다른 사람들의 관여

남들이 자기 일에 관여하고 있고 자기에게 관심을 가지고 있다는 것을 전화 건 사람이 깨닫게 되면, 애정과 관심을 느끼게 될 가능성이 커지고 반응을 보이게 될 확률도 더 높아질 것이다.

남은 가족들을 돕기 위하여

이것은 우리가 피하기 바라는 상황들이다. 사랑하는 사람을 자살로 잃은 가족 구성원들에게 무슨 말이나 행동을 할 수 있을까?

- 그들이 묻는 질문들을 주의 깊게 들어준 다음, 진실을 담아 대답해 주라. 당신이 해주는 대답들에 일관성이 유지되는 것과 함께, 다른 사람들이 같은 메시지를 전달하게끔 하는 것이 중요하다.

- 죽은 사람에 대해 이야기하는 것을 꺼리지 마라.

- 심지어 가장 나이 어린 자녀를 포함, 모든 자녀가 자살에 대한 소식을 들어야 한다(단 그들의 이해 수준에 맞추어).

- 자녀들로 하여금 그들 안에 있는 감정들과 의문들을 그들이 신뢰하는 사람들과 나누도록 격려하라. 자살과 관련된 사실들에 대해서 신중히 선별적으로 나누도록 가르치라.

- 어른들이 우는 모습을 보고 함께 울 수 있다면, 자녀들의 애도 과정이 더 수월해질 것이다. 우는 것이 슬픔을 풀어내기 위한 자연스러운 방식이며 얼마든지 용납이 가능함을 그들은 알 필요가 있다.

- 혹시 있을지 모르는 죄책감에 민감하게 주의를 기울이라. 자살이 남은 가족들의 잘못이 아니라는 확신을 주라.

- 여러 문제를 해결할 건설적인 방법들을 꼭 함께 논의하라. 설령 가족 중 한 명이 자살을 선택했을지언정, 그들에게는 다른 대안들이 존재한다.[60]

가족들이 반응을 보일 때

남아 있는 이들에게 미칠 영향에 대해 고려하라. 자살이 개개인에게 심한 충격이 될 수 있는 것과 마찬가지로, (형제, 자매, 부모, 삼촌, 숙모, 사촌 등을 포함한, 거미줄처럼 복잡하게 얽혀있는)한 집안 전체에 미칠 영향은 가히 엄청나다 할 수 있다. 어떤 가정들은 뒤이은 죄책감과 비난으로 붕괴를 경험하게 된다. 어떤 경우에는, 개별적으로, 또 가족 전체로서 함께 느끼는 슬픔과 혼란을 극복하려 애쓰는 가운데 서로 한 덩어리가 되어 힘이 되어주는 과정을 통해 가족이 더 단결되는 것을 경험하기도 한다. 또 다른 가정의 경우, 최대한 아무 일도 없었던 듯, 혹은 자살이 그저 사고로 인한 죽음이었던 듯 가장한 채 침묵으로 일관하기도 한다.[61]

홀로 남은 아내나 남편이 어떻게 반응하느냐는 결혼생활의 상태와 자살을 둘러싼 상황에 많이 좌우된다. 자살을 미리 막지 못한 것에 대해 남은 배우자가 죄책감을 느끼는 경우가 비일비재하다. 또한 그들은 거절당하고 버림받았다는 느낌을 받기도 한다. 설령 부부관계가 좋았다고 해도, 자살은 결혼생활에 대한 일종의 평가로 해석될 가능성이 있다. 배우자를 자살로 몰고 갈 정도로 같이 살기 끔찍한 상대였나 하는 눈초리로 남들이 자신을 바라볼까 두려운 나머지, 남은 배우자가 수치심을 느끼게 될 수도 있다.[62]

남겨진 부모들은 '자신이 무엇을 잘못 했나' 하는 의문에 빠지게 된다. 너무 엄격했을까? 충분히 엄격하지 못했던 건 아닐까? 관심이 지나쳤을까? 관심이 부족했던 것은 아닐까? 죽기 전에 이미 성인이 된지 한참 지난 자녀의 부모도 '내가 나쁜 부모였나?'라는 의문을 가진다.[63]

그 시기에 그들에게 가장 필요한 것

자살한 사람의 가족과 그들을 돕기 위해 당신이 할 수 있는 또 남들에게 하도록 권할 수 있는 일은 무엇일까? 그들에게 친척들과 그들의 지지와 사랑과 관심이 그 어떤 다른 시기보다 더 필요한 시기가 바로 이때다. 어쩌면 당신이 해줄 수 있는 가장 큰 봉사가 남은 사람들과 함께 있어주는 것일지 모른다. 여기에는 멀고 가까운 친척들을 비롯하여 그들과 동료들이 해당된다. 헤럴드 이반 스미스가 한 다음의 말은 이 시기에 그들의 삶이 어떠한지 잘 묘사해주고 있다.

자살로 가까운 사람을 잃은 사람들은 수없이 되뇌곤 했던 질문들을(한 마디로 "어째서"로 요약될 수 있는 질문들) 엮어 자신들의 인생 이야기라는 옷감을 완성한다. 남겨진 사람을 이해한다는 것은 자세한 내용까지는 아니더라도, 그들의 인생을 바꾼 자살에 대해 이해하는 것이라 할 수 있다. 유족들 중 일부는 인생을 두 부분, 죽음의 그림자가 덮치기 이전과 그 이후로 나눈다. 그만큼 자살은 그들의 본질을 가름하는 결정적 순간이다. 어떤 유족들의 경우, 그들의 눈물과 어째서란 질문들을 베갯잇, 일기, 채팅방, 술잔, 주사기, 약물, 일, 섹스, 분주함, 종교 활동 등에 기대어 풀어냄으로써, "내가 ~만 했더라면······. 내가 ~했어야 되는 건데······." 등, 그들의 낮을 위협하는 끊임없는 죄책감과, 밤을 공포로 물들이는 정죄감에서 벗어나려 한다. "어째서? 어째서!"라고 의아해 하다가, 또 그들의 인생 이야기를 180도 뒤바꾼 사건을 막아주었을 방법이 뭔가 더 없었을까, 해줄 수 있었던 말이나 행동이 더 없었을까 질문하다가 지쳐 녹초가 된 채, 죽음을 맞게 될 것이다. 자살은 마치 쓰나미와도 같이, 감정의 해안선을 영구적으로 바꾸어 놓는다.

자살은 우리가 남들에게 우리 자신들에 대해 들려주는 이야기들과 우리 자신들에게 들려주는 이야기들을 변화시킨다. 슬픔은 늘 곁에 머무르는 친구다. 도대체 어떤 남편 혹은 아내, 엄마 혹은 아빠, 형(오빠) 혹은 누나(언니)였기에, 사랑하는 사람이 스스로 목숨을 끊는 지경에 이른 것인지 의아해 하는 사람들도 더러 있다.

우정에서 믿음까지, 자살은 모든 것을 바꾸어 놓는다. 유족들은 완전히 뒤바뀐 관계의 지형들을 넘어가야 하며, 이 죽음의 영향에서 면제된 관계는 하나도 없다. "넘어오지 마시오." 하고 경고하는 눈짓들이 대화 중간 중간에 끼어들 수 있다. 몇몇 유족들의 경우, 그들이 무엇을 믿는지, 혹은 무엇을 믿을 수 있는지 더 이상 확신하지 못한다. 하나님? 천국? 은혜? 기도? 지옥? 천사들? 다리와 고층 건물들이 지진이 일어난 직후에 피해 여부가 점검돼야 하는 것과 마찬가지로, 지금까지 영적인 위로를 주었던 친숙한 대상들이 사건의 영향으로 동요를 경험하게 된다.

무엇보다도 예상치 못한 변화를 겪게 되는 것은 우리와 죽은 사람 사이의 유대다. 도저히 믿을 수 없다는 말을 하는 스스로를 보며 놀라움을 금치 못할지 모른다.

"그가 이런 일을 하리라곤 한 번도 생각해본 적이 없었어요……."

"우리 가정에…… 저에게…… 우리에게…… 이런 일이 생기리라곤 절대 상상도 못했어요."

"제가 할 수 있었던 일이나 말이나 역할, 혹은 줄 수 있었던 것 등이 분명 더 있었을 거예요."[641]

당신이 유족이라면 어떻게 느낄 것 같은가? 유족들은 완전히 고립된 느낌을 갖기도 한다. 그들에게 필요한 것은 친절함과 관심이다. 시간과 더불어, 그들의 이해와 관심, 거기에 지원 그룹까지 더한다면, 유족들이 느끼는 슬픔이 줄어들게 될 것이다. 자살이 불편한 화제라는 점과, 많은 사람이 자살 이외의 이유로 가까운 이를 잃은 사람들보다 자살로 잃은 이들을 더 빨리 잊는 경향이 있다는 점을 명심하라.

교회와 교회 구성원들의 역할은 무엇인가?

교회는 유족들을 위해, 그들이 다시 싸움터로 돌아가도록 그들의 회복을 돕는 영적인 이동 병원의 기능을 해야 한다. 하지만 자살로부터 2년이 지나기 전에, 적어도 80퍼센트의 유족들이 그들이 다니던 교회를 떠나 다른 교회로 가거나, 아예 교회를 다니지 않게 된다. 이렇게 되는 이유 중 가장 일반적인 것 두 가지를 들면, 첫째, 기대가 충족되지 않은 데서 오는 실망감과 둘째, 비판이나 판단하는 태도와 대우 등이다.[65]

교회 성도들 역시 자살로 가까운 이를 잃은 사람들이다. 그들 역시 도움을 필요로 하므로, 상실, 슬픔, 자살, 그리고 자살한 사람과 가까웠던 사람들에게 어떻게 반응해야 할지에 대해 이제 언급되어야 한다. 이 문제를 고려해보라. 만일 그들 중 한 명이 스스로 목숨을 끊었다면 어떻게 해야 도움이 될 수 있을까? 이런 일은 발생한다. 아래에 제안된 방법들은 장례식을 비롯해서, 자살 직후의 시간들, 그리고 그 이후에 필요한 만큼의 시간들 등에 전부 적용될 수 있다.

- 장례식장에 갈 수 있도록 최대한 노력하고, 남들에게도 그렇게 하도록 권하라. 유족들은 주체 못할 충격, 현실을 부정하고픈 욕구, 당혹

감에 쩔쩔매고 있다. 어떤 식으로든 도움이 절실한 상황이다. 죽음의 이유 때문에 관이 닫혀 있는 경우가 종종 있다.

• 장례식장에 가서는 여느 다른 장례식장에서 밤을 지새울 때와 다름없이 행동하라. 고인을 떠나보낸 가족, 친지들을 진심으로 위로해주고 싶지만 뭐라 말할지 몰라서 쉽지만은 않을 것이다. 이런 식의 몇 마디면 족하다. "지금 정말 힘든 시간이시겠군요.", "삼가 조의를 표합니다. 더불어 깊은 위로의 말씀을 드립니다.", "어려우신 중에 제가 더 힘이 돼 드릴 수 있다면 좋겠습니다." 등이다. 그들에게 다가가서 손잡아주고 안아주라. 무슨 말이든 해야 한다는 부담감은 갖지 않아도 된다. 중요한 것은 당신이 곁에 있는 것이다.

• 유족들이 보통 사람보다 편집증적인 성향을 더 많이 보이게 된다는 점을 기억하라. 왜 그럴까? 죄책감과 수치심이 그 이유다. 죄책감이 주체할 수 없을 정도로 심하고, 사람들이 장례식에 참석하지 않거나 카드를 보내지 않는다면 죄책감이 더 심해진다. 유족들의 마음속에는 온갖 생각이 끊임없이 스쳐지나간다. 다가올 몇 주, 몇 달의 기간 동안 쪽지를 써주거나, 전화를 걸어주고, 방문하는 것은 필수다.

• "사고였을 뿐이에요. 끔찍한 사고 말이에요."라는 말로 유족들을 위로하지 마라. 수긍이 잘 되지 않을 테니까. 이런 말은 오히려 말하는

사람의 불안을 드러내는 표현에 더 가깝다.

- "마약(또는 술)에 취한 상태였잖아요. 자기가 무슨 행동을 하는지도 몰랐을 거예요."라 말하지 마라. 그때 우리는 거기 있지도 않았는데, 도대체 무슨 수로 알겠는가? 자살한 이유들을 대는 것은 도움이 되지 않을뿐더러, 필요하지도 않다. 이런 말들을 듣게 될 때 무슨 말로 어떻게 반응해야 될지에 대해 유족들과 더불어 이야기하라.

- 이런 상실의 경우, 그로 인해 겪게 되는 슬픔이 너무나 고통스러워 자살이 일어났다는 사실을 부정하는 것이 차라리 더 쉬울 수 있다는 점을 기억하라. 이럴 때는 참을성을 가지고 이해해주는 것이 필요하다. 때로 현실 부정은 부정할 수 없을 정도로 그 현실이 확실히 자리 잡기 전까지 고통에서 벗어날 여지를 제공해준다.

- 자살한 이가 제정신이 아니었다거나 정신 이상이었다는 말을 하지 마라. 자살하는 사람들 대다수가 정신적 혼란이나 고통을 겪는 사람들이다. 설령 정신 이상의 문제가 얽혀있다 하더라도, 그것은 나중에 누군가 다른 사람이 결정해야 할 문제다. 그 사람이 정신 이상이었다고 유족들에게 말할 경우, 정신병을 물려받을지 모른다는 걱정을 일으킬 수 있다. 자살은 유전되는 게 아니다.

• 남은 가족들과 가까운 친구들은 예민해질 권리가 충분히 있다. 안타까운 일이지만, 유족들을 일부러 피하는 사람들도 일부 있을 것이다. 길을 건너가 버리거나, 그들을 못 본 척하는 일들이 있을 수 있다. 그러다보면 유족들이 더 심한 슬픔과 죄책감에 빠져드는 일이 생기게 된다. 그런 행동들은 악의에서가 아니라, 무슨 말을 해야 될지 모르는 혼란스러움 때문에 비롯된다. 최선의 노력을 다해 유족들 곁에서 친구가 되어주고 지속적으로 손을 내밀어주는 것이 중요하다.

• 악의적이고 잔인한 말들이 이따금 들릴 수 있다는 사실을 받아들이라. 심지어 교회에서조차 말이다. 그런 말들은 유족들의 가슴에 깊은 상처를 남긴다. 그런 말들을 듣게 된다면, 그 문제에 맞서되, 그런 말을 내뱉은 장본인들로 하여금 애도하는 가족들에게 그들이 얼마나 큰 상처를 입히는지 깨달을 수 있도록 도와주라.

• 가족들과 이야기를 나눌 때, 자살의 징후들에 대해 거론하는 것을 피하라. 자살은 이미 일어난 사실이므로 그런 말들은 전혀 도움이 되지 않는다. "우울증이라는 것을 보여주는 징후들이 분명 있었을 텐데요."라 말하는 것은 그들이 이미 느끼는 죄책감에다 더 큰 죄책감을 얹어주는 일일 따름이다.

• 매년 돌아오는 기일은 매우 고통스런 시간이다. 친척들과 친구들

은 최선을 다해 곁에 있어주고, 들어주고, 전화하고, 방문하고, 쪽지를 보내고, 그 이외에도 다른 사려 깊은 행동들을 통해 남은 가족들을 도와야 한다.

우울증, 자살 충동, 그리고 지인의 자살에 의해 타격을 입은 사람들의 필요에 민감하게 반응하라. 대부분의 경우, 자살 충동을 느끼는 사람들은 자신들이 자살을 생각하고 있다는 사실을 밖으로 드러낸다. 그러므로 거기에 대응할 준비가 되어 있으라. 고통받는 사람에게 줄 수 있는 가장 큰 도움은 바로 당신 자신이다. 당신의 애정과 관심, 귀를 기울여 들어주는 것, 그리고 당신을 통해 나타나는 예수 그리스도의 사랑, 그것이다.

☑ 11. 글로 표현하는 위로

한마디 말보다 하나의 문장으로

아픔을 겪는 사람에게 말보다 더 도움이 되는 것이 있다면, 그것은 글이다. 우리 아들이 죽은 이후에 우리는 위로를 표하는 많은 글들을 받았다. 그리고 이런 글들은 10년, 11년이 지난 후까지 이어졌는데, 얼마나 많은 도움이 되었는지 모른다. 위로의 글들을 지속적으로 받을 수 있었던 것은 우리에게 큰 행운이었다. 대부분이 그렇지 못하다.

아픔을 당한 사람들 대부분은 위기 혹은 트라우마를 겪은 직후, 카드나 편지 등을 많이 받게 된다. 그런데 그 시기에는 그들이 당하는 고통이 너무도 커서 위로의 말들이 나중만큼 마음에 새겨지지 않는다. 적어도 2년간은 달력에 표시해 두고 서너 달에 한 번씩 슬픔을 겪은 이들에게 카드를 보내주는 것이 좋다. 이렇게 할 때 "당신이 당한 상실을 잊지 않고 기억하고 있다."는 엄청난 메시지가 전달된다. 또한 편지나 카드가 꼭 사별에 국한될 필요는 없다. 어떤 상실에든 가능하다.

　카드를 보낼 때 가장 중요한 것은 아마도 직접 손으로 쓰는 부분인 것 같다. 인쇄한 카드는 손으로 직접 쓴 것과 똑같은 효과를 주지 못한다. 손으로 쓴 카드들이 큰 힘이 되었다는 이야기들을 많이 듣는다. 이런 방식이 문자나 이메일보다 훨씬 더 낫다. 직접 써서 줄 경우, 당신이 아픔을 겪는 이에 대해 얼마나 많이 마음을 쓰는지가 전달된다. 문자메시지, 스마트폰, 인터넷 카드 등이 사용되는 마당에, 직접 손으로 편지 쓰는 것이 더 이상 효과가 없을 것 같은 생각이 들지 모른다. 혹은 글씨를 좀처럼 안 쓰다 보니 글씨가 알아보기 힘들 지경이라, 그가 문자 메시지를 이해하는 게 더 쉬울 것 같다는 생각이 들지도 모른다. 그러나 오늘날에도 손 편지는 특별한 메시지를 전달한다. 상점에서 구입한 카드를 사용할 경우, 손으로 쓴 몇 마디 내용을 꼭 첨부하라.

　아픔을 당한 그에게 편지나 카드를 쓰는 것은 쉬운 일이 아니다. 사실, 많은 사람에게 있어 가장 쓰기 힘든 편지가 애도를 표하는 편지다. 그가 당하는 상실의 고통과 슬픔을 꿰뚫고 그의 마음과 생각에 애정과 지지를 전달할 단순한 몇 마디의 말을 어떻게 하면 표현해낼 수 있을까? 때때로 글로 표현된 말이 입으로 전해진 말보다 더 깊숙이 파고든다. 애도의 편지를 받은 사람들이 그것을 보관해두고 몇 년이 지나도록 두고두고 꺼내보는 경우들이 많다.

　'편지에다 뭐라 써야 할지 모르겠어.' 라는 생각이 들지 모른다. 대부분 다 모른다. 이것은 하나의 씨름이고, 신경 쓰이는 일이다. 피상적이거나 과장된 것처럼 보이고 싶지도 않고, 마음이 담겨 있지 않은 듯한 인상을 주고 싶지도 않다. 그래서 우리는 그런 식으로 마음을 전하기에는 너무 늦었다는 생각이 들 때까지 카드 쓰는 것을 미루게 된다. 하지만 당신의 마음속에 있는 애정과 연민의 감정에 귀를 기울이다 보면, 글을 쓰는 게 그렇게 어려운 일만은 아니라는 것을 깨닫게 될 것이다. 당신이 해야 할 일은 당신이 느끼는 감정을 글로 옮기는 것이다. 단순하고 직설적이어도 괜찮다. 그가 당한 상실을 인정해주고 그가 느끼는 고통을 당신도 어느 정드는 함께 느끼고 있음을 보여주면 된다.

"제가 느끼는 감정을 말로 표현하는 방법을 모르겠어요."라고 한다면, 그것도 괜찮다. 우리 중에 그 방법을 아는 사람은 거의 없다. 연습하다보면 조금씩 쉬워진다. 달이 막혔을 때 쉽게 영감을 얻을 수 있는 방법은 상점에 가서 위로 카드 몇 개를 살펴보는 것이다. 그런 다음에 그 카드들에 적혀 있던 말들을 당신 자신의 말로 옮겨 적기만 하라. 다른 누군가의 말이 당신 자신의 생각을 자극하는 도구가 될 수 있다.

위로의 편지를 쓰려면

필요하다면 아래의 내용들이 위로의 편지가 어떻게 구성돼야 할지에 대한 힌트가 될 것이다. 어떤 부분이든 당신 자신의 개성과 편지를 받는 사람, 또한 상황에 알맞게 고쳐 사용하면 되겠다. 다음의 지침들은 죽음, 이혼, 이별 등 어떤 종류의 상실에도 적용될 수 있다.

위로 편지의 첫 번째 구성요소는 상대가 당한 상실을 알고 있음을 알려주는 것이다. 빙빙 돌려 말하거나 모호하게 말할 필요는 없으나, 요령껏 적절하게 말해야 한다. 그 자신이 아닌 다른 사람을 통해 들었을 경우, 그가 당한 상실을 어떻게 알게 되었는지 말해주라. 상실한 대상이 사람이라면, 그 사람의 이름을 언급하라. 처음 소식을 접했을 때 당신이 어떤 반응을 했는지 나누어도 좋다. 소식을 듣고 충격을 받았다, 어안이 벙벙해졌다, 또는 깜짝 놀랐다고 말해주고 그가 보였을 반응도 인정해주라.

사랑하는 사만다,

오늘 존이 전화로 지난주에 아버님이 돌아가셨다는 소식을 전해 주었을 때 정말 놀랐어요. 너무 갑작스런 일이라, 당신도 큰 충격이었겠군요.

그다음으로 당신이 관심을 가지고 있으며, 그의 상실감을 어떤 식으로든 함께 느끼고 있음을 알게 하라. 죽은 (또는 떠난) 사람이 아는 사람일 경우, 당신의 슬픔을 나누라. 이로써 그가 혼자가 아님을 알려 주게 된다. 그리고 실제적이고 적절한 단어를 사용하라. 죽음으로 인한 상실일 경우, 죽음이란 단어를 사용하라. 혹 배신이나 자살이라면, 그 단어들을 사용하라. 재치 있게 말하거나 돌려 말하려고 애쓰지 마라.

아버님의 때 아닌 죽음과 마주하여 당신을 향한 저의 애정과 관심을 전할 말을 찾기가 힘들군요. 이 순간 그가 당신의 삶에 남기고 간 빈자리를 채우는데 제가 조금이라도 도움이 될 수 있다면 얼마나 좋을까요? 아버님을 뵙고 돌아와 늘 제게 들려주셨던 여러 가지 이야기와 더불어, 그분이 저도 참 그리울 거예요.

고인이 지녔던 특별한 특성을 적는 것이 도움이 된다. 그를 개인적으로 알았든, 아니면 친구를 통해 이야기만 들었든 할 수 있는 일이다. 성격, 남들과 관계 맺어온 방식, 좋아하던 취미 등, 당신이 느끼기에 긍정적인 자질이 있다면 그것을 인정하고 표현하라. 이는 그가 상실한 대상이 주변에 보탬이 되고 인정받는 존재였음을 기억하게 한다.

당신과 당신 아버님과 함께 보냈던 시간들이 기억이 납니다. 아버님은 참 자애로우신 분으로, 그때 제가 하고 있던 일에도 관심을 보여주셨죠. 한 가족처럼 저를 대해주셨어요. 게다가 남자치고는 이야기도 참 잘 나누셨지요! 예전에 당신과 그 부분을 두고 같이 농담한 적도 있었죠.

가능하다면, 고인과 관련된 특별한 추억을 나누는 것이 도움이 된다. 충격과 슬픔으로 인해 상세한 기억을 되살릴 수 있는 능력이 일시적으로 손상을 입었을 가능성이 있으므로, 이렇게 해주는 것이 그에게 도움이 될 수 있다. 추억을 나눌 때는 그 추억이 어째서 특별한지 언급하라. 진지한 내용이든 재밌는 내용이든 다 괜찮다.

바비큐 파티에 당신이 저를 초대해줬던 기억이 나네요. 그때 아버님께서 최상급 스테이크를 굽고 계셨지요. 그런데 그 스테이크 기억나세요? 아버님께서 잠깐 한눈 파신 사이에 완전히 새까맣게 타버리고 말았지요. 그 순간 아버님께서 보여주신 유머 감각과, 기분 상해하시기는커녕 웃으시며 기꺼이 다시 고기를 사오시던 모습이 참 인상적이었어요.

추억과 더불어, 그가 지닌 특별한 자질들을 언급해도 좋을 것이다. 지금은 그가 스스로를 주체할 수 없고 아무것도 제대로 할 수 없어 자신의 능력을 의심할 수밖에 없는 시기다. "도대체 어떻게 해야 이 상황을 극복할 수 있는 거죠?", "어떻게 하면 제가 이겨낼 수 있을까요?" 등은 그때에 흔히 듣게 되는 표현들이다. 안심시켜 주고, 격려해주고, 확신을 주는 당신의 몇 마디 말이 그에게 필요하다. 어떤 의미에서는, 그 자신의 믿음과 희망과 확신이 슬픔에 의해 잠시 가로막혀 있는 동안, 당신이 가진 믿음과 희망과 확신을 빌려주는 것이라 할 수 있다. 그의 인생의 이 특정한 시기에 그가 볼 수 없는 것을 당신은 볼 수 있다. 예전에 당한 어려움들을 해결하는데 도움이 되었던 자질들 중에 지금의 상황에 적용될 만한 것들을 끄집어내어 언급하라. 또한 고인이 생전에 그에 대해 언급했던 말이나 칭찬들 가운데 기억나는 것들이 있다면, 지금이야말로 그가 그런 말들을 들어야 할 때다.

이 시간이 당신에게 힘든 여정이 될 거예요. 하지만 예전에 힘든 일을 겪는 동안 당신이 보여준 강인함과 결단력을 저는 알고 있어요. 저는 아버님이 하신 말씀을 기억하고 있어요. 아버님은 당신이 단순히 어려운 상황을 이겨내는 사람일 뿐 아니라, 당신 자신의 성장과 더불어, 남들을 축복하기 위한 통로로 그 힘든 시간들을 사용하는 사람이라고 말씀하셨어요. 머지않아 그런 일이 다시 일어나게 될 거예요.

편지의 일부는 당신이 할 수 있는 선에서 그에게 도움을 제의하는 것이 되어도 좋겠다. 무엇을 제의하든 간에, 당신이 틀림없이 해낼 수 있는 것이 되게 하라. "제가 도움이 될 수 있는 일이 있으면 말씀해 주세요."라 말하지 마라. 도움을 청하는 것은 고사하고, 구체적인 생각을 하는 것조차 그에게는 힘들다. 당신이 스스로 나서서, 그를 위해 해줄 수 있는 구체적인 일들을 두세 가지 제안하라. 가령, 쇼핑이나 심부름 해주기, 잔디 깎기, 청소, 필요한 전화를 걸어주는 일 등.

최선으로 당신에게 도움을 드리고 싶어요. 제게 몇 가지 아이디어가 있는데요, 당신도 시간을 두고 생각해보실 수 있도록, 토요일에 다시 전화할게요. 제가 어떤 도움을 드리면 좋을지 그때 이야기하도록 해요.[66]

편지를 마무리할 때는 사려 깊은 말이나 표현을 사용하라. 다시 한 번 당신이 느끼는 감정들을 표현해도 좋다.

당신과 당신의 가족들에게 사랑과 존경을 담아 전합니다.

저희의 사랑은 언제나 당신과 함께 합니다.

늘 당신을 생각하고 기도합니다.

당신을 향한 사랑과 우정을 아시지요?

당신의 슬픔에 마음을 같이 하며 저희의 사랑을 담아 보냅니다.

당신을 향한 저희의 간절한 사랑의 마음과 함께 했던 아름다운 추억들을 전해 드립니다.

지금 이 순간 제 생각 속에서 떠나지 않는 당신께, 저의 간절한 마음을 담아 보냅니다.

저희의 마음을 모아 진심 어린 사랑을 보내 드립니다.[67]

당신이 겪은 슬픔의 경험을 나누어보는 것은 어떨까? 비슷한 상실의 경험이 있을 때 가능한 일이나, 서로 비교해서는 안 된다. 우리가 사용할 수 있는 표현 중 상대를 가장 화나게 하는 최악의 말은 "당신의 마음이 어떤지 충분히 알아요."라는 말이다. 아니, 우리 중 아무도 알지 못한다. 슬픔과 상실은 그만큼 철저히 개인적인 감정이기 때문이다. 그럼에도 당신이 경험한 고통의 깊이라든지 어떻게 해서 견뎌냈는지 등을 나누는 것은 좋은 일이다.

몇 년 전 아버지가 돌아가셨을 때 몹시 감당하기 힘겨웠던 기억이 떠오르네요. 그런 슬픔을 당신이 겪는다고 생각하니 참으로 안타깝습니다.

앞으로 두고두고 보내게 될 카드들은 길 필요가 없다. 사실, 짧게 요점만 전달하는 것으로 충분하다.

안녕하세요, 제임스! 기도하다가 당신 생각이 났어요. 오늘은 기분이 어떠신가요? 밥도 드시고 잠도 잘 주무셨기를 바랍니다. 이번주 중에 한 번 전화 드릴 테니, 아침이나 같이 해요. 당신을 생각하며, 노먼.

하나님의 말씀을 나누라

무슨 말을 해줘야 할지 고민될 때, 다음과 같은 성경 구절들을 나누어 보면 의미 있고 유익할 것이다. 하지만 기억해야 할 것은, 성경 말씀만 가지고는 그의 마음에 깊이 다다르기가 쉽지 않을 수 있다는 점이다. 당신이 직접 곁에 있어주는 것과 당신의 언어로 표현된 생각들 또한 그에게는 필요하다.

> 영원하신 하나님이 너의 피난처이시며 그의 영원하신 팔이 너를 붙드신다(신 33:27, 현대인의성경).
> 네가 깊은 물을 지나갈 때 내가 너와 함께 할 것이니 강을 건널 때에 물이 너를 침몰시키지 못할 것이다 네가 불 가운데로 지날 때에도 타지 않을 것이며 불꽃이 너를 소멸하지 못할 것이다 나는 너의 하나님 여호와이며 너 이스라엘을 구원하는 거룩한 자이다 …… 너는 두려워하지 말

라 내가 너와 함께 한다(사 43:2-3, 5, 현대인의성경).

[예수님이 이르시되] 너희는 마음에 근심하지 말라 하나님을 믿으니 또 나를 믿으라(요 14:1).

내가 확신하노니 사망이나 생명이나 천사들이나 권세자들이나 현재 일이나 장래 일이나 능력이나 높음이나 깊음이나 다른 어떤 피조물이라도 우리를 우리 주 그리스도 예수 안에 있는 하나님의 사랑에서 끊을 수 없으리라(롬 8:38-39).

내가 사망의 음침한 골짜기로 다닐지라도 해를 두려워하지 않을 것은 주께서 나와 함께 하심이라 주의 지팡이와 막대기가 나를 안위하시나이다(시 23:4).

하나님은 우리의 피난처시요 힘이시니 환난 중에 만날 큰 도움이시라(시 46:1).

[여호와께서] 상심한 자들을 고치시며(시 147:3).

그가 친히 말씀하시기를 내가 결코 너희를 버리지 아니하고 너희를 떠나지 아니하리라 하셨느니라(히 13:5).

내 육체와 마음은 쇠약하나 하나님은 내 마음의 반석이시요 영원한 분깃이시라(시 73:26).

이 두 가지는 결코 변하지 못한다. 곧 하나님은 약속하신 것을 변개하지 않으신다는 사실, 그리고 하나님은 맹세하신 것을 변개하지 않으신다는 사실이다. 이것은 피난처를 찾아 하나님께 나아온 우리에게 격려가 된다. 또한 우리에게 주신 소망을 붙들 수 있는 힘을 준다. 우리는 확실하고 견고하여 영혼의 닻과 같은 이 소망을 가진 자들이다(히 6:18-19, NCV성경 역자 번역).

두려워하지 말라 내가 너와 함께 함이라 놀라지 말라 나는 네 하나님이

됨이라 내가 너를 굳세게 하리라 참으로 너를 도와 주리라 참으로 나의 의로운 오른손으로 너를 붙들리라(사 41:10).

너는 마음을 다하여 여호와를 신뢰하고 네 명철을 의지하지 말라 너는 범사에 그를 인정하라 그리하면 네 길을 지도하시리라(잠 3:5-6).

내가 기도할 때 주는 응답하시고 나에게 힘을 주셔서 나를 담대하게 하셨습니다(시편 138:3, 현대인의성경).

너희는 강하고 담대하라 두려워하지 말라 …… 이는 네 하나님 여호와 그가 너와 함께 가시며 결코 너를 떠나지 아니하시며 버리지 아니하실 것임이라(신 31:6).

도움이 될 인용구

구체적인 사람을 염두에 두고 신중하게 선별한 인용구를 개인적인 카드에 포함시키기 위해서는 약간의 생각할 시간만 더 필요할 뿐이지만, 슬픔에 짓눌린 그의 마음을 치유하는 효과는 노력할 가치가 충분하고도 남는다. 위로가 되는 짧은 인용구들을 제공하는 곳은 많다. 약점을 강점으로 바꿔줄 지혜의 말들로 가득한 작은 책으로는 로버트 오즈먼트가 쓴 『슬픔이 깃들 때(When Sorrow Cornes)』가 있다. 절망에 빠진 이들과 더불어 오랫동안 함께 해온 그 책의 한 구절이다.

당신의 눈물을 말끔히 없애줄 마법의 한 마디가 있다면 얼마나 좋을까요? 저는 비록 그런 마법의 주문은 모르지만, 당신을 치유하실 수 있는 하나님은 알고 있습니다. 그래서 그분을 당신께 추천합니다. 기억하십시오. 사망의 문은 그저 아버지의 집으로 인도하는 문일 뿐임을. 자녀들을 반갑게 맞아주시기 위해 그분이 거기서 기다리고 계실 것입니다."[68]

1940년대 후반, 스코틀랜드 출신의 전설적인 미국 상원의회 담당목사였던 피터 마셜은 46세에 짧은 생을 마감했다. 믿기 어렵겠지만, 그는 자신의 추도사라 해도 좋을 만한 말을 한 것으로 알려져 있다. 이것은 어리거나 젊은 사람의 사망을 애도하기에 적절한 말일 수 있다.

"인생을 가늠하는 기준은 얼마나 오래 살았느냐가 아니라, 어떤 기여를 했느냐다."

카드에 써 넣는 인용구들이 꼭 유명 인사들이 한 말일 필요는 없다. 중요한 것은 그 인용구가 사랑하는 이의 죽음으로 인한 마음의 아픔을 달래는 데 도움이 되는 것이냐에 달려 있다. 남편과 사별한 어떤 노부인은 마찬가지로 남편을 먼저 떠나보낸 다른 부인의 집 나무로 된 장식에 적혀 있던 글을 베껴 썼다는 설명과 함께 오래된 시 한 수를 나누어주었다. 이들은 이 시가 슬픔에 잠겨있던 자신들에게 의미가 되었던 것처럼, 배우자와 갓 사별한 이에게 위로가 되길 바라는 마음으로 늘 이 시를 전해주고 있다.

진흙으로 지어진 집에
불이 꺼졌다.
살던 사람이 가버리고
커튼이 쳐져 있다.
한밤중 문지방 너머로
그는 소리도 없이 살며시 나갔다.
빛의 도성에서
보금자리를 마련하기 위하여.

헬렌 스타이너 라이스는 슬픔에 빠진 이들이 느끼는 감정들을 표현하는데 특별한 재능이 있었다. 그녀의 시집들은 웬만한 도서관에 가면 다 찾아볼 수 있다. 시나 인용구, 또는 성경 말씀을 적어 넣는 게 좋을 때가 있는가 하면, 편지나 카드에 기도문을 활용하는 게 적절할 때가 있다. 다음은 그에 대한 몇 가지 예다.

오 하나님, 살아 있는 기쁨이 사라지고, 삶이 길고 긴 피곤함으로 변해갈 때, 꺼져가는 불빛을 되살려주시고, 저를 결코 놓지 않으실 그 사랑의 빛을 다시금 밝혀 주옵소서.[69]

주님, 때때로 이 세상에서의 삶이 감당하기 버겁게 느껴질 때, 눈물과 죽음과 슬픔과 고통을 뛰어넘어 승리를 주시겠다는 당신의 놀라운 약속을 붙들 수 있도록 도와주소서. 모든 것을 새롭게 하시고, 당신의 나라로 저를 인도하여 주실 주님께 감사를 올려드립니다.[70]

아버지, 제 마음이 공허합니다. 당신을 향해서조차 원망스런 마음이 듭니다. 떠나보낸 그 사람으로 인해 슬프고, 내 안에 누군가를 사랑할 수 있는 마음이 죽어버린 것 같아 더욱 더 슬픕니다. 옛적에 죽은 자도 다시 살리신 당신께서, 제 안에 꺼져버린 사랑의 능력, 친밀함의 능력, 이 세상과 제가 아는 이들을 돌아볼 수 있는 능력을 되살려주시옵소서. 제 안의 이 깊은 상처를 치유해 주실 것임을 믿음으로 간구합니다.[71]

편지의 예시

당신이 직접 편지를 작성하는데 다음의 샘플 편지들이 도움이 되면 좋겠다. 첫 번째 것은 영화 《라이언 일병 구하기》에서 언급된 편지다.

친애하는 부인께,
저는 메사추세츠 군의 장군으로부터 부인께서 전장에서 장렬히 전사한 다섯 형제의 어머니라는 사실을 보고 받았습니다. 아들을 잃은 부인의 참담한 슬픔을 달래기에는 그 어떤 말도 역부족이며 헛될 뿐임을 압니다. 그럼에도 불구하고 아드님들이 목숨을 바치면서까지 구하고자 했던 국가 전체의 깊은 감사의 마음을 담아 깊은 위로를 표하지 않을 수 없습

니다. 저는 하늘 아버지께 기도합니다. 아드님들을 잃은 당신의 고통을
위로해주시길, 이제는 고인이 된 그들에 대한 소중한 기억들만이 마음
속에 간직되게 하시길, 그리고 자유의 제단 위에 이토록 값비싼 희생을
바쳤다는 자긍심이 언제나 당신의 마음에 살아있게 해주시길.
존경과 진심을 담아 보냅니다.
– 아브라함 링컨

성인이 성인에게 보내는 편지

사랑하는 웬디, 그리고 스펜서,
예상하지 못했던 것이 아님에도 어머니가 돌아가셨다는 소식에 충격을
금할 수가 없었어요. 깊은 조의를 표함과 더불어, 고통 속에 오래 지내야
했던 사랑하는 그녀가 마침내 그 고통에서 놓여났다는 안도의 마음도
조심스럽게 느껴집니다. 두 분과 사랑하는 가족들에게 그녀를 잃은 것
이 어떤 의미일지 다만 상상만 할 뿐입니다.
어머니의 힘겨웠던 마지막 시간을 최대한 편안하게 해드리고자 단순히
자식된 도리를 넘어, 한 사람 한 사람이 할 수 있는 최선을 다했다는 사
실에서 위안을 받으시면 좋겠습니다. 그녀는 가족들을 사랑했고 그들이
자신을 사랑한다는 것도 알고 있었습니다.
그녀가 아내, 엄마, 친구, 동료로서 얼마나 특별한 사람이었는지 도로시
의 친구들은 잘 알고 있습니다. 그녀는 우리 모두에게 지울 수 없는 자취

를 남겨주었습니다. 우리에게 본보기와 도전이 되는 삶을 살아온 훌륭한 친구를 잃었다는 것을 우리는 절감하고 있습니다. 하나님께서 두 분을 위로하시고 고통을 덜어주시길 기도합니다.[72]

성인이 어린아이에게 보내는 편지

사랑하는 지미,

아빠가 끔찍한 사고를 당하고 나서 몇 시간 만에 돌아가셨다는 소식을 오늘 듣게 되었단다. 지금 마음이 너무나 끔찍하고 세상이 온통 뒤집히는 듯한 기분이겠구나. 너무도 훌륭한 분을 잃어서 우리 모두가 슬퍼하고 있단다. 아빠는 우리에게도 너무나 소중한 분이셨어. 앞으로 다가올 몇 주, 몇 달 간 삶이 많이 달라질 거야. 때로는 슬픔으로 인해 화가 나기도 하고 마음이 혼란스러워지기도 하겠지. 지금은 가족 모두에게 서로의 사랑이 절실히 필요한 때란다. 힘들겠지만, 네가 느끼는 슬픔을 말로 표현하는 것이 도움이 된단다. 네 감정들을 그림으로 그리거나 글로 적는 것도 도움이 될 거야. 우리 모두는 너를 너무나 사랑한다.

배우자의 죽음에 관한 편지

사랑하는 킴,
어제 하루 동안, 오로지 당신과 아름다운 줄리아 생각밖에 나지 않았습니다. 지금 이 순간 당신이 느끼실 고통스런 슬픔을 달래드리기 위해 무슨 말씀을 드려야할지 모르겠습니다만, 저의 사랑과 순전한 우정과 기도가 당신을 향하고 있음을 전합니다.

줄리아는 생기 넘치는 사람이었죠. 그녀의 넘치는 활력으로 그녀 주변의 삶은 끊임없는 모험이었습니다. 섬들 사이를 항해하기도 하고, 깊은 산 계곡 곁에 고요히 앉아있기도 하며, 당신은 그 모험에 온 마음을 다해 그녀와 함께 했습니다. 두 분이 가슴을 활짝 열고 인생이라는 신비를 끌어안는 분들이라는 것은 두 분을 아는 사람이라면 모두가 느끼고 있었지요. 그 신비가 더욱 더 깊어가리라 생각해봅니다.

헨리 벤 다이크의 "불멸의 비유"라는 짧은 글 한 편이 떠오릅니다.

나는 해변에 서 있다. 내 곁에 서 있던 배 하나가 부드러운 아침 바람에 몸을 싣고 푸른 바다로 미끄러지듯 출발하고 있다. 그것은 그지없이 아름답고 힘차다. 바다와 하늘이 맞닿아 한데 뒤섞이는 지점에서 결국 한 점 하얀 구름처럼 떠있게 될 때까지 나는 그것을 바라보며 서 있다.

어디로 갔느냐고? 내 시야에서 떠나갔다. 그것뿐이다. 돛대와 선체와 재목은 내 곁을 떠나갈 때와 다름없이 커다랗고, 지금 싣고 있는 화물을 목적지까지 지탱할 수 있는 힘도 충분하다. 줄어든 크기는 내 안에서만 그런 것일 뿐, 자기 안에서는 그렇지 않다. 그리고 내 곁에 선 누군가 "저기 가네요!"라 말한 바로 그 순간, 기쁨의 함성을 지르는 다른 목소리들이 들려온다. "여기 오네요!"라고.

알렉스, 인생의 바람이 이 힘든 시기를 지나는 당신을 감싸며 부드럽게 불어오기를. 어떤 식으로든 최선을 다해 당신을 돕고 싶어요. 목요일에 전화할게요.[73]

만일 어떤 식으로든 충격적 사건으로 인한 상실이 일어난 경우, 뭐라 말해야 할지 고심하게 된다. 작별 인사를 할 기회가 주어지지 않았을 때 슬픔은 더욱 깊어진다. 사고, 급성 심장마비, 살해, 자살의 경우는 작별의 시간이 박탈된다. 이런 식의 죽음이 찾아올 경우에는 후회, 죄책감, 수치심, 분노, 거절감 등을 포함한 걷잡을 수 없는 감정들이 생기기 마련이다. 무감각함은 물론이고 충격에 빠지는 일도 발생한다. 다음은 살해당한 젊은 여성의 부모에게 보내는 편지다.

친애하는 로드리게스 박사님과 부인께,

따님의 비극적인 죽음이라는 너무나 안타까운 소식을 접하며 심히 고통스런 마음을 억누를 길이 없습니다. 그녀의 때 이른 사망은 말로 표현할 수 없이 가혹하고 가슴 아픈 상실이 아닐 수 없습니다. 지상에서 그 의미를 다 이해할 수는 없을 것 같습니다. 오로지 주님이신 예수님만을 바라볼 수밖에 없습니다.

"네 짐을 여호와께 맡기라 그가 너를 붙드시고(시 55:22)."

저희의 깊은 애도의 마음을 전합니다. 저희가 드리는 그 어떤 말도 두 분 마음속의 고통과 아픔과 공허감을 달래지 못하리란 것을 알지만, 이것만은 기억해주시길 바랍니다. 열린 마음을 가진 우아하고, 사랑스러운 분으로, 또 그 환한 미소로 이곳을 밝혀준 분으로 따님이 저희 마음속에 간직되리라는 것을. 지금은 불가능해 보이실지 모르지만, 또 어떤 것도 에일린을 되돌아오게 하지 못하겠지만, 그럼에도 불구하고 하나님이 그녀와 함께하는 시간을 통해 허락하신 기쁨이 아름다운 추억으로 남아 그 속에서 이루 말할 수 없는 위로를 찾게 되시기를 간절히 바랍니다.
하나님께서 두 분을 축복하시고 지켜 주시길.[74]

지적 장애를 가진 내 아들 매튜가 1990년에 스물 두 살의 나이로 죽었을 때(그의 정신 연령은 18개월 정도였다), 지금은 고인이 된 내 아내와 나는 수십 명의 사람으로부터 수없이 많은 카드와 편지를 받았다. 그 속에는 너무나 많은 소중한 추억이 담겨 있었기에 우리는 그것들을 간직해 두었다. 매튜가 마지막 십일 년의 시간을 장애인을 위한 특수 시설에서 살았기 때문에, 그 편지들 중의 일부는 그를 돌보아주던 사람들이 보내준 것이었다. 그들이 매튜와 함께 누렸지만 우리는 알지 못하는 특별한 추억들이 많은 편지 속에 들어있었다. 이런 경험들은 그 애에 대한 추억과 더불어, 그 애를 바라보는 새로운 통찰력을 우리에게 전해주는 것들로, 대부분의 사람의 눈에는 사소한 것처럼 보일지 몰라도 우리에게는 매우 소중한 경험들이었다. 자식을 잃은 부모에게는 경험 하나 하나가 다 특별한 법이다. 편지를 써서 보내준 이들을 통해 나는 위로와 함께 사랑받는 것을 느낄 수 있었다. 카드를 한 장 한 장 읽을 때마다 아들을 잃은 상실감이 점점 더 뼈에 사무쳐 감을 느끼며, 그들이 표현해준 말들을 통해 내 속에 갇혀 있던 슬픔을 밖으로 표출해내는데 도움을 받을 수 있었다.

여러 편지 속에는 그 편지를 쓴 사람들의 감정들과 더불어, 때로는 유사한 경험들까지 담겨 있곤 했다. 이 장을 마무리하기 전에 우리가 받았던 몇몇 편지들의 내용을 일부 나누어 보려 한다.

사랑하는 노먼, 그리고 조이스,
이 저녁에 저는 두 분 생각에 눈물 흘리며 이렇게 앉아 있습니다. 지금 이 순간 두 분이 느끼실 고통이 어떨지 알기에 참으로 마음이 아픕니다. 당장은 어떤 말도 별 소용이 없겠지만, 지금 매튜가 주님과 함께 있음을, 그리고 언젠가 주님 발 앞에서 두 분이 다시 그와 함께 있게 될 것임을 확신함으로 위로를 얻게 되기를 간절히 바랍니다.
저희의 생각과 사랑과 기도를 모두 담아 두 분께 드립니다.

사랑하는 노먼
아드님의 소식을 오늘 아침에 듣게 되었습니다. 당신을 생각하며 우리의 마음이 얼마나 아픈지요. 지금 이 순간 당신과 가족들을 위해 저희가 기도하고 있음을 기억해 주시길 바랍니다. 아내와 저도 벌써 8년 전에 익사 사고로 아들을 잃은 경험이 있기에, 당신이 느끼고 계실 상실감을 조금이나마 함께 느낄 수 있을 듯합니다. 그리스도 안에 한 형제 된 당신을 향한 저희의 전폭적인 지지와 사랑에 기대어 힘을 내시길 바랍니다.

사랑하는 노먼, 그리고 조이스,
매튜가 주님과 함께 있기 위해 본향으로 돌아갔다는 사실을 알려주셔서 감사해요. 매튜의 죽음으로 두 분의 마음 한 조각이 떨어져 나간 것 같을 것임을 알기에 저희의 마음이 한없이 아프고 슬픕니다. 그럼에도 불구하고 그 빈 곳을 약간이라도 채워드리고픈 바람을 가지고, 저희의 간절한 마음과 사랑을 보내드립니다.

친애하는 라이트 박사님, 그리고 부인께,
아드님의 부고 소식을 접하게 되어 너무나 안타깝습니다. 저희 부부는 이 년 전에 딸아이를 잃었습니다. 그리고 제 아내에겐 다운 증후군을 앓는, 서른일곱 살의 남동생이 있습니다. 그래서 다만 몇 가지에서나마 두 분이 느끼실 슬픔을 어느 정도 함께 느낄 수 있지 않을까 합니다. 안타깝게도, 세상에는 지적 장애를 가진 아이가 가져다줄 수 있는 기쁨을 이해하지 못하는 이들이 너무나 많습니다. 심지어 그 아이가 다 자란 어른이 되어도 말입니다. 그러하기에, 매튜를 그리워하는 두 분의 마음이 얼마나 절실할지 모두가 진정으로 이해하지는 못하리라는 생각이 듭니다.

사랑하는 노먼, 그리고 조이스,
이번 주 내내 저희는 두 분 생각을 많이 하며 두 분을 위해 계속 기도해오고 있습니다. 하나님이 주시는 평안과 그분의 특별한 돌보심이 두 분 마음 가운데 느껴지길 기도하고 있습니다.

매튜에 대한 생각도 저희 마음속에서 떠나지 않는군요. 오래 전에, 탈봇 신학생이었던 저희들이 두 분 가정에 모여 크리스마스 파티를 했던 때가 기억나시는지요? 그때 겨우 몇 달 밖에 되지 않은 조그마한 매튜를 만났었지요. 우리에게 조금의 흠도 없이 완벽한 아기였던 매튜를 말이에요. 이제는 그가 정말 완벽하겠지요!

12. 그를 위하여 기도하기

그들에게 절실히 필요한 것

어느 날 아침 전화벨이 울리고 나는 다가올 결혼에 대한 염려로 가득 차 있는 32세의 한 남자와 이야기를 나누게 되었다. 이야기를 나누는 과정에서 그는 벌써 일 년 이상 교제해오던 한 여성과 결혼하고 싶다는 말을 나에게 들려주었다. 이미 결혼 약속을 하고 반지까지 준 상황인데, 이제 와서 어린 시절에서 비롯된 두려움들이 꿈틀꿈틀 올라오기 시작했다는 것이다(이것은 별로 드물지 않은 상황이다).

이어서 우리는 결혼에 대해, 그리고 인생의 이 크나큰 변화를 앞두고 대부분이 품는 정상적인 염려들에 대해 이야기를 나누었다. "저에게 기도가 필요한 시점인 것 같아요."라고 그는 결론을 맺었.

"오늘 함께 나눈 대화를 마무리하며 저를 위해 기도해주시겠어요?"

그래서 바로 그 자리에서, 비록 멀리 떨어져 있지만 전화라는 수단과 우리가 공유하는 예수 그리스도와의 관계를 통해 서로 아주 가까움을 느끼며 나는 그를 위해 기도해주었다. 하나님이 주시는 통찰력과 목표, 생각의 명료함, 인도하심과 평안함이 그리스도 안에서 한 형제인 그의 삶에 함께해주시길 간구했다.

기도로 그를 섬기기 위해 꼭 얼굴을 마주하고 있어야 할 필요는 없다. 우리와 가까운 이들에게 전화로 이야기하는 동안, 우리가 드리는 기도가 그들 자신이나 우리가 아닌, 주님을 의지하는 자리로 더 가까이 나아가도록 그들을 이끌게 된다.

상담실에서 피상담자들을 만나 그들을 알아가는 과정에서 나는 상담 사역의 일환으로 날마다 그들을 위해 기도한다는 것을 첫 혹은 두 번째 상담 시간에 그들에게 말해주고 있다. 더불어 지금 꼭 필요한 기도라는 것을 확신하기 위해 내가 기도해주기를 바라는 기도의 제목들을 이따금씩 알려준다면 고맙겠다고 말한다. 많은 이가 누군가 그들을 기억하고 기도해줄 거라는 사실에 놀라워한다. 오랜 세월에 걸쳐 많은 피상담자가 고백하기를, 한 사람이 자신을 위해 기도하고 있다는 사실을 아는 것이 그들을 버틸 수 있게 하는 힘이 되었다고 했다. 약속한 대로 기도해주지 못하는 날도 있음을 인정한다. 하지만 전반적으로 나는 이 일을 일관성 있게 실천해오고 있다.

기도는 여러 일들을 성취하는 통로다. 그들을 하나님께 올려드리게 하며, 이 땅에 사는 동안 최고의 자원이 우리 자신이 아니라는 사실을 깨닫게 해준다. 그들을 인도하시고, 붙드시며, 위로하시는 하나님의 직접적인 간섭하심이 그들의 삶에 절실히 필요하다. 내게 상담 받으러 오는 사람들의 구체적인 관심거리와 문제들을 하나 하나 적어놓고 기도해줌으로써, 그들이 내 사무실에 들어오는 순간 그 전 주에 그들이 나눈 문제들이 무엇이었는지 기억해낼 수 있다는 사실을 나는 깨달았다. 기도를 통해 그들이 처한 상황이 내 마음속에서 더욱 생생해지는 것이다. 이따금 피상담자들이 이렇게 질문한다.

"우리가 나눈 대화 내용을 어떻게 다 기억하고 계신 거지요? 메모하시는 모습을 본 적도 없는데 말이에요."

그들을 위해 기도하는 것이 기억을 떠올리는 최고의 방법이라는 것이 항상 내가 해주는 대답이다.

내가 그랬듯이, 어떻게 도와줄지 몰라 쩔쩔매는 순간들이 가끔 찾아올 것이다. 어떤 식으로 끌고 나가야 할지, 뭐라고 말해줘야 할지 갈피를 잡을 수 없게 된다. 이것을 인정하는 것은 전혀 문제될 것이 없다. 그럴 때 이렇게 말해도 좋을 것이다.

"다음 단계를 어디로 잡아야 할지, 어떤 게 더 긴박한 문제인지 확신이 서지 않는군요. 잠시 중단하고, 이 순간 어떤 방향으로 가야 할지 하나님의 인도하심과 지혜를 구하기 원합니다."

다른 사람들을 돕는 일의 핵심이 기도에 있음에도 불구하고, 상담 분야 내에서 기도에 대해 언급되는 경우들은 거의 없고, 상담 중에, 또 그 이외의 시간에 기도를 활용하는 것에 대해 적어놓은 글들 또한 매우 드문 형편이다.

이번 장은 기도가 무엇인지, 혹은 이런저런 패턴에 따라 어떻게 기도해야 한다는 내용은 담고 있지 않다. 그런 주제들을 다루는 책들은 셀 수 없이 많다. 내가 이번 장에서 다루려는 부분은 누군가를 돕는 과정에서 치유의 수단으로 기도를 활용하는 방법에 관해서다.

그들을 위한 말씀과 기도

기도할 때, 우리는 우리를 맞아주시는 하나님 앞으로 나아가게 됨을 깨닫게 된다고 성경은 가르쳐주고 있다.

> 그러므로 우리는 긍휼하심을 받고 때를 따라 돕는 은혜를 얻기 위하여 은혜의 보좌 앞에 담대히 나아갈 것이니라(히 4:16).
> 하나님을 찬송하리로다 그가 내 기도를 물리치지 아니하시고 그의 인자하심을 내게서 거두지도 아니하셨도다(시 66:20).

기도할 때, 우리는 성령님께 우리를 인도하시도록 요청할 수 있다.

> 이와 같이 성령도 우리 연약함을 도우시나니 우리는 마땅히 기도할 바를 알지 못하나 오직 성령이 말할 수 없는 탄식으로 우리를 위하여 친히 간구하시느니라 마음을 살피시는 이가 성령의 생각을 아시나니 이는 성

령이 하나님의 뜻대로 성도를 위하여 간구하심이니라(롬 8:26-27).
모든 기도와 간구를 하되 항상 성령 안에서 기도하고(엡 6:18).

기도할 때, 우리는 고백과 찬양과 감사함으로 나아간다.

만일 우리가 우리 죄를 자백하면 그는 미쁘시고 의로우사 우리 죄를 사하시며 우리를 모든 불의에서 깨끗하게 하실 것이요(요일 1:9).
찬송하리로다 하나님 곧 우리 주 예수 그리스도의 아버지께서 그리스도 안에서 하늘에 속한 모든 신령한 복을 우리에게 주시되(엡 1:3).
오직 성령의 충만함을 받으라 시와 찬송과 신령한 노래들로 서로 화답하며 너희의 마음으로 주께 노래하며 찬송하며 범사에 우리 주 예수 그리스도의 이름으로 항상 아버지 하나님께 감사하며(엡 5:18-20).
여호와께 감사하라 그는 선하시며 그의 인자하심이 영원함이로다(시 118:1).

기도의 중요한 원리 중 하나는 하나님의 약속을 의지하는 것이다.

구하라 그리하면 너희에게 주실 것이요 찾으라 그리하면 찾아낼 것이요 문을 두드리라 그리하면 너희에게 열릴 것이니(마 7:7).
화평을 구하며 그것을 따르라 주의 눈은 의인을 향하시고 그의 귀는 의인의 간구에 기울이시되(벧전 3:11-12).
그를 향하여 우리가 가진 바 담대함이 이것이니 그의 뜻대로 무엇을 구하면 들으심이라 우리가 무엇이든지 구하는 바를 들으시는 줄을 안즉 우리가 그에게 구한 그것을 얻은 줄을 또한 아느니라(요일 5:14-15).
여호와께서 자기를 위하여 경건한 자를 택하신 줄 너희가 알지어다 내가 그를 부를 때에 여호와께서 들으시리로다(시 4:3).

하나님 말씀의 진리를 발견하기 위해 그와 함께 성경을 여러 군데 찾아서 읽게 되는 경우들이 생길 수도 있다. 성경의 일부를 활용하여 기도의 본보기로 삼아도 좋겠다.

고통당하는 이들을 위한 구절들

우리 주 예수 그리스도의 아버지 하나님을 찬송하리로다 그의 많으신 긍휼대로 우리를 거듭나게 하사 산 소망이 있게 하시며 …… 그러므로 너희가 이제 여러 가지 시험으로 말미암아 잠깐 근심하게 되지 않을 수 없으나 오히려 크게 기뻐하는도다 너희 믿음의 확실함은 불로 연단하여도 없어질 금보다 더 귀하여 예수 그리스도께서 나타나실 때에 칭찬과 영광과 존귀를 얻게 할 것이니라(벧전 1:3, 6-7).
너희를 연단하려고 오는 불 시험을 이상한 일 당하는 것 같이 이상히 여기지 말고 오히려 너희가 그리스도의 고난에 참여하는 것으로 즐거워하라 이는 그의 영광을 나타내실 때에 너희로 즐거워하고 기뻐하게 하려 함이라(벧전 4:12-13).

내 형제들아 너희가 여러 가지 시험을 당하거든 온전히 기쁘게 여기라 이는 너희 믿음의 시련이 인내를 만들어 내는 줄 너희가 앎이라(약 1:2-3).

근심에 빠진 이들을 위한 구절들

아무것도 염려하지 말고 다만 모든 일에 기도와 간구로 너희 구할 것을 감사함으로 하나님께 아뢰라 그리하면 모든 지각에 뛰어난 하나님의 평강이 그리스도 예수 안에서 너희 마음과 생각을 지키시리라 끝으로 형제들아 무엇에든지 참되며 무엇에든지 경건하며 무엇에든지 옳으며 무엇에든지 정결하며 무엇에든지 사랑 받을 만하며 무엇에든지 칭찬 받을 만하며 무슨 덕이 있든지 무슨 기림이 있든지 이것들을 생각하라 너희는 내게 배우고 받고 듣고 본 바를 행하라 그리하면 평강의 하나님이 너희와 함께 계시리라(빌 4:6-9).

악을 행하는 자들 때문에 불평하지 말며 불의를 행하는 자들을 시기하지 말지어다(시 37:1).

학대받아 신음하는 이들을 위한 구절들

내 의의 하나님이여 내가 부를 때에 응답하소서 곤란 중에 나를 너그럽게 하셨사오니 내게 은혜를 베푸사 나의 기도를 들으소서(시 4:1).

내 마음이 내 속에서 심히 아파하며 사망의 위험이 내게 이르렀도다 두려움과 떨림이 내게 이르고 공포가 나를 덮었도다 나는 말하기를 만일 내게 비둘기 같은 날개가 있다면 날아가서 편히 쉬리로다 내가 멀리 날아가서 광야에 머무르리로다 (셀라) 내가 나의 피난처로 속히 가서 폭풍과 광풍을 피하리라 하였도다 …… 나는 하나님께 부르짖으리니 여호와께서 나를 구원하시리로다 저녁과 아침과 정오에 내가 근심하여 탄식하리니 여호와께서 내 소리를 들으시리로다 나를 대적하는 자 많더니 나를 치는 전쟁에서 그가 내 생명을 구원하사 평안하게 하셨도다(시 55:4-8, 16-18).

나의 환난 날에 내가 주를 찾았으며 밤에는 내 손을 들고 거두지 아니하였나니 내 영혼이 위로 받기를 거절하였도다 내가 하나님을 기억하고 불안하여 근심하니 내 심령이 상하도다 주께서 내가 눈을 붙이지 못하게 하시니 내가 괴로워 말할 수 없나이다 내가 옛날 곧 지나간 세월을 생각하였사오니 밤에 부른 노래를 내가 기억하여 내 심령으로, 내가 내 마음으로 간구하기를 …… 곧 여호와의 일들을 기억하며 주께서 옛적에 행하신 기이한 일을 기억하리이다 또 주의 모든 일을 작은 소리로 읊조리며 주의 행사를 낮은 소리로 되뇌이리이다(시 77:2-6, 11-12).

너는 두려워하지 말라 내가 너를 구속하였고 내가 너를 지명하여 불렀나니 너는 내 것이라 네가 물 가운데로 지날 때에 내가 너와 함께 할 것이라 강을 건널 때에 물이 너를 침몰하지 못할 것이며 네가 불 가운데로 지날 때에 타지도 아니할 것이요 불꽃이 너를 사르지도 못하리니 대저 나는 여호와 네 하나님이요 이스라엘의 거룩한 이요 네 구원자임이라(사 43:1-3).

하나님의 용서가 필요한 이들을 위한 구절들

주와 같은 신이 어디 있으리이까 주께서는 죄악과 그 기업에 남은 자의 허물을 사유하시며 인애를 기뻐하시므로 진노를 오래 품지 아니하시나이다 다시 우리를 불쌍히 여기셔서 우리의 죄악을 발로 밟으시고 우리의 모든 죄를 깊은 바다에 던지시리이다(미 7:18-19).

내가 이르기를 내 허물을 여호와께 자복하리라 하고 주께 내 죄를 아뢰고 내 죄악을 숨기지 아니하였더니 곧 주께서 내 죄악을 사하셨나이다 (시 32:5).

어떻게 기도할까

오랜 세월 나에게 이렇게 말해주는 사람들이 셀 수 없이 많았다.

"제가 오늘 이 자리에 있을 수 있는 유일한 이유는 저를 위해 기도해주는 한 사람이 있다는 것을 알았기 때문이에요. 그것은 저를 버티게 해준 힘이었고, 절망스런 마음이 들 때조차 다시 희망을 주었답니다."

이미 언급했듯이, 때때로 나는 내가 정확히 무엇을 기도해주었으면 좋겠는지 사람들에게 물어보고 그들이 알려주는 대로 그대로 기도했다. 어떤 때는 내가 먼저 "이번 주에는 당신을 위해 이러이러하게 기도할 거예요."라고 말하기도 했다. 당신의 친구가 이 힘으로 버티게 되는 때들이 있을 것이다.

그리고 당신이 만약 기도 도움조의 일원이라면, 그의 문제를 기도 도움조에 알리기 전에 당사자에게 허락을 얻어야 한다는 사실을 기억하라. 이 또한 "누가 이 문제에 대해 알았으면 좋겠습니까?"라고 질문하는 것도 또 하나의 방법이다.

기도할 때는 어떻게 기도할지 알려주시도록 성령님을 반드시 의지하라. 성령께서 당신의 상상력을 통해 어떤 방향으로 기도할지 떠올려주시도록 맡겨드리라. 우리는 성급하게 우리 자신의 말로 기도해버리는 때들이 너무도 자주 있다. 그럴 경우, 성령의 인도하심이 아닌, 우리 자신의 생각만이 반영됨으로써 기도에 새로움이 결여되기도 한다. 침묵을 참을 수 없어서, 혹은 우리 생각이 "타당하게 받아들여져야" 한다는 부담으로 너무 서두르는 것은 아닐까? 우리의 성급한 말이 성령께서 바라시는 기도를 막는 걸림돌이 되는 때가 너무도 많다.

마음이 상해 있는 이에게 큰 소리로 또는 함께 기도하자고 요청할 때는 대단히 신중해야 한다. 그는 하나님께 화가 나 있을지도 모르고, 그 순간 뭐라고 할 말이 없을지도 모른다. "슬픔은 우리 기도의 삶을 제멋대로 노략질한다. 그리하여 우리에게 아무것도 할 수 없는 공허감을 남겨준다."[75]

그렇다면 그를 위해 어떻게 기도해야 할까? 기도를 강요하듯 하지는 마라. 그와 함께, 또는 그를 위해 기도해주면 좋겠는지 그에게 물어보라. 그리고 기도는 길지 않게, 되도록 짧고 신중하게 하라. 심각한 어려움을 겪는 누군가를 위해 기도할 기회를 갖는 것은 특권이다. 뭐라 말해줘야 할지 모르거나 아무 말도 하지 않는 게 불편해서 기도하는 사람들도 본 적이 있다. 그를 뜯어고치거나 책망할 의도로 하는 기도들도 들어본 적이 있다. 선택된 단어들을 보면 그 의도가 분명히 드러난다. 기도의 목적은 풍성한 공급자 되신 하나님께로 그를 인도하고, 그를 도와달라고 하나님께 요청하기 위한 것이다.

다음은 당신이 그와 함께 나누면 좋을만한 기도문들이다.

하나님, 당신은 우주의 통치자이십니다. 당신께 저희 삶을 맡깁니다. 저희의 모든 필요들을 채워주실 것을 믿습니다.

저희의 문제들이 어째서 일어난 것인지 저희는 알지 못하며, 꼭 그 이유를 알아야 하는 것도 아닙니다. 저희는 그저 저희에게 필요하고 유익하기에 당신이 주시는 선물을 온전히 신뢰함으로 받아 누리기만 하면 되는 것입니다. 두려움과 불신의 반응이 즉시 튀어나올 만한 상황에서조차 감사하는 법을 가르쳐 주십시오. 믿음이 강하여져서 당신을 보게 하시고, 어떤 상황에서도 감사할 수 있도록 도움을 주십시오. 이것이 저희 인생을 향한 당신의 뜻이기 때문입니다.

마지막으로, 하나님 아버지, 저희를 당신의 임재 가운데로 마침내 인도하시어, 창세 전부터 당신이 밝히 아신 것 같이, 저희에게도 모든 것을 밝히 보여주시기를 기도합니다. 아멘.[76]

주님, 저희 마음이 버림 받은 것처럼 너무나 외롭습니다. 당신이 지금도 저희 곁에 계신 것을 알지만, 당신이 함께하고 계심을 더욱 확신하게 하시며, 이 위기를 통해 저희에게 가르쳐주시고자 하는 것이 무엇인지 깨 달도록 해주세요.

저희를 지켜주시고, 저희의 자녀들을 보호해주세요. 저희가 용서할 수 있도록, 그리고 시험과 환난을 당할 때조차 자족하는 법을 배울 수 있도록 도와주세요. 당신이 오직 저희의 유익을 바라는 분이심을 압니다. 저희 길을 인도하시고 지도하여 주시기를 기도합니다. 아멘.[77]

주님, 저희는 크나큰 비극과 악을 경험했습니다. 저희가 당한 고통과 상실로 인해 괴롭고 마음이 아픕니다. 부디 저희를 도와주세요. 아픈 가슴을 안고 슬픔에 잠겨 있는 저희에게 오셔서 저희를 위로해주세요. 이 위기를 이겨내도록 서로 도울 수 있는 방법을 분별하도록 지혜를 허락하여 주십시오. 꼭 필요한 실제적인 일들을 실천할 수 있는 힘을 주십시오. 저희 각자가, 또 모두 함께 고통받는 상황 가운데 서로를 도울 수 있는 분별력을 허락해주세요. 당신을 신뢰할 수 있는 믿음을 새롭게 하여 주세요. 더불어 당신을 섬기는 삶을 통해 당신의 선하심과 자비하심을 나타내는 통로로 쓰임 받을 수 있다는 소망을 허락하여 주시기를 기도합니다. 아멘.[78]

그와 함께 기도하는 가장 좋은 방법은 무엇일까? 고든 맥도날드 박사가 뉴욕에서 개최된 트라우마 컨퍼런스에서 제안한 것으로, 힘든 시기에 할 수 있는 다섯 가지 종류의 기도를 여기서 나누어 볼까 한다.[79]

그가 정리한 기본적 내용에다 내 견해와 의견들을 중간 중간에 덧붙여 두었다. 이 기도들은 그들이 힘든 시기를 지나는 동안에, 그들의 상황에 개입하여 도움을 줄 수 있을 것이다.

첫째, 격려의 기도를 드려라. '격려하다' 라는 말은 누군가에게 용기를 불어넣어준다는 뜻이다. '낙담시키다' 는 누군가에게서 용기를 빼앗아간다는 뜻이다. 격려의 기도 속에 담긴 당신의 희망, 용기, 믿음과, 미래에 대한 소망이 그에게 전해질 수 있다. 그를 격려해주시고, 그에게 힘과 용기를 주시도록 하나님께 간구하라. 하나님 보시기에 그가 얼마나 소중한 존재인지 말해줘도 좋겠다. 에베소서 1장 4-6절과 같은 성경 구절을 그에게 읽어주라.

> 하나님은 우리가 자기 앞에서 거룩하고 흠이 없게 하시려고 세상을 창조하시기 전에 그리스도 안에서 우리를 선택하셨습니다 그리고 우리를 사랑하셨기 때문에 하나님은 예수 그리스도를 통하여 그분의 기뻐하시는 뜻을 따라 우리를 자기 자녀로 예정하셨습니다 이것은 우리가 그분이 사랑하시는 아들 안에서 우리에게 거저 주신 은혜와 영광을 찬양하게 하려는 것입니다(현대인의성경).

요약하면 이런 기도가 되지 않을까싶다.

"하나님, 그는 당신과 제게 너무나 소중한 사람입니다. 당신이 하셨듯이 저는 그가 이 어려움을 견뎌낼 능력과 힘이 있음을 믿습니다. 분명한 생각과 평안, 당신의 인도하심을 그에게 허락해주세요."

하나님이 자신을 사랑하시는지에 대해 회의가 드는 사람이 있을 경우, 나는 스바냐 3장 14절, 17절과 시편 54장 2절, 4절을 변형시킨, 이 노래의 일부를 들려주었다.

아버지께서 너로 말미암아 기뻐 춤추시리라!
그가 그 사랑하는 자를 기뻐하시리라!
내 귀에 들리는 저 합창소리는 하나님을 찬양하는 노래인가?
아니, 저것은 여호와 하나님이 너로 말미암아 즐거이 부르며 기뻐하심이라! 그가 너로 말미암아 노래하며 기뻐하심이라.
내 영혼이 하나님을 자랑함은 그가 내 모든 부르짖음에 응답하심이라.
나를 향한 그분의 신실하심은 새 날의 여명처럼 확실하도다.
내 영혼아 깨어 노래하라! 내 영혼아 하나님을 기뻐하라!
시온의 딸아, 온 마음을 다해 노래하라!
네가 구속받았으니 이제 두려움을 벗어버리라!
축제의 날처럼 찬양의 옷을 입으라!
아버지와 더불어 영화롭고, 즐거운 노래를 부르라!
하나님이 너로 말미암아 즐거이 부르며 기뻐하시는 구나![80]

그와 이렇게 기도해보면 좋을 듯하다.

"사랑하는 하나님, 그를 택해주시고, 자녀 삼아주시고, 당신의 기업을 이을 상속자가 되게 하심을 감사드립니다. 그를 향한 당신의 생각이 끝이 없음으로 인해 감사드립니다. 그로 말미암아 한없이 기뻐해주셔서 감사합니다. 특별히 이 시기에 그가 이 모든 것을 누리고 경험할 수 있게 해주세요. 아멘."

또 다른 기도는 회복의 기도다. 이것은 실패했거나 스스로 실패했다고 생각하는 사람을 위한 기도다. 아무것도 남은 것이 없고 기진맥진해 있으며, 슬픔에 압도당해있다. 그의 삶 속에 은혜의 자각을 회복하도록 기도로 도와줄 누군가가 필요하다. 그리고 이런 도움이 자주자주 필요하다. 그의 탱크가 비어있어 채워질 필요가 있다. 이렇게 간단한 기도면 충분할 것 같다.

"주님, 그의 마음에 오늘과 내일을 향한 소망으로 채워주세요. 안심하고 당신의 팔에 안길 수 있게 해주세요."

"주님, 그가 자신이 사랑 받는 존재임을 깨닫도록 도와주세요."

고든 맥도날드는 한 친구를 위해 이렇게 기도했다.

주 하나님, 제 사랑하는 친구를 당신께 올려드립니다. 오늘 그의 마음이 얼마나 아픈지 아시지요? 주님, 그의 마음이 두려움으로 가득 차 있으며, 지금 육체적인 고통 가운데 있음을 압니다. 주님, 그에게는 어떤 사람도 줄 수 없는, 오직 당신으로부터 오는 도움이 필요합니다. 과거에 겪었던 어떤 일보다 더 밝은 미래가 기다린다는 확신이 필요합니다. 주님, 오직 하늘로부터 내려주시는 능력이 그에게 필요합니다. 그러므로 주님, 오늘 제 친구를 받아주십시오. 제 손을 그의 위에 올림으로써 그를 당신 앞으로 데리고 나아갑니다. 오늘 그를 받으시고 그의 깨어진 삶 가운데 치유를 허락하여 주십시오.[81]

세 번째 종류의 기도는 긍정의 기도다. 그 자신이 보지 못하는 그의 어떤 모습을 알아보고 긍정해주는 역할을 하는 기도다.

주님, 그가 지난 한 주간 현명한 결정들을 내리게 하시고 또 계속적으로 그렇게 해나가게 하심을 감사드립니다. 그의 삶 속에서 당신이 일하고 계심을 우리가 바라봅니다.

그를 위해 긍정의 기도를 드릴 때, 그를 대신하여 주님 앞에 기도를 올릴 때, 당신은 하나님이 그로 하여금 소유하길 원하시는 가치감과 자신감을 형성하도록 돕는 것이다. 이렇게 함으로써 당신은 "발코니 위의 사람"이 된다. 발코니 밖으로 몸을 내밀어 "그래, 할 수 있어요! 당신에겐 할 수 있는 능력이 충분해요. 이미 당신이 해온 일들을 보세요. 와, 대단해요!"라 말해주는 사람 말이다. 말과 기도를 통해 긍정을 나타내는 것이다.

또한 축복의 기도가 있다. 당신이 알고 있는, 상대방을 향한 하나님의 목적과 뜻을 그에게 선포해주는 기도다. 이는 또한 말로써 하나님의 자비로운 능력이 그의 삶 속에 나타나도록 이끄는 행위다. 성경 속에서 이런 기도가 되풀이해서 나오는 것을 발견하게 된다.

> 여호와는 네게 복을 주시고 너를 지키시기를 원하며 여호와는 그의 얼굴을 네게 비추사 은혜 베푸시기를 원하며 여호와는 그 얼굴을 네게로 향하여 드사 평강 주시기를 원하노라(민 6:24-26).

어떤 식으로 이 기도를 드리면 좋을까?

> 우리 주 예수 그리스도의 아버지 하나님께 찬양을 올려드립니다.
> 그가 당신에게 축복을 내리시기를,
> 주께서 당신을 축복하시고 당신을 강건하게 붙들어주시기를,
> 주께서 당신을 낙담도 실망도 아닌, 소망으로 인도해주시기를…….

마지막은 중보의 기도다. 그가 너무 약하고 곤핍한 상태에 있어, 당신이 그와 하나님 사이에 서서 그를 대신해 기도해줄 필요가 있을 시에 요구되는 기도다. 요한복음 17장에서 우리는 예수님이 제자들을 위해 간구하시는 모습을 접하게 된다. 우리 역시 그를 위해 기도하도록 부름 받았다. 그가 당신에게 하는 이야기에 귀를 기울이다보면, 그에게 필요한 것이 무엇인지 알게 될 것이다. 이런 식으로 기도해보면 괜찮을 듯싶다.

"주 예수님, 하나님의 말씀과 생각으로 그를 보호해주시길 기도합니다. 부디 제 기도를 들으시고 당신의 보호하심으로 그를 에워싸 주십시오. 그를 모든 악에서 구하여 주세요. 예수님의 이름으로 기도합니다. 아멘."

"아버지, 고통과 낙담을 주는 사건들이 때로 우리 삶을 침범할 때가 있습니다. 당신의 말씀과 성령의 역사를 통해 그가 진 짐을 벗겨주시고 위로를 내려주세요. 그렇게 해주실 것을 믿고 감사드립니다. 예수님의 이름으로 기도합니다. 아멘."

"사랑하는 하나님, 고통과 괴로움을 이겨내게 하시는 위대한 위로자 되신 성령님이 이 순간 제 친구에게 필요합니다."

기도를 드리되, 단순하게, 짧게, 진심을 담아 하라. 그리고 기도해주기로 약속할 경우, 기억나도록 적어두어 꼭 지키도록 하라. 당신이 기도하고 있음을 그에게 알려주라. 고통 중에 있는 그의 인생에 기도가 일으킬 능력이 어떠할지 완전히 깨닫지는 못하겠지만, 기도가 영향을 끼치고 있다는 사실만은 확신해도 좋다.[82]

13. 해야 할 일, 하지 말아야 할 일

"도와주고 싶어요. 정말 그러고 싶어요. 하지만 뭐라 말해야 될지 정말 모르겠어요. 제가 말이 너무 많은 게 틀림없어요. 또 때로는 도움이 되는 말보다 상처가 되는 말을 더 많이 하는 것 같아요. 그래서 거리를 두고 아예 아무것도 하지 않을 때가 대부분이에요."

당신이 이전에 한 번도 만나본 적 없는 문제를 들고 친구나 친척이 당신을 찾아올지 모른다. 그럴 경우, '무슨 말을 해야 하지? 어떻게 반응해줘야 하지?' 하는 질문이 떠오른다. 상실의 고통을 당한 이들에게 다가가 그들을 위로하고 지지해줌으로써 그리스도의 사랑을 나눌 기회들이 그리스도인인 우리에게 찾아온다. 그런데 우리가 슬픔이나 어려움 중에 있는 친구나 친척을 대할 때 따라야 할 건강한 지침들이 존재한다. 이미 지금까지의 내용들을 통해 많은 조언이 제시되었다. 그 중에는 매우 중요한 내용이기에 여기서 다시 언급될 것들도 일부 있겠지만, 몇몇 새로운 지침들 또한 논의될 것이다.

하지 말아야 할 네 가지

네 가지 중요한 "하지 말아야 할 일들"이 반드시 지켜져야 한다.

- 친척 혹은 친구에게서 거리를 두고 물러나지 마라.
- 상대방의 반응을 비교, 평가하거나, 판단하지 마라.
- 당신 자신에 대한 공감을 구하지 마라.
- 깔보는 듯한 태도 혹은 가엾게 여기는 태도를 취하지 마라.

거리를 두고 물러나지 마라. 어떤 상실의 경우든, 많은 사람으로부터의 계속적이고 지속적인 지원이 필요하다. 그러나 우리가 제공하는 지원이 상대방이 필요로 하는 것에 못 미치는 경우가 있다. 죽음을 통한 상실의 경우, 찾아오는 사람들, 전화, 카드 등이 유족이 된 이에게 당장에는 쇄도한다. 하지만 두 주가 지나, 슬픔과 상실감이 본격적으로 피부에 와 닿기 시작할 때면, 사회적으로 버림받은 사람이 된 듯한 느낌에 빠져들게 된다. 전화 걸어주는 사람도, 편지를 보내주는 사람도 아무도 없다. 그러한 상황에 놓인 한 여성의 말이다.

"이제는 전화해주는 사람이 거의 없어요. 마음이 무척 외로워요. 식사는 잘 하는지, 시간을 잘 보내는지 걱정해주는 사람이 아무도 없어요. 제가 상실감에서 완전히 회복이라도 된 듯, 사람들이 순식간에 다 사라져버렸어요. 저는 아직 회복되지 않았는데 말이죠. 지금이 훨씬 더 외로운 것 같아요. 황당하게도 특별한 존재가 된 것 같았던 그 느낌이 그립네요."[83]

마치 자신만 빼고는, 온 세상이 즐겁게 돌아가는 것 같다. 그러다보면 엄청난 고독감이 밀려온다. 사랑하는 이를 잃은 사람에게는 지속적인 위로가 필요하다. 자기가 겪은 일에 대해 이야기하고 회상에 잠길 수 있어야 한다. 가령, 죽음이나 이혼으로 인한 상실의 경우, 중대한 결정들이 내려질 필요가 있다. 어떤 형태의 상실이든, 지원 그룹이 즉각적으로 필요할지 모른다.

비교하지 마라. 아픔을 겪는 친구나 친척을 만나게 될 때, 가장 먼저 해야 되는 기본적인 반응은 어떻게 지내는지, 기분은 어떤지 물어보는 것이다. "어떻게 지내고 계세요? 어머님이 돌아가신지 열흘이 지났군요. 마음은 좀 어떠신가요?"라는 단순한 질문이 대화와 지원을 시작할 수 있도록 문을 열어줄 것이다. 이때 중요한 것은 상대방이 자신의 감정이나 애도 과정, 자신이 내린 결정들을 비교, 평가, 판단을 받는다고 느끼지 않으면서 이야기하게끔 해주는 것이다.

당신 자신에 대한 공감을 구하지 마라. 세 번째로 "하지 말아야 할" 행동이 이상한 소리로 들릴지 모르겠지만, 이런 상황들은 종종 발생한다. 어떤 사람들은 상대방에 대해 공감하고 슬퍼하는 마음을 표현하기 위해 (현재 혹은 과거에) 그들 자신이 느끼고 또 느꼈던 상실감과 슬픔에 대해 더 많이 이야기하기도 한다. 하지만 상대방은 지금 도움을 제공하거나 사람들이 전달하고자 하는 미묘한 메시지를 분간할 만한 처지가 못 된다. 지금은 그들에게 무조건 주어야할 시기지, 받으려고 할 시기가 아니다. 당신이 그에게 도움이 필요한 상황이라면, 당분간은 그 이외의 다른 누군가에게서 도움을 받으라.

깔보는 듯한 태도를 취하지 마라. 무시당한다는 느낌 혹은 상대방이 당신을 자기 기준이나 반응에 못 미치는 사람처럼 여기는 것 같은 느낌을 받아본 적이 있는가? 어떤 느낌인지 분명 감이 올 것이다. 그럴 때 의존적인 어린아이가 된 것 같은 느낌을 받게 된다. 또한 그들은 "도움을 준다는" 그 사람과 교제한 후, 그 이전보다 더 자기연민 속에 허우적대며 기분이 더 비참해진다. 은혜를 베푸는 듯한 반응이나 행동은 그 어떤 것이든 상처를 더 심화시킬 뿐이며, 이미 느끼는 부족함을 한층 더 깊게 해준다. 동정하는 듯한 태도나 연민은 말하는 것만큼 사실은 마음을 쓰고 있지 않다는 것을 단적으로 보여주는 증거다.

해줄 수 있는 말

친구, 친척, 혹은 이웃을 돌볼 때 따라야 할 적극적인 지침들이 몇 가지 있다. 첫 번째 단계는 이미 일어난 일과 상대방이 보이는 반응을 단순히 수용하는 것이다. 그가 어떤 행동을 하고 어떤 반응을 해야 할지에 대해 당신 나름의 관점이 있겠지만, 당신은 그에 대해 권위자의 입장에 있지 않으므로 당신이 가진 기대들을 보류할 필요가 있다.

그를 수용해주고 그가 느끼는 감정들이 정상임을 알게 하라. 자기가 눈물을 보여서, 우울해해서, 혹은 화가 나 있어서 등의 이유로 사과하는 사람들이 몇몇 있을 것이다. 이런 말들을 듣게 될 것이다. "아직도 이렇게 울다니 저도 제가 이해가 안 돼요. 정말 죄송해요." 또는 "저를 그런 식으로 해고해버린 건 부당했지만 이렇게까지 화가 나는 이유를 모르겠어요. 게다가 그 직장에서 15년이나 일했는데 말이죠. 화가 나면 안 된다는 걸 알면서도, 실은 엄청 화가 나있는 것 같아요."

그가 느끼는 감정들과 그런 감정을 느끼고 있다는 사실 자체를 수용해줌으로써 당신은 격려자가 될 수 있다. 자기가 느끼는 감정들에 직면하여 그것들을 표현할 수 있는 특권을 그에게 선물하라. 이런 그에게 해줄 수 있는 말들은 여러 가지가 있다.

"제 앞에서 눈물 보이시는 것에 대해 신경 쓰지 말았으면 좋겠어요. 그만큼 슬프면서 눈물로라도 표현하지 않는 건 힘든 일이에요. 가끔은 저도 당신과 함께 울고 있을지 몰라요."

"제 앞에서는 자유롭게 당신이 느끼는 슬픔을 눈물로 표현하시면 좋겠어요. 저는 당황하거나 불편해하지 않을 테니까요. 저는 그저 당신과 함께 있어주고 싶을 뿐이에요."

"당신이 우는 모습을 보지 못했다면, 저는 더 많이 걱정했을 거예요. 당신이 우는 것을 보니 이 상황을 건강하게 잘 감당해가고 계신다는 걸 알겠어요."

"당신이 당한 일을 제가 겪었다면, 눈물이 홍수처럼 흘러내리도록 놔두고 싶었을 거예요. 당신도 그러고 싶은 적이 있으셨나요?"

많은 사람이 표현하기 어려워하는 또 다른 감정은 분노다. 다음과 같은 말을 건네는 것도 좋겠다.

"아내의 죽음과 관련 있는 모든 사람, 모든 것에 분노와 적대감이 느껴지는 것은 자연스런 일이에요. 저 역시 화가 나는 걸요."

"아이가 고통스러울때, 아무것도 해줄 수 있는 것이 없어 얼마나 화가 나셨을까요?"

"남들은 건강한 아기들을 낳는데, 당신은 그 아이를 잃었으니 화가 나고 원망이 생기는 건 당연하고 정상적인 일이에요."

"당신은 딸을 잃으셨잖아요. 당연히 화가 나고 낙담될만하지요."

"당신이 느끼는 분노, 무력감, 좌절감을 표현할 말을 찾는 게 지금 당장은 분명 어려울 거예요."

"남들이 아무리 만류한다 한들, 화나고 분노하는 마음을 표현하도록 자신을 용납해주는 것이 중요해요."[84]

그가 자신의 감정들을 표현하도록 격려해줌으로써 당신이 그를 멀리하지 않을 거라는 확신을 그에게 심어줄 수 있을 것이다. 그가 느끼는 감정들 때문에 당신이 떠나지 않으리라는 것과, 그런 식의 감정들을 갖지 말도록 설득하지 않으리라는 것에 대해 그를 안심시키라. 당신의 한결같은 지지가 필요하다.

적극적으로 반응해주는 또 다른 방법은 접촉을 통한 방법이다. 이때 당신이 돌보는 상대를 세심하게 배려해줄 필요가 있다. 그는 당신만큼 신체 접촉을 편안해하지 않을지 모른다. 만일 그가 포옹이나 어깨에 손을 얹는 등의 행동을 거부하는 것처럼 보인다면, 반드시 그를 존중해주라. 당신이 손을 뻗는 것과 동시에 그의 몸이 경직된다면, 몇 마디 짧은 말과 함께 있어주는 것이 접촉보다 더 도움이 될 거라는 좋은 증거가 된다. 시간이 흐르면서 그가 스스로 당신에게 와서 "포옹이 필요해요." 하고 말할 가능성도 있다.

때로는 단지 이렇게 말해주는 것만으로도 도움이 된다.

"잠시 동안 집에 당신과 함께 있을게요. 제가 그만 가줬으면 하거나, 제가 해드릴 일이 뭔가 있다면, 말씀해주세요."

그에게 당신이 필요 없을 거라고 절대 넘겨짚지 마라. 그와의 대화를 통해 그런지 아닌지 알아내라.

당신이 보살피는 사람들 중에는 신체 접촉을 필요로 하는 이들이 분명 많이 있을 것이다. 많은 사람에게 있어 어루만져주는 것은 내면의 고통이 주는 공허감을 덜어주는 행위이기 때문이다. 남편을 잃은 한 아내는 자신의 감정을 이렇게 표현했다.

"마음이 여전히 절뚝거려요. 고통의 감정에는 무언가 경외심을 불러일으키고, 말문을 닫히게 하며, 마음을 동요하게 하는 것이 있어서 무슨 말을 할지 어리둥절하게 만들고 말지요. 어쩌면 몸짓이 더 나을지 모르겠어요. 제게 포옹이 필요하단 말을 전에 한 적이 있었지요. 다른 사람들도 똑같이 느끼리라 확신해요. 아무런 조건도 필요 없는, 인간의 육체가 주는 위로 말이에요. 예전에 대사 없는 만화 하나를 본 적이 있어요. 자동 판매기에 대한 만화였어요. 거기엔 이런 말이 적혀 있었지요. "포옹 25센트." 제게도 그런 게 하나 있었으면 좋겠어요."[85]

프레드 바우어는 그의 책에서 이런 일화를 소개하고 있다.

예전에 나는 교통사고로 인한 한 어린아이의 안타까운 죽음에 대한 이야기를 들은 적이 있다. 고작 6살밖에 되지 않았던 낸시는 빠른 속도로 달려오던 차에 치였다. 그 부모는 엄청난 충격에 빠졌다. 낸시의 유치원 친구들 또한 마찬가지였는데, 낸시의 가장 친한 친구였던 조이스는 특별히 더 심했다. 낸시의 소식을 들은 조이스는 곧바로 그의 집으로 달려가고 싶어 했다. 하지만 조이스의 엄마는 그렇게 할 경우에 자기 딸도, 낸시의 부모님들도 너무 마음이 힘들 거라고 생각했다. "조이스, 우리와 함께 장례식에 가자꾸나."라며 위로했다. "낸시의 부모님은 거기서 뵈면 된단다." 하고 말했지만 눈에 눈물이 가득 고인 채 낸시는 지금 당장 그들을 보러 가야 된다고 고집을 부렸다. 조이스의 엄마가 걱정스러웠던 것은 그녀 자신이 딸을 잃은 부모에게 뭐라고 말해야 할지였다. 결국, 썩 내키지는 않았지만 그들은 딸을 낸시네 집에 데리고 가기로 했다. 그 집에 도착하자마자, 조이스는 죽은 친구의 엄마에게로 달려가, 그 무릎 위에 올라 두 팔로 그녀를 싸안았다. 한 마디 말없이 둘은 서로의 아픔을 눈물로 토해내었다.

안타까운 마음을 전하러 온 사람 중에서 조이스만큼 그 마음을 잘 표현한 사람은 아무도 없었다.[86]

가장 큰 선물

아픈 마음을 안고 슬퍼하는 사람에게 줄 수 있는 가장 큰 선물 중 하나가 경청이라는 것은 이미 언급한 바 있다. 당신이 자기 말에 귀를 기울이고 있다는 것을 알게 되면, 사람들이 당신을 신뢰하게 되고 안심하고 당신과 함께 있게 된다. 그리고 만약 당신이 훌륭한 경청자라면, 그들이 당신을 자신들의 삶 속으로 초청하여 들일 가능성이 더 커진다. 당신이 그들의 말에 귀를 기울여 줄 경우, 그들 또한 당신이 보여준 본보기를 통해 당신이 그들에게 나누는 이야기에 마음을 열고 사랑으로 반응해주는 법을 배우게 될 것이다.

어떤 사람들은 "~하기만 했더라면"의 공격을 받기도 한다. 설령 그 문제에 대한 책임이 있었던 것도 아니고, 어떻게 손 써볼 수 있는 상황이 아니었더라도, 아무 도움이 되지 못했다는 사실에 죄책감이나 수치심을 느끼는 것이다. 그가 자신의 이야기를 다 나누게 한 다음, 그가 한 말들이 "~하기만 했더라면"과 같은 자책 혹은 후회와 연관되어 있는지 분간하도록 부드럽게 도와주라. 더 깊은 대화를 위해 다음과 같은 말들을 해봐도 좋겠다.

"그 일을 피하기 위해 실제로 어떤 일을 할 수 있었을까요?"

"그게 정말 가능한 일이었을까요?"

"당신 외에 뭔가 도움을 줄 수 있었던 사람들이 있었을까요? 그렇다면, 어째서 그들은 그렇게 하지 않은 걸까요?"

"당신이 왜 그런 식으로 느낄지는 이해가 갑니다만, 우리 중 누구였다 해도 정말이지 어떻게 해볼 도리가 없는 상황이었어요."

무엇보다도, 마음이 상해 있는 사람에게 너무 많은 말을 하는 것은 금물이다. 당신이 함께 있는 것 자체가 엄청난 위로를 준다. 조셉 베일리는 그와 그의 아내가 세 아들의 죽음을 어떻게 감당했는지에 대해 이야기해주는 책을 썼다. 그는 이렇게 조언한다.

슬픔 앞에서의 민감함은 대개 우리로 하여금 더 많이 침묵하고, 더 많이 귀를 기울이게 해주는 법이다. "참으로 안타깝습니다."라는 말은 정직하다. "당신이 어떻게 느낄지 알아요."라는 말은 보통 그렇지 않다. 설령 유족과 고인의 관계와 똑같은 관계에 있던 가족의 죽음을 경험해본 적이 당신에게 있다 하더라도 말이다. 상대방이 혹 당신이 이해해줄 수 있는 사람이라고 느낀다면, 자기 이야기를 들려줄 것이다. 그럴 경우, 죽음의 여파로 당신이 개인적으로 느끼는, 솔직하고 포장되지 않은 감정들을 나누고 싶은 마음이 들 수 있다. 유족에게 뭔가를 "입증하려" 들지 마라. 팔로 어깨를 감싸주고, 손을 한 번 꼭 잡아주고, 입맞춤을 해주는 것, 이것이야말로 슬픔의 때에 필요한, 이런저런 논리적인 이야기들을 뒷받침하는 증거다. 슬픔으로 갈가리 찢겨진 마음으로 나는 앉아 있었다. 누군가 다가와, 하나님의 다루시는 손길들에 대해, 어째서 이런 일이 일어났는지에 대해, 그리고 무덤 너머의 소망에 대해 나에게 이야기해주었다. 그의 이야기는 끊임없이 이어졌다. 그가 말한 내용은 내가 진리라고 알고 있는 것들이었다. 그가 어서 가줬으면 하는 바람 외에는 아무런 감흥도 느끼지 못했다. 마침내 그가 갔다. 또 다른 사람이 와서 내 곁에 앉았다. 그는 이것저것 질문을 던지지 않았다. 한 시간 남짓 그저 내 곁에 앉아, 내가 뭔가 말하면 들어주고, 짤막한 대답도 해주고, 간단히 기도해준 뒤, 자리를 떴다. 나는 감동을 받았고, 마음에 위로를 얻었다. 그가 가버리는 게 아쉬운 마음이었다.[87]

인내, 꼭 필요한 성품

슬픔을 당한 사람을 보살피는데 필요한 성품을 하나 들라면, 그것은 인내다. 똑같은 이야기, 똑같은 자세한 설명들, 그리고 똑같은 일에 대해 눈물 흘리는 모습을 되풀이해서 보고 듣게 될 것이다. 이것은 슬픔에 빠진 사람에게 흔히 있는 일이다. 아니, 꼭 필요한 일이다. 당신이 불편하게 느낄 만한 것이 있다면, 아마 그가 느끼는 분노의 감정일 것이다. 상대방이 느끼는 분노의 정도가 크기 때문에 "이제 그만!" 하고 말하고 싶은 마음이 들 수도 있겠지만, 분노는 합리적인 범위 내에만 머무른다면 자연스럽고 건강한 반응이라 할 수 있다.

심지어 그가 느끼는 분노의 대상이 당신이 될 수도 있다. 그가 혹 당신을 멀리한다 해도, 그렇게 못하도록 다그치지 마라. 이것 또한 애도의 일부다. 그는 마치 현실 세계를 들락날락하는 사람과 같다. 그는 당신의 속도가 아닌, 자기 속도에 맞추어 점점 나아질 것이다. 다음 책의 구절은 이런 과정에 대해 잘 묘사해준다.

치유에는 어떤 스케줄도 존재하지 않는다. 유족은 슬픔으로 찢기고 쓰라린 마음을 안고 있으며, 치유가 일어나기까지 많은 슬픔을 감내해야만 한다. 당신이 택할 수 있는 유일한 길은 유족과 같이 있으면서 불안해하고 짜증내는 모습을 보이지 않는 것이다.

유족에게 고통을 야기한 상실을 인정해주고, 또 동시에 그 상실에 직면하여 적절한 관점을 유지해주는 것은 어려운 일일지 모른다. 그러나 현실을 차단하거나 상실을 떠올리는 고통스런 상황들을 멀찍이 피해가게 하는 등의 방법으로는 유족을 도울 수가 없다. 하지만 슬픔은 슬픔대로 느끼도록 도우면서 또한 긍정적인 관점을 유지할 필요가 있다. 고인이 된 사람의 진가를 인정해줄 때 이것이 가능해진다. 즉 기회가 되는 대로, 삶의 여러 측면에서 유족에게 즐거움을 가져다준 활동들과 사람들을 거론하면서, 고인이 주변 사람들의 삶에 어떤 영향을 끼쳤고 얼마나 그들의 삶을 풍성하게 해줬는지 이야기하는 것이다. 정원, 애완 동물, 유족이 좋아하는 쇼핑 장소, 골프 파트너, 또는 지역 사회와 관련한 관심 등 자연스런 관심사들을 언급함으로써 그런 관심의 불꽃이 생생히 살아있게, 아니 적어도 꺼지지 않게 하라. 이렇게 함으로써, 당신은 이런 똑같은 사물들, 사람들, 장소와 함께 한 과거가 있었고, 또한 앞으로의 미래가 있을 것임을 유족에게 상기시켜 주게 된다.[88]

상실의 유형과 상관없이, 도움을 주기 위해 할 수 있는 실제적인 일들에는 여러 가지가 있다. 이제부터라도 당신이 사람들이 경험하는 다양한 유형의 상실에 대해 인식하고 반응하게 되기를 바란다. 몇몇 유형의 상실의 경우는 그다지 사회적인 주목이나 지지를 받지 못한다. 중대한 상실의 경우, 그것이 이혼, 인격적 거절, 직장, 혹은 죽음 등 그 무엇이든 간에 깊은 상처를 남기게 된다.

각각의 상실의 상황에서 당신은 세 가지를 할 수 있다. 첫째, 그의 개인적인 상황과 필요를 알고, 둘째, 당신이 모든 것을 다 할 수는 없으며, 해서도 안 된다는 점을 감안해 그를 위해 기꺼이 해주고 싶고 또 해줄 수 있는 일들을 결정하고, 셋째, 그에게 연락해 당신이 선택한 일들 중에 가장 힘든 일을 해주겠다고 제의해야 할 것이다. 그가 만일 당신의 제안을 거절한다면, 또 다른 것을 제안하라. 해줄 수 있는 일들을 구체적으로 들자면, 애완 동물 먹이주기, 음식을 만들어 갖다 주기, 정원 손질 해주기, 어려운 통화를 대신 해주기, 지원 그룹이나 새로운 직장을 얻는 것과 관련해서 필요한 정보 얻기, 차 태워주기, 잔심부름을 해줄 시간 내어주기 등등이 있을 것이다. 어느 시점쯤 되면, 상실과 슬픔에 대한 섬세하고도 도움되는 책을 제공하는 것이 유익할 것이다.[89]

상실로 인한 영향이 한 사람에게 미쳤다면, 그 사람을 보살피라. 하지만 한 가정 전체가 영향을 받았다면, (어른과 어린아이 등) 가족 한 사람 한 사람에게 도움의 손길이 미쳐야 한다. 가족 구성원 모두에 대해 세심하게 마음을 쓰라. 나는 남편들이 "아내가 어떻게 지내느냐고 사람들이 묻는 게 이제는 지긋지긋해요. 단 한 번이라도 내가 어떻게 지내는지 물어봐줬으면 좋겠어요." 하고 말하는 것을 들어본 적이 많다. 그들의 사교 모임 중 어떤 것이 가장 힘든지 알아낸 뒤, 시간을 내어 도움을 주라.

세월이 흐르고, 사랑하는 이들을 잃는 일들이 점점 생겨난다. 크리스마스 전, 카드 보낼 명단을 다시금 점검하여 카드에 적힌 이름 때문에 상대방을 속상하게 하는 일이 없게 하라. 배우자와 사별한 경우, "~부부에게"라고 적힌 카드를 받는 것은 고통스런 일이 될 수 있다.

최악의 위로 vs 최선의 위로

최악의 위로

다음과 같은 말들로 그가 받는 고통을 축소하지 마라.
"어쩌면 이것이 최선일지 몰라요."
"더 안 좋은 상황들도 있는 걸요."
"재혼하시면 되죠."
"젊으니까, 언제라도 다른 사람을 만나실 수 있을 거예요."
"당신은 강한 분이니까, 곧 극복하실 거예요."

"하나님 손 안에 달려있다는 걸 잘 알잖아요."

이런 말들은 희망을 주려는 의도에서 나온 것이겠지만, 아픔을 겪는 사람에게는 상황의 심각성을 이해 못하는 말로 들릴 뿐이다. 이것들은 상대방의 고통이나 상실을 인정하지 않는 말들이다.

최선의 위로

간단하면서도 상대를 이해해주는 말들을 건네도록 하라.

"이 상황이 얼마나 힘드실까요?"

"당신이 느끼실 상실감이 공감됩니다."

"저라도 당신의 아픔을 없애줄 수 있다면 얼마나 좋을까요?"

이런 말들은 당신이 상대방의 고통을 인정한다는 것과 그런 식으로 느껴도 괜찮다는 것을 전달해준다.

최악의 위로

"제가 도울 수 있는 일이 뭔가 있을까요?"라고 말하지 마라. 사람이 위기에 처하게 되면 자기에게 무엇이 필요한지 결정하기가 대체로 힘들어지기 때문에 구체적인 제안을 하는 것이 도움이 된다. 게다가, 부담이 되고 싶지 않은 마음에 뭔가를 제안하기가 꺼려질 수도 있다.

최선의 위로

기꺼이 돕고 싶은 마음을 적극적으로 실현하라. "비슷한 처지에 있었더라면 나에겐 무엇이 필요했을까?"라고 자문하라. 그리고 나서 그 중 몇 가지를 해주겠다고 제의하라. 또한 구체적일수록 좋다.

"상점에 가는 길인데, 무엇을 사다드릴까요?"

"내일쯤이면 빨래를 도와드리기에 적당할까요?"

"아이들이 오후에 우리 집에서 우리 애들과 함께 놀면 어떨까요?"

최악의 위로

"그런 식으로 생각하시면 안 돼요."라는 말을 하지 마라.

최선의 위로

그에게 일기를 쓰거나 자신의 생각과 감정을 글로 적어보도록 권하라. 그저 종이 위에 적힌 자기 생각들을 보는 것만으로도 자신이 직면한 상황을 감당하는데 도움이 되는 경우들이 자주 있다.

최악의 위로

"왜"란 질문에 대답하려고 애쓰지 마라.

"왜 그에게 이런 일이?"

"왜 하필 지금인가요?"

당장은 아무런 해답을 알 수 없고, 진정한 해답이 뭔지 분명치 않을지도 모른다. 성경에 나오는 욥을 기억하는가? 그의 친구들이 찾아왔지만 아무런 도움을 주지 못했다. 욥은 그들에게 "너희는 다 재난을 주는 위로자들이로구나"라고 말했다(욥기 16:2).

최선의 위로

왜라는 질문에는 그저 이렇게만 대답해주라.

"저도 이유를 모르겠군요. 우리 둘 다 지금 당장 뭔가 해답을 찾고 싶은 마음인 것 같아요. 특히 당신은 더 그러시겠지요. 당신에게 말해 줄 해답이 있다면 얼마나 좋을까요?"

최악의 위로

그가 어째서 이런 문제를 당하는지에 관해 영적인 조언을 주려 하지 말고, 이 일을 겪고 나면 더 강한 사람이 될 거라는 말도 하지 마라. 어째서 비극적인 일들이 일어나는지, 그토록 심한 트라우마를 도대체 왜 누군가는 겪어야 하는지 우리는 도무지 알지 못한다.

최선의 위로

그가 감정을 표현할 때 받아주고 인정해주라. "정말이지 억울해요!"라고 말하면 충분히 그렇게 느낄 수 있다고 공감해주라.

"맞아요. 당신이 당한 일이 억울할 수 있어요. 이 상황이 잘 납득도 되지 않고요."

당신이 상대방과 똑같은 관점을 가지고 있든 아니든 이렇게 하라.

최악의 위로

마음이 상해 있는 그의 회복 과정을 두고 당신이 시간표를 정해놓지 마라. 언제쯤이면 그가 이런저런 감정들을 직면할 준비가 되겠고, 이러저러한 활동들을 충분히 할 수 있겠다고 단정하지 마라. 당신이 정한 시간에 맞추지 못할 경우, 지금쯤이면 예전의 자신으로 돌아갔어야 하건만, 그리 잘 대처하고 있지 못한 것처럼 느끼게 될지도 모른다. 이것은 진정한 진보를 가로막을 뿐이다. 모든 사람이 서로 다르며 회복에 필요한 시간도 각각 다르다. 가끔은 달라도 크게 다를 수 있다.

최선의 위로

애도 과정의 단계에 효과적으로 대처하기 위해 그 스스로 필요로 하는 만큼의 시간을 그에게 허용해주라.

최악의 위로

그가 느끼는 감정들을 바로잡거나, 축소하고, 혹은 특정 관점의 틀 안에 집어넣기 위한 방편으로 성경 구절을 인용하지 마라. "하나님이 힘을 주실 거예요."라 말해줘도 지금의 그에게는 그저 이루어질 수 없는 말처럼 들릴지 모른다. 더불어, 어떤 구절을 선택하여 그에게 들려주기 전에 그것을 매우 신중히 생각하고 검토하라. 절대 부정적으로 해석되는 일이 없도록 하라. 슬픔에 빠져 있는 사람들은 부정적인 측면들을 먼저 보는 경향이 있다. 격려할 때는, 위로할 목적에 맞게 반드시 진심을 담아 전달하라.

최선의 위로

진심으로부터 우러나온 영적인 격려를 전달하라. 힘든 시기에 당신에게 위로가 되었던 성경 구절들을 포함시키고, 그 사실을 그에게 말해주라. 또한 그를 위해 날마다 기도하고 있음을 알려주라. 그리고 그와 함께 기도할 때는, 그 내용을 되도록 짧게 하고 그의 감정을 기도

가운데에 충분히 반영하라. 그가 받는 고통을 너무나 잘 이해하시는 하나님이 그에게 놀라운 위로의 원천이 되어주시기 원한다는 사실에 초점을 맞추라.

최악의 위로

똑같은 상황에 처해본 적이 없다면 그에게 "이해한다."고 말하지 마라. 또한, 그 역경의 깊이를 경험해본 적도 없으면서 모든 게 잘 될 거라 위로하는 것은 당사자에게는 그저 공허한 말일 뿐이다. 또 지금의 이 상황이 어떤 식으로 결말 날지 당신은 알지 못한다. 그리고 비슷한 상황을 겪어본 다른 지인의 비참한 경험을 말하지 마라. 그 말은 격려나 희망으로 들리지 않을 것이다.

최선의 위로

당신이 경험한 일들에 대해 솔직하게 말하라. 그가 겪는 것과 비슷한 불행을 겪어본 적이 없다면, 그렇다고 시인하라.

"당신이 당하는 그런 일을 저는 겪어본 적이 없어요. 하지만 제가 당신에게 마음을 쓰고 있고, 앞으로의 힘든 시기를 지나는 동안 곁에서 힘이 되어 드릴 거라는 것만은 알아주셨으면 좋겠어요."

비슷한 위기를 겪어본 적이 있다면, 그의 마음에 공감한다는 말과 함께, 짤막하게 그 일에 대해 이야기해주라. 물론, 지금 그가 보이는 반응의 토대가 된 그의 예전 경험들을 당신이 똑같이 겪어본 것은 아니기 때문에, 그가 경험하는 것을 완전히 이해하지 못하리라는 사실을 인식하고 있어야 한다.

최악의 위로
당장의 상실감과 긴급한 문제들이 잠잠해졌다고 해서 그의 필요들을 외면하지 마라. 한결같은 위로가 여전히 필요하다.

최선의 위로
얼마가 되었든 간에 몇 달이고 그와 계속해서 연락을 유지하라. 특별히 이 책에서 언급한, 기념일 등의 위태로운 시기에는 더더욱 그래야 한다. 그를 위해 여전히 기도하고 있음을 알려주라. 정말 잘 지내는지 물어봐주고 귀를 기울여 들어주라. 격려의 말을 담은 사려 깊은 카드들을 보내라.

최악의 위로
고통받는 이에게 비현실적인 낙관주의나 가벼움을 기대하지 마라.

최선의 위로
그의 가슴이 고통과 혼란으로 가득하다는 것을 인식하라. 그가 어떤 마음인지 들어주기 위해 당신이 곁에 있다는 것과, 그 고통을 치유하는데 조금이라도 보탬이 되기를 원하고 있다는 것을 알려주라.

최악의 위로
틀에 박힌 듯한 상투적인 위로를 건네지 말도록 하고, 그렇다고 지나치게 비현실적으로 낙관적인 태도를 취하지도 마라. 그런 성향들이 대개 당신 자신의 내면에 있는 불안정한 감정들을 감추는 수단임을 깨닫도록 하라. 당당히 현실을 보라.

최선의 위로

이런 말로 그에게 당신의 사랑과 지지를 나타내라.

"무슨 말을 해야 할지, 당신에게 무엇이 필요한지, 또 어떻게 도와줄 수 있을지 확신이 서지 않기 때문에 실은 당황스러워요. 하지만 제가 당신을 사랑한다는 것은 알아주길 원해요. 당신을 위해 기도하고 있고요. 어떤 도움이든 필요할 땐 바로 달려올게요."

최악의 위로

"~해야 한다" 또는 "~만 했더라면" 등의 표현을 사용하지 마라.

"이제 옷들을 치우셔야 해요."

"믿음을 더 많이 가져야 합니다."

"그를 더 세심히 돌보셨더라면."

"그렇게 엄격하지만 않으셨더라면."

"식사를 더 잘 하셨더라면."

최선의 위로

아픔을 겪는 사람들 스스로 결정을 내리고 트라우마에 대처하는 데 필요한 조치들을 취하도록 허용하라. 남에게 어떻게 느껴야 옳은지 말해줄 수 있는 사람은 아무도 없다.

최악의 위로

부탁 받지 않은 조언을 제시하지 마라. 구하지 않은 의견들은 감사하게 받아들여지지 않을지 모른다.

최선의 위로

그가 도움을 요청할 시에는 격려가 되고 덕을 세우는 생각들을 기도하는 마음으로, 조심스럽게 나누도록 하라. 그를 위해 날마다 기도하고 있음을 알려주라. 가끔, 어떻게 기도해주면 좋겠는지 물어보라.[90]

최악의 위로

"하나님의 뜻일 거예요."와 같은 말들을 할 때는 신중해야 한다.

최선의 위로

비록 그에게는 느껴지지 않을지라도 지금 그가 겪는 고통 가운데 하나님이 그와 함께하고 계신다는 사실을 그에게 말해주라. 고통과 불행의 한가운데서 그분이 위로자이자 보호자가 되어주심을 부드럽게 상기시켜 주라. 언제, 어떤 식으로 이 이야기를 나눌지에 대해 세심한 주의를 기울이라. 그래야 이 말들이 진부하고 상투적인 의미로 다가가지 않을 테니까. 당신 자신의 상실의 아픔을 지나가다 보면, 상실과 고통의 골짜기를 지나가는 다른 이들을 더 잘 도울 수 있게 될 것이다. 그 길이 아무리 외롭게 느껴진다 해도, 그저 곁에 있으면서 귀 기울여주고, 울어주고, 위로해주는 사람들이 가까이에 있다면, 슬픔에 잠긴 이들이 격려와 버틸 힘을 얻게 된다.

우리 중 아무도 이 길을 홀로 가지 않는다. 상실과 고통을 경험하신 예수 그리스도께서 항상 우리와 함께 계시며, 우리를 붙들어주시고 우리에게 격려와 힘을 주신다. 그렇다. 인생은 이런저런 상실들로 가득 차 있다. 그럼에도 불구하고 그분은 그 상실을 견뎌내고, 그것을 통해 성장하고, 그것을 극복함으로 다시금 앞으로 나아가는 것을 가능하게 하시는 분이다.

14. 전문적인 도움이 필요한 시기

꼭 맞는 시기 분간하기

당신을 찾아오는 많은 사람이 당신이 주는 도움을 통해 유익을 누릴 것이다. 그렇지만 상황이나 문제의 심각성으로 인해 상담자, 목사, 또는 좀 더 전문적인 사람에게 보내질 필요가 있는 사람들이 몇몇 있을 수 있다. 당신이 해줄 수 있는 가장 좋은 조언 중에는 그들의 필요에 보다 적합한 누군가에게 그들을 위탁하는 것도 포함된다. 지식이 부족하다는 이유로 자책하는 마음을 갖지 않고 사람들을 위탁할 수 있다는 것은 내면의 강함, 안정감, 성숙함을 보여주는 증거다. 당신 자신이 가진 능력과 영적 은사들이 무엇인지 알고 그것을 받아들이는 것이 필수다. 사도 바울은 이렇게 말했다.

아무 일에든지 실제적인 동기를 가지고 [다툼, 갈등, 이기심으로 또는 무가치한 목적을 위해], 혹은 자만심과 헛된 교만을 품고 하지 말고, 참된 겸손의 정신 (낮은 마음)으로 각각 남을 자기보다 더 훌륭하고 나은 사람으로 여기라 [너희 자신보다 상대방을 더 높이 평가하라] 자기 자신의 이익 뿐 아니라, 다른 사람들의 이익에도 관심을 갖고, 그것을 중요하고 소중히 여기라(빌 2:3-4, AMP성경 역자 번역).

우리가 받은 교육, 경험, 성격 등이 전부 상담 과정에 영향을 미치는 변수들이다. 전문 상담자, 목사, 변호사, 의학 전문가, 재정 전문가, 그 외에도 내담자에게 필요한 전문지식을 가지고 있다고 생각되는 사람이라면 누구에게든 나는 그의 문제를 위탁한다.

위탁이 필요한 가장 일반적인 이유 중 하나는 위기에 처한 사람에게 전문적인 도움이 필요한데, 당신이 자신 있게 그것을 제공해줄 수 없을 때다. 그렇다고 해서 그의 필요나 문제가 심각하다거나 정도에 지나친다는 뜻은 아니다. 다만 당신이 다룰 준비가 되어 있지 않은 문제라는 말이다. 상대방에게 그의 문제가 너무 심각해서 당신이 도저히 도울 수 없다는 인상을 주지 않도록 하라. 그 경우 그가 받는 스트레스가 더 커질 것이다. 그보다는, 지금 당신이 할 수 있는 것보다 더 철저하고 구체적인 도움을 줄 수 있는 다른 누군가가 있다고 알려주라.

위탁이 필요한 또 다른 이유는 심각한 위험의 조짐들이 보일 때다. 그의 안녕이 위태롭다고 판단될 때는 언제라도 이렇게 자문하라.

"그는 지금 자기 자신에게 위협이 되는가?"

"그를 도울 수 있는 시간과 능력이 나에게 있는가?"

"혹 이것이 자신이나 다른 사람들의 안녕을 위태롭게 할 것인가?"

만일 대답이 '그렇다'면, 심리학자, 정신과 전문의, 결혼과 가정 전문 치료사 등, 전문적 치료사에게 위탁하는 것이 필요하다. 자살의 가능성이 진행 중일 경우라면, 누군가 대신 119에 전화하게 하라. 필요할 경우, 응급 요원들이 전화번호를 추적하는 것도 가능하다. 폭력이 관련된 상황이라면, 당신 혼자 해결하려 들지 말고, 긴급 구조대에 연락을 취하라. 상대방이 당신에게 도움을 청하게 한 위기가 조금씩 해소되기 시작하면서, 그 사람 혹은 문제에 대한 장기적인 상담이 유익하겠다고 판단될 경우, 전문가에게 위탁하는 게 필요할 수 있겠다.

전문가 추천을 위하여

목사, 그리스도인 의사, 그리스도인 변호사, 기독교 대학, 기독교 사립 학교 등을 통해 개인적으로 추천을 받을 수 있으며, 많은 신학교가 기꺼이 전문가와의 연결을 도와주고 있다. 많은 지역 공동체 내에서 그리스도인이 운영하는 기관들과 그리스도인 치료사와 전문가들이 존재한다. 당신이 사는 지역 내의 정보들을 적극적으로 찾아보라. 전문가 추천을 위하여 위치, 시간, 상담 유형, 제공되는 서비스, 재정 방침 등, 그에게 필요한 정보들을 모두 수집하도록 하라.

전문가와 연결해주는 문제에 말을 꺼내고 의논을 이어가는 방식은 이것이 성공하느냐 마느냐에 매우 중요한 영향을 미칠 것이다. 그가 이 상황을 자신에 대한 거절로 받아들이거나, 자기 자신이나 문제의 심각성에 대한 부정적 판단의 결과로 해석할 가능성이 농후하다. 당신이 얼마나 세심하게 마음 쓰는지가 분명하게 전달될 필요가 있다. 아무 일도 아니라는 듯 편안한 태도가 근심 깊은 심각한 표정으로 다가앉는 자세보다 훨씬 더 낫다. 이런 말을 함께하는 것이 도움될 것이다.

"내게 전부 나누어줘서 고마워요. 당신의 말 덕분에 제가 어느 정도로, 또 어떤 식으로 도울 수 있을지 알게 되었어요. 할 수 있는 최선의 방식으로 당신을 돕고 싶어요. 이런 유형의 문제나 상황들을 다루어본 경험이 더 많은 상담자를 만나보도록 추천해주는 게 지금으로선 당신을 도울 최선의 방법이라는 생각이 들어요. 저보다 더 많은 훈련과 전문지식을 겸비한 이 지역 상담자의 명단이 제게 있어요."

상대방은 이 말을 기꺼이 받아들일 수도 있고, 아니면 당황스러워하며 망설이는 모습을 보일 수도 있다. "저를 돕고 싶지 않은 건 아니신가요?"라 말할지도 모른다. 당신은 "아니"라고 대답해야 한다.

"정말 당신을 돕고 싶어요. 이후에도 만날 수 있지요. 하지만 저는 당신이 최선의 도움을 받길 원해요. 그래서 추천해드리는 겁니다."

이 말에 대해 이런 대답이 돌아올지 모른다.

"하지만 저는 이미 당신에게 너무나 많은 것을 나누었는걸요. 제 이야기를 하는 게 얼마나 힘든데, 이제 와서 다른데 가서 생판 모르는 사람과 다시 시작하라니요? 당신이 도와주셨으면 좋겠어요, 저는."

"다른 누군가를 만나는 게 약간 두려울 수 있다는 걸 알아요."라 말하는 것도 괜찮겠다. 그리고 이렇게 덧붙이라.

"저에게 이렇게까지 솔직하게 나누어주기까지 많은 용기가 필요했을 거예요. 당신을 도울 더 좋은 자질을 갖춘 누군가와 새롭게 시작하는데 필요한 용기와 능력이 여전히 당신에게 있다고 저는 믿어요. 결정이 더 쉬워지도록 제가 어떻게 도와드리면 좋을까요?"

선택은 그가 하도록 도우라. 일단 소개를 마쳤다면, 전문가를 추천한 당신의 제안을 받아들이고 거절할지 선택하는 것은 그의 몫이다. 그 스스로 결정을 내려야 한다. 실행에 옮기는 차원에서 그가 전화를 걸어야 한다. 깊은 우울증, 신체적 어려움, 자살 충동, 학대 문제 등의 심각한 어려움이나 문제가 있는 경우, 전문가와의 즉각적인 연결이 필요한 상황이다. 당신의 판단을 믿어달라고 하면서 부드럽지만 확고하게 주장해야 할지도 모른다. 비상 상황이 아닌 경우라면, 당신이 한 제안을 고려해본 후에 결정한 내용을 알려달라고 부탁하면 된다. 단지 당신을 기쁘게 할 마음으로 몇몇 특정인을 거론한 당신의 추천을 받아들일 필요가 없다는 점을 반드시 그에게 상기시켜 주어야 한다. 가능하다면, 전문가 연결 기관을 두세 곳 알려주는 것도 괜찮겠다.

후속 조치로, 그가 방문한 이후에는 항상 도움이 될 새로운 정보를 가지고 만나거나 전화를 하라. 그를 위해 계속 기도할 것이며, 그의 지속적인 성장에 관심을 갖고 있다고 말해주라.

주

1장

1) Harold Ivan Smith, When You Don't Know What to Say (Kansas City, MO: Beacon Hill Press, 2002), 15.
2) Nina Herrmann Donnelley, I Never Know What to Say (New York: Ballantine Books, 1987), 21-22.
3) 위와 같은 책, 변형해서 인용함, 17-24.
4) Jerome Groopman, MD, The Anatomy of Hope (New York: Random House, 2004), 134-35.
5) Smith, When You Don't Know What to Say, 7.

2장

6) Frederick Buechner, Peculiar Treasures: A Biblical Who's Who (New York: Harper & Row, 1979),
7) Bob Diets, Life After Loss (Tucson: Fisher Books, 1988), 148쪽에서 인용함.
8) Charlotte E. Thompson, Raising a Handicapped Child (New York: Morrow, 1986), 변형해서 인용함, 38-41.
9) Mary Ann Froehlich and Peggy Sue Wells, What to Do When You Don't Know What to Say (Minneapolis: Bethany House, 2000), 98-99.
10) 위와 같은 책, 97-98.
11) 위와 같은 책, 96-97.
12) 위와 같은 책, 변형해서 인용함, 95.
13) 위와 같은 책, 94.
14) Betty Jane Wylie, The Survival Guide for Widows (New York: Ballantine Books, 1982), 변형해서 인용함, 115.
15) Michele McBride, The Fire That Will Not Die (Palm Springs: ETC Publications, 1979), 154, 147, ix.

16) "Seeing with God's Eyes," Today's Christian Woman (March/April 1986).
17) Alan Breslau, 피닉스 소사이어티 설립자, 피닉스 소사이어티에서 발행된 소식지 기사에서 인용, 날짜 미상.
18) Erin Linn, I Know Just How You Feel: Avoid the Cliches of Grief (Cary, IL: Publisher's Mark, 1986), 변형해서 인용함, xⅱ-xⅲ.
19) Rita Moran, Compassionate Friends newsletter.

3장

20) 1960년대 Albert Mehrabian이 실시한 의사소통 연구 결과에서 발췌함.
21) Harold Kushner, Living a Life that Matters (New York: Anchor Books, 2002), 123-24.
22) Leonard M. Zunin, MD, and Hilary Stanton Zunin, The Art of Condolence (New York: HarperCollins, 1991), 147.
23) William Barclay, A Barclay Prayer Book (London: SCM Press, Ltd., 1990), 344-45.
24) Harold Ivan Smith, When You Don't Know What to Say (Kansas City, MO: Beacon Hill Press, 2002), 87.

4장

25) Ronald W. Ramsay and Rene Noorbergen, Living with Loss (New York: William Morrow and Co., Inc., 1981), 변형해서 인용함, 47-48.
26) Therese A. Rando, Grieving: How to God On Living When Someone You Love Dies (Lexington, MA: Lexington Books, 1988), 변형해서 인용함, 556-57.
27) 위와 같은 책, 44.
28) Carol Staudacher, Beyond Grief (Oakland, CA: New Harbinger Publications, 1987), 변형해서 인용함, 47.
29) Joanne T. Jozefowski, The Phoenix Phenomenon (Northvale, NJ: Jason Aronson, Inc., 2001), 17.
30) Michael Leunig, A Common Prayer (New York: HarperCollins, 1991).
31) Therese A. Rando, Treatment of Complicated Mourning (Champaign, IL: Research Press, 1983), 512.
32) Glen W. Davidson, Understanding Mourning (Minneapolis: Augsburg Publishing House, 1984), 59.
33) 위와 같은 책, 59.
34) H. Norman Wright, Will My Life Ever Be the Same? (Eugene, OR: Harvest House, 2002), 100.

5장

35) H. Norman Wright, Crisis Counseling (Ventura, CA: Regal Books, 1993), 1장.

6장

36) Donals Meichenbaum, A Clinical Handbook/Practical: Therapist for Assessing and Treating Adults with Post Traumatic Stress Disorder (PTSD) (Waterloo, ON, Canada: Institute Press, 1994), 변형해서 인용함, 23.
37) Sandrda L. Brown, Counseling Victims of Violence (Alexandria, VA: American Association for Counseling and Development, 1991), 변형해서 인용함, 9.
38) Diane Langberg, the American Association of Christian Counselors (AACC) Training Conference (New York City, 2001)에서 발표된 내용을 변형해서 인용함.
39) Aphrodite Matsakis, I Can't Get Over It: A Handbook for Trauma Survivors (Oakland, CA: New Harbinger, 1992), 변형해서 인용함, 6-7.
40) 위와 같은 책, 변형해서 인용함, 23-24.
41) 위와 같은 책, 변형해서 인용함, 10-13.

7장

42) Diane Langberg, AACC Conference, Oct. 2001, 변형해서 인용함.
43) Sandra L. Brown, Counseling Victims of Violence (Alexandria, VA: American Assocation for Counseling and Development, 1991), 변형해서 인용함, 22-24.
44) Robert Hicks, Failure to Scream (Grand Rapids, MI: Baker, 1996), 변형해서 인용함, 46.
45) Raymond B. Flannery, Jr., Post-Traumatic Stress Disorder (New York: Crossroad, 1992), 변형해서 인용함, 36-37.
46) Terence Monmaney, "For Most Trauma Victims Life Is More Meaningful," L. A. Times, Sunday, Oct, 7, 2001, 9, citing research from Richard Tedeschi, University of North Carolina; Dr. Robert Ursano, Uniformed Services, University of the Health Sciences, Bethesda, MD; and Dr. Sandra Blcom.
47) Aphrodite Matsakis, I Can't Get over It! (Oakland, CA: New Harbinger, 1992), 변형해서 인용함, 134.
48) 위와 같은 책, 변형해서 인용함, 15. 153.
49) 위와 같은 책, 변형해서 인용함, 159.
50) 위와 같은 책, 변형해서 인용함, 160-63.
51) 위와 같은 책, 변형해서 인용함, 236.
52) H. Norman Wright, Will My Life Ever Be the Same? (Eugene, OR: Harvest House, 2002), 변형해서 인용함, 8장.

8장

53) Karl A. Slaikeu, Crisis Intervention: A Handbook for Practice and Research (Boston: Allyn and Bacon, 1984), 변형해서 인용함, 89-90.
54) 위와 같은 책, 변형해서 인용함, 90-91.

9장

55) Richard F. Berg and Christine McCartney, Depression and Integrated Life (New York: Alta House, 1981), 27.
56) Mitch Golant, PhD, and Susan K. Golant, What to Do When Someone You Love Is Depressed (New York: Henry Holt and Co., 1996), 변형해서 인용함, 90-92.
57) H. Norman Wright, Winning over Your Emotions (Eugene, OR: Harvest House, 1998), 변형해서 인용함, 32-33.
58) 위와 같은 책, 36.

10장

59) Judith Acosta and Judith Simon Prager, The Worst Is Over (San Diego: Jodere Group, 2002), 247.
60) The National Newsletter for the Compassionate Friends (Winter 1981), 변형해서 인용함.
61) Eric Marcus, Why Suicide? (San Francisco: Harper and Row, 1996), 164.
62) 위와 같은 책, 137.
63) 위와 같은 책, 139.
64) Harold Ivan Smith, A Long-Shadowed Grief: Suicide and Its Afterlife (Lanham, MD: Cowley Publications, 2007), 3-4, 26.
65) David B. Biebel and Suzanne L. Foster, Finding Your Way After the Suicide of Someone You Love (Grand Rapids, MI: Zondervan, 2005), 169.

11장

66) Leonard M. Zunin, MD, and Hilary Stanton Zunin, The Art of Condolence (New York: HarperCollins, 1991), 변형해서 인용함, 35-39.
67) 위와 같은 책, 38.
68) Robert V. Ozment, When Sorrow Comes (Waco, TX: Word Books, 1970), 50.
69) Barbara Russell Chesser, Because You Care (Waco, TX: Word Books, 1987), 119.
70) Norman Vincent Peale, Wonderful Promises (Carmel, NY: Guideposts, 1983), 32.
71) Phyllis Hobe, Coping (Carmel, NY: Guideposts, 1983), 233.
72) Zunin and Zunin, Art of Condolence, 61-62.
73) 위와 같은 책, 72-73.

74) 위와 같은 책, 97-98.

12장

75) J. Rupp, Praying Our Goodbyes (Notre Dame, IN: Ave Maria Press, 1988), 79.
76) Lisa Barnes Lampman, ed., Helping a Neighbor in Crisis (Wheaton, IL: Tyndale House, 1997), 변형해서 인용함, 67.
77) 위와 같은 책, 40.
78) 위와 같은 책, 68.
79) Gordon MacDonald, PhD, Trauma Conference, New York, 2001.
80) "And the Father Will Dance," 스바냐 3:14, 17과 시편 54:2, 4를 변형한 시구, Mark Hayes가 정리함. 허가를 받아 사용함.
81) MacDonald, Trauma Conference, New York, 2001.
82) 위와 같은 책, 변형해서 인용함.

13장

83) Judy Tatelaum, The Courage to Grieve (New York: Harper & Row, 1980), 44.
84) Donna Ewy and Rodger Ewy, Death of a Dream (New York: Dutton, 1984), 변형해서 인용함, 80.
85) Betty Jane Wylie, The Survival Guide for Widows (New York: Ballantine Books, 1982), 변형해서 인용함, 80.
86) Fred Bauer, Just a Touch of Nearness (Norwalk, CT: C. R. Gibson Co., 1985), 24-25.
87) Joseph Bayly, The Last Thing We Talked About (Colorado Springs: Cook Communications, 1969, 1992), 40.
88) Carol Staudacher, Beyond Grief (Oakland, CA: New Harbinger Publications, 1987), 230-31.
89) 위와 같은 책, 변형해서 인용함, 231-32.
90) Lauren Briggs, What You Can Say When You Don't Know What to Say (Eugene, OR: Harvest House Publishers, 1985), 변형해서 인용함, 150-55.

사명선언문

너희가 흠이 없고 순전하여 ……세상에서 그들 가운데 빛들로
나타내며 생명의 말씀을 밝혀 _ 빌 2:15-16

1. 생명을 담겠습니다
만드는 책에 주님 주신 생명을 담겠습니다.
그 책으로 복음을 선포하겠습니다.

2. 말씀을 밝히겠습니다
생명의 근본은 말씀입니다.
말씀을 밝혀 성도와 교회의 성장을 돕겠습니다.

3. 빛이 되겠습니다
시대와 영혼의 어두움을 밝혀 주님 앞으로 이끄는
빛이 되는 책을 만들겠습니다.

4. 순전히 행하겠습니다
책을 만들고 전하는 일과 경영하는 일에 부끄러움이 없는
정직함으로 행하겠습니다.

5. 끝까지 전파하겠습니다
모든 사람에게, 땅 끝까지, 주님 오시는 그날까지
복음을 전하는 사명을 다하겠습니다.

서점 안내

광화문점 서울시 종로구 새문안로 69 구세군회관 1층
02)737-2288(T) 02)737-4623(F)

강남점 서울시 서초구 신반포로 177 반포쇼핑타운 3동 2층
02)595-1211(T) 02)595-3549(F)

구로점 서울시 구로구 시흥대로 577 3층
02)858-8744(T) 02)338-0653(F)

노원점 서울시 노원구 동일로 1366 삼봉빌딩 지하 1층
02)938-7979(T) 02)3391-6169(F)

분당점 경기도 성남시 분당구 황새울로 315 대현빌딩 3층
031)707-5566(T) 031)707-4999(F)

신촌점 서울시 마포구 서강로 144 동인빌딩 8층
02)702-1411(T) 02)702-1131(F)

일산점 경기도 고양시 일산서구 중앙로 1391 레이크타운 지하 1층
031)916-8787(T) 031)916-8788(F)

의정부점 경기도 의정부시 청사로47번길 12 성산타워 3층
031)845-0400(T) 031)852-6930(F)

인터넷서점 www.lifebook.co.kr